Verhandlungstraining im Einkauf

Mario Büsch

Verhandlungstraining im Einkauf

Kompetenzaufbau durch optimale
Vorbereitung und Durchführung

 Springer Gabler

Dr. Mario Büsch
PURCHNET – Procurement and Supply Chain
Consulting
Euskirchen, Deutschland

ISBN 978-3-658-42933-1   ISBN 978-3-658-42934-8   (eBook)
https://doi.org/10.1007/978-3-658-42934-8

Die Deutsche Nationalbibliothek verzeichnet diese Publikation in der Deutschen Nationalbibliografie; detaillierte bibliografische Daten sind im Internet über http://dnb.d-nb.de abrufbar.

Lektorat/Planung: Susanne Kramer
Springer Gabler ist ein Imprint der eingetragenen Gesellschaft Springer Fachmedien Wiesbaden GmbH und ist ein Teil von Springer Nature.
Die Anschrift der Gesellschaft ist: Abraham-Lincoln-Str. 46, 65189 Wiesbaden, Germany

Das Papier dieses Produkts ist recyclebar.

Vorwort

In Transformationsprojekten von Einkaufsorganisationen werden auch immer Möglichkeiten zur Qualifizierung von Einkäuferinnen und Einkäufern thematisiert. Häufig stellt sich dann die Frage, ob es besser ist, ein externes Training für einzelne Mitarbeiter zu buchen, oder lieber eine interne Qualifizierungsmaßnahme durch einen externen Trainer durchzuführen. Kunden reagieren meist etwas überrascht, aber auch positiv, wenn eine kollegiale Wissensvermittlung als eine dritte Lösung vorgeschlagen wird.

Ziel dieses Ansatzes ist es, sowohl die Methoden und Fähigkeiten im Einkauf zu erarbeiten als auch eine interne Trainerin oder einen internen Trainer aus dem Einkauf heraus zu entwickeln und das erarbeitete Wissen und Methoden dem Einkaufsteam zu vermitteln. Der große Vorteil dieses Ansatzes liegt darin, dass der Praxistransfer wesentlich einfacher ist, da Wissen, Methoden und interne Prozesse sofort aufeinander synchronisiert werden können. Gerade bei einem Einführungstraining wiegt dies den Nachteil der vielleicht nicht so ausgefeilten Methodenkompetenz in der Wissensvermittlung mehr als aus.

Genau an dieser Stelle möchte ich mit diesem Buch ansetzen, das eine spezielle Beschaffungsfähigkeit im Fokus hat: Wie kann die Verhandlungsfähigkeit in einer Einkaufsorganisation gestärkt und verbessert werden? Hierbei geht es also darum, die Verhandlungsgrundlagen im strategischen oder operativen Einkauf und der Disposition zu schaffen, damit jede Mitarbeiterin und jeder Mitarbeiter sich entsprechend auf seine Verhandlungen vorbereiten kann, diese zielgerichtet durchführt und zum Abschluss bringt.

Dieses Buch verfolgt weiterhin den Ansatz, zum einen eine Selbstlernunterlage für Einkäuferinnen und Einkäufer zu sein, die sich persönlich verbessern möchten. Somit soll dieses Buch auch als eine gezielte Vorbereitung für ein internes Verhandlungstraining genutzt werden können. Personen sollen unterstützt werden, die intern ein Verhandlungstraining im Einkauf durchführen möchten, und das notwendige Rüstzeug zur kollegialen Wissensvermittlung an die Handgegeben werden. Zu diesem Rüstzeug gehören neben Abbildungen, Anleitungen, Hinweisen, Übungen auch Aufgabenstellungen für Rollenspiele und andere Übungen, mit denen man direkt praktisch in ein Training oder eine Verhandlung einsteigen kann.

Somit ist dieses Buch für Sie, die Einkaufsexpertinnen und Einkaufsexperten in Organisationen von einigen Mitarbeitern bis hin zu einem großen Einkaufsteam geschrieben worden, die sich zum Ziel gesetzt haben, die Verhandlungskompetenzen in der Organisation zu steigern. Da

Verhandlungen vielfach in einer Teamsituation mit diversen Beteiligten auf der Einkaufsseite stattfinden (z.B. der Einkauf mit der technischen Fachabteilung und dem Ingenieurbereich für technische Beschaffungsvorfälle), sollte der Einkauf hier die Führungsrolle übernehmen, um auch die Kolleginnen und Kollegen in die Kunst der Verhandlungsvorbereitung und -führung einzuweihen.

Auch wenn sich dieses Buch auf die Entwicklung der Verhandlungskompetenz konzentriert, so baut es doch auf meinen vorherigen Veröffentlichungen auf. In meinem ersten Buch sind die wesentlichen Kompetenzen beschrieben, die strategische Einkäuferinnen oder Einkäufer besitzen sollten und wie diese Kompetenzen entwickelt werden können (Büsch, 2013). Darauf aufbauend beschreibt ein weiteres Buch, wie man eine gesamte Einkaufsorganisation zu einem höheren Reifegrad transformieren kann (Büsch, 2019).

Noch ein kleiner Hinweis zur Ansprache. Mir liegt es sehr am Herzen, jeden einzeln und persönlich anzusprechen und zwar unabhängig vom Geschlecht. Sehr geehrte Einkäuferinnen und sehr geehrte Einkäufer, leider empfinde ich die Schreibweisen mit Stern oder Doppelpunkt als sehr störend im Lesefluss und möchte Sie um Ihr Verständnis bitten, dass ich im Text darauf verzichte, da dies zur Vereinfachung beiträgt. Um es noch einmal ausdrücklich zu sagen: Dies dient lediglich der besseren Lesbarkeit, denn selbstverständlich sind alle Mitarbeiterinnen und Mitarbeiter im Einkauf angesprochen.

Wie bereits bei den vorherigen Büchern, so hat auch dieses Buch den unbedingten Anspruch, aus der Praxis für die Praxis zu sein. Über positive Rückmeldungen, aber auch über Verbesserungsvorschläge würde ich mich freuen.

Euskirchen, Dr. Mario Büsch
mario.buesch@purchnet.de

Inhaltsverzeichnis

Der Autor

Dr. Mario Büsch ist selbstständiger Unternehmensberater für Einkaufs- und Supply Chain Management und Inhaber von PURCHNET. Sein Spezialgebiet ist die Transformation von Einkaufs- und Supply-Chain-Organisationen. Bei Industrie-, Handels-, und öffentlichen Unternehmen sowie bei Kunden des Anlagen- und Sondermaschinenbaus hat er sowohl Einsparungen in Höhe von zweistelligen Prozentzahlen realisiert als auch gesamte Beschaffungsorganisationen nach einer eingehenden Analyse neu ausgerichtet und die Organisation weiterentwickelt.

Neben seiner Tätigkeit als Unternehmensberater war er acht Jahre Professor für Procurement and Supply Chain Management an der International School of Management (ISM) in Köln. Während dieser Zeit hat er maßgeblich die Vorlesungen und Konzepte für Bachelor-, Master- und MBA-Studiengänge der ISM ausgearbeitet und weiterentwickelt.

Zuvor war er Principal bei einer führenden, international tätigen Unternehmensberatung, die sich auf Einkauf und Supply Chain Management spezialisiert hat. Dort leitete er sowohl das Excellence Center Project Purchasing als auch parallel das Excellence Center für Industrial Supply Chain Management.

Als Geschäftsführer eines führenden Dienstleisters der Konsumgüterindustrie für Lohnfertigung verantwortete er den Bereich Supply Chain Management & Purchasing für die drei Standorte in Deutschland.

Weiterhin leitete er den Bereich „Purchasing & Supply Chain Management" bei einem im M-Dax notieren Industrieunternehmens. Neben seiner Funktion als Einkaufsleiter übernahm er zusätzlich zwei operative Geschäftsführungen für eine Rohstoffbeschaffungsgesellschaft sowie die firmeneigene Spedition. Dort war er für mehr als 130 Mitarbeiter und ein europäisches Beschaffungsvolumen von mehr als 500 Mio. Euro verantwortlich.

Im Jahr 1992 trat er in die „The Procter & Gamble Company" ein. Dort war er im Engineering und internationalen Projektmanagement beschäftigt, bevor er, nach mehrjähriger Tätigkeit, den technischen Einkauf des größten europäischen Entwicklungswerkes in leitender Position übernahm. Anschließend war er noch für mehrere Jahre im strategischen Einkauf in der europäischen Hauptverwaltung in Genf tätig.

Neben einem Abschluss als Diplom-Ingenieur der Elektrischen Energietechnik von der Fachhochschule Köln hat er ein Masters of Business Administration von der OU Business School in Milton Keynes, UK. Seine akademische Ausbildung vertiefte er mit einer Promotion zum Master of Business Administration an der University of Gloucestershire. Seine Promotion befasste sich mit der Rolle des Einkaufs in Projekten und trägt den Titel: „The role of procurement professionals in industrial projects: organisation, roles, and tasks for professional project procurement".

Haben Sie Fragen, Anregungen oder suchen Sie Unterstützung bei der Transformation oder Weiterentwicklung Ihres Einkaufs, so können Sie den Autor unter der E-Mail-Adresse mario.buesch@purchnet.de oder der Telefonnummer: +49-152-33866204 erreichen.

Abbildungsverzeichnis

Tabellenverzeichnis

1 Grundsätzliche Planung und Durchführung von Trainings

Sicherlich, Verhandlungstrainings gibt es viele am Markt, also warum sollte ein Einkaufsleiter, Einkaufsmanager oder Einkaufsexperte auf die Idee kommen, ein internes Verhandlungstraining im Unternehmen durchzuführen? Nun, es gibt gute Gründe dafür, denn eine interne Person, die auch das Ansehen genießt und das Thema beherrscht, hat eine gute Glaubwürdigkeit und erreicht durch eine gemeinsame Veranstaltung ein wesentlich stärkeres Teamgefühl. Aber noch wichtiger: Der Praxistransfer ist viel einfacher, denn der Trainer kann im Nachgang die Implementierung des vermittelten Wissens und der Methoden unterstützen.

1.1 Verhandlungskompetenz und Praxistransfer

Einkaufsorganisationen werden wesentlich leistungsfähiger, wenn sie sich auf gemeinsame Methoden verständigen, diese stetig weiterentwickeln und innerhalb des Einkaufs und im Unternehmen verbreitern. Eine der einfachsten und schnellsten Möglichkeiten in der Praxis zur Steigerung der Leistungsfähigkeit einer Einkaufsorganisation ist es, gute und professionelle Verhandler im Einkauf zu haben. Eine in der Anwendung sehr erfolgreiche Methode, wie die Verhandlungskompetenz im Unternehmen gesteigert werden kann, ist eine kollegiale Wissensvermittlung, wie bereits im „Fahrplan zur Transformation des Einkaufs" (Büsch, 2019) beschrieben. Hierbei wird der interne Verhandlungsexperte zum Trainer und vermittelt seine Kenntnisse im Unternehmen. In diesem ersten Kapitel werden sowohl die Grundlagen zur Entwicklung der Verhandlungskompetenz im Einkauf gelegt als auch die Anforderungen an einen Einkaufsmanager beschrieben, der interne Verhandlungstrainings durchführen möchte.

1.1.1 Notwendige Verhandlungskompetenzen

Beschaffungskompetenzen bilden die Grundlage für eine Personalentwicklung im Einkauf. Es liegt in der Natur der Dinge, dass nicht jeder Mitarbeiter im Einkauf die verschiedenen Kompetenzfelder gleich gut ausfüllen kann und muss. Dies kann zum einen daran liegen, dass es unterschiedliche Zugehörigkeitsdauern zum Einkauf gibt, oder dass sich aus dem Verantwortungsbereich spezielle Anforderungen ergeben. Abbildung 1 zeigt die möglichen Entwicklungsstufen, die ein Einkäufer vom Kenner bis zum Experten durchlaufen kann (Rauner, 2007), wenn er sich im Job weiter qualifiziert.

© Der/die Autor(en), exklusiv lizenziert an
Springer Fachmedien Wiesbaden GmbH, ein Teil von Springer Nature 2023
M. Büsch, *Verhandlungstraining im Einkauf*,
https://doi.org/10.1007/978-3-658-42934-8_1

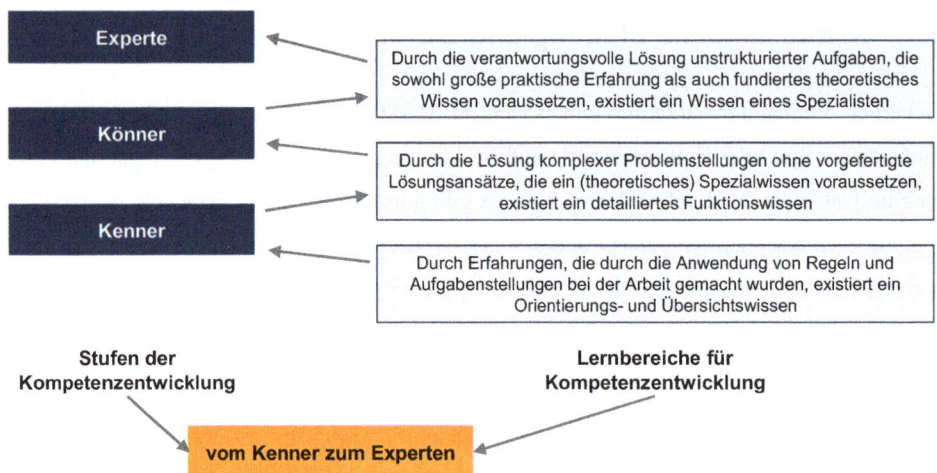

Abbildung 1:   Personal- und Kompetenzentwicklung im Einkauf vom Kenner zum Experten

Diese Entwicklung ist jedoch nicht generell zu sehen, sondern sie ist spezifisch für jede Einkaufskompetenz. So kann es sein, dass ein Einkäufer noch ein Verhandlungsanfänger (Kenner) ist, obwohl er bereits mehrere Jahre im Einkauf tätig ist, da er sich mit der Einführung eines neuen IT-Systems für den Einkauf befasst hat. Es kann aber auch die Situation geben, dass ein Experte eine neue Funktion übernimmt, in der er dieses Expertenwissen nicht mehr benötigt. Im Gegensatz zur Qualifikation und Wissensvermittlung, wie sie aus der Schule bekannt ist, geht es in der betrieblichen Praxis nicht um auswendig gelerntes Faktenwissen, das durch eine Prüfung nachgewiesen wird. In der Praxis geht es darum, dass jeder Einkaufsmitarbeiter die Fähigkeiten besitzt, die für seine spezifische Aufgaben notwendig sind und deren Anwendung er auch nachweisen kann. Entsprechend dem Beispiel aus Abbildung 2 gibt es für jedes der Kompetenzfelder (Einkaufsaufgaben) und für jede Stufe der Kompetenzentwicklung eine detaillierte Beschreibung, welche Fähigkeiten notwendig sind. Somit besteht eine absolute Transparenz über die Anforderungen (Büsch, 2013).

Einkaufsaufgabe #22	Verhandlungsplanung und -durchführung	
Planung, Vorbereitung und Ausführung von Verhandlungen, entweder zwischen zwei Personen oder als Teamverhandlung. Beeinflussung der Einstellungen auf persönlicher und auf Teamebene, um einen positiven Einfluss auf die Verhandlung und das Ergebnis zu erhalten. Entwicklung von Verhandlungszielen, -strategien sowie -taktiken, um die notwendigen Verhandlungs-/Geschäftsergebnisse mit den gewünschten Auswirkungen auf die Lieferantenbeziehungen zu erzielen.		
Kenner	**Könner**	**Experte**
• Trifft kluge Entscheidungen, wann Verhandlungen als Beschaffungswerkzeug eingesetzt werden; berücksichtigt Pläne, Ziele und Bedürfnisse • Beteiligt und informiert über Verhandlungsverlauf • Erkennt, wann ein Team-Ansatz zur Verhandlung notwendig ist, und setzt die Gruppe effektiv ein • Nutzt die Phasen des Verhandlungsprozesses • Entwickelt eine Verhandlungsstrategie, Taktik und Stil in Übereinstimmung mit den Beschaffungsstrategien und der Lieferantenbeziehung • Bereitet sich koordiniert und gut auf Verhandlungen vor. Arbeitet effektiv und flexibel den Plan ab • Kommuniziert und dokumentiert Vereinbarungen, ggf. unter Beteiligung der betroffenen Partei • Nutzt Erfahrungen aus früheren Verhandlungen	• Leitet Verhandlungsteams und kann interne Verhandlung führen, um das Team abzustimmen • Wendet die Fähigkeit wiederholt mit voller Kompetenz an und erfüllt/übertrifft immer Anforderungen • Versteht sich als Bindeglied zwischen der Beziehung zu einem Lieferanten und den Verhandlungsarten. Passt Verhandlungsstil und -taktik effektiv an, um im Rahmen der gewünschten Beziehung Ergebnisse zu erzielen • Bewertet regelmäßig Verhandlungs-erfahrungen und -ergebnisse (eigene und andere) als Quelle für Ideen zur künftigen Verbesserung von Ansätzen, Strategien und Taktiken und teilt sie • Ist in der Lage zu bestimmen, wie Verhandlungen in Übereinstimmung mit Anfragen oder anderen Beschaffungswerkzeugen einzusetzen sind	• Sein Beitrag und seine Ansicht sind auf breiter Ebene bei einer Vielzahl von Verhandlungssituationen gefragt, einschließlich solcher, die in keinerlei Zusammenhang mit der Einkaufsabteilung stehen • Erzielt ständig positive Ergebnisse und Wettbewerbsvorteile in Situationen, die schwierige oder komplexe Verhandlungen mit sich bringen • Entwickelt aktiv persönliche Fähigkeiten durch interne/externe Ressourcen und trägt zur Verfeinerung der Verfahren bei • Ist in der Lage, durch andere zu verhandeln, um regelmäßig Ergebnisse zu erzielen
Bewiesene Fähigkeiten: Hat mind. 2 Verhandlungen ein erfolgreiches Resultat, wie durch die geschäftlichen Anforderungen sowie die entsprechenden festgelegten Ziele definiert, erzielt	**Bewiesene Fähigkeiten:** Hat verschiedene erfolgreiche multifunktionelle Verhandlungen mit Lieferanten geführt	**Bewiesene Fähigkeiten:** Entwickelt die Verhandlungsführung entscheidend weiter, kennt viele Methoden in Theorie und Praxis, erstellt Schulungen zur Verhandlungsführung und vermittelt aktiv sein Wissen

Abbildung 2:   Detaillierte Übersicht der Aufgaben und Beschreibung der Kompetenz für die Verhandlungsplanung und -durchführung

Indem die Fähigkeiten in der Praxis nachzuweisen sind, erfolgt Transparenz darüber, wie ein individueller Entwicklungspfad für einen Mitarbeiter aussehen kann. Es besteht nicht die Notwendigkeit, dass jeder Mitarbeiter in möglichst vielen Kompetenzfeldern die Stufe des Experten erreicht. Vielmehr sollte der Experte für Verhandlungen die Methodik im Unternehmen weiterentwickeln und der interne Trainer sein.

1.1.2 Kollegiale Wissensvermittlung zum Kompetenzaufbau

Die Idee hinter einer kollegialen Wissensvermittlung und Schulung ist, dass einzelne Mitarbeiter zu Experten für eine oder mehrere Einkaufsaufgaben (Kompetenzfelder) werden und dieses Wissen dann an ihre Kollegen vermitteln. Sicherlich hat diese Vorgehensweise einige Nachteile, denn nicht jeder gute Einkäufer ist auch ein guter Trainer und Schulungsleiter. Aber diese Vorgehensweise sorgt neben einem besseren Zusammenhalt innerhalb des Unternehmens und des Einkaufs dafür, dass ein wesentlich besserer Praxistransfer möglich wird. So werden die

Einkäufer nicht in unterschiedlichen Methoden durch unterschiedliche Fortbildungsmaßnahmen geschult, sondern es werden diejenigen Methoden und Vorgehensweisen entworfen und vermittelt, die genau auf das Unternehmen und das Geschäftsumfeld passen. Die folgende Zusammenstellung soll dabei helfen, gute interne Schulungen zu planen und durchzuführen. Es sind Informationen zu den wichtigsten Schritten und Phasen in der Entwicklung eines Trainings bis hin zur Evaluierung enthalten. Hier ist anzumerken, dass der Entwicklungsprozess von Trainingsmaterial alles andere als linear ist. Zur besseren Übersichtlichkeit wird der Entwicklungsprozess von Schulungsmaterialien jedoch in Phasen und Schritte unterteilt, damit auch entsprechende Qualitätskontrollen möglich sind. Es gibt vier übergeordnete Schlüsselprinzipien für jeden Design- und Entwicklungsprozess:

- Klarheit: Zu Beginn der Schulungsplanung muss Klarheit in Bezug auf verschiedene Bereiche wie Ziel der Schulung, Zielgruppe (operative oder strategische Einkäufer oder andere Stakeholder), Lernergebnisse, Hilfsmittel und Vordrucke, Prozess der Schulung, Übungen, Verantwortlichkeiten, Auswertung usw. geschaffen werden. Je mehr Zeit und Aufmerksamkeit dieser Vorbereitung gegeben wird, desto besser läuft der Prozess. Sollte es Meinungsverschiedenheiten über die Grundlagen geben, so sind diese sofort zu klären.

- Ressourcen: Die Beurteilung der erforderlichen Ressourcen zur Erstellung und Durchführung von Schulungsmaßnahmen ist von grundlegender Bedeutung. Schulungen sind individuell und erfordern je nach Kontext eine Reihe von speziellen Fähigkeiten und Sachkenntnissen. Die Sicherstellung, dass das richtige Team zusammengestellt und mit angemessenen Ressourcen ausgestattet wird, ist ein weiterer Grundsatz. In der Praxis hat es sich als sehr praktikabel erwiesen, Tandems aus erfahrenen Einkäufern (Fachkompetenz für den Schulungsinhalt) und neuen Einkäufern bzw. Praktikanten (Methodenkompetenz zur Aufbereitung von Unterlagen) zur Konzipierung und Erstellung von Schulungsunterlagen zu schaffen.

- Konsistenz: Sobald Klarheit über die Ziele besteht, befasst man sich mit den Details der Methoden und des Trainingsansatzes. Dabei ist darauf zu achten, dass es Konsistenz zwischen dem Ziel und den Methoden gibt. Die Schulungsmaßnahme würde komplett entgleisen, wenn versucht wird, Gimmicks einzubauen, die für den Zweck der Schulung ungeeignet sind.

- Engagement: Nicht nur in der Konzeptionierung und Durchführung der Schulungsmaßnahme, sondern aller involvierten Stakeholder. Die besten Bemühungen scheitern und können nicht aufrechterhalten werden, wenn es an Engagement fehlt.

Neben diesen vier Schlüsselprinzipien ist es wichtig zu erkennen, dass eine interne Schulungsmaßnahme keine Unterrichtseinheit nach dem Muster einer Schule ist, denn hier ist die Zielgruppe eine andere. Solche internen Fortbildungen sind Maßnahmen der Erwachsenenbildung
und Erwachsene haben anderen Anforderungen als z. B. Schüler. Abbildung 3 fasst noch einmal
die speziellen Anforderungen zusammen, die Erwachsene an Fortbildungsmaßnahmen stellen
und beschreibt die sich daraus ergebenden Konsequenzen.

Erwachsene lernen am besten, wenn...	Die Schulungsmethoden müssen zu den speziellem Lernbedürfnisse von Erwachsenen passen
... sie sich geschätzt und respektiert fühlen für die Erfahrungen und Perspektiven, die sie mit in die Schulungssituation bringen.	Erfahrungen und Perspektiven der Teilnehmer durch verschiedene Methoden und Aktivitäten transparent machen.
... die Lernsituation in der Schulung die unmittelbaren Bedürfnisse tatsächlich erfüllt und sie Verantwortung für ihr eigenes Lernen übernehmen können.	Zuerst die Bedürfnisse der Teilnehmer identifizieren; Entwicklung von Trainingskonzepten und Lernzielen für diese identifizierten Bedürfnisse; sicherstellen, dass Trainingsinhalte direkt relevant für die Erfahrungen der Teilnehmer sind, damit sie lernen wollen.
... sich neues Material auf das bezieht, was die Teilnehmer bereits wissen und das gelernte sofort angewendet wird.	Es sind Trainingsmethoden zu verwenden, die es den Teilnehmern ermöglicht eine Beziehung zwischen bekannten und neuem Wissen herzustellen um so neues Material zu integrieren; die Schulung bieten den Teilnehmern die Möglichkeiten, sofort neue Fähigkeiten anzuwenden, die sie gelernt haben.
... die Lernerfahrung eher aktiv als passiv ist und das Lernen in kleinen Gruppen stattfindet.	Es sind Trainingsmethoden zu verwenden, die Teilnehmer ermutigen, sich über ihre Einschätzungen, Einstellungen und Fähigkeiten mit anderen Lernenden auszutauschen. Die Teilnehmer sind aktiv durch Diskussionen und andere Aktivitäten zu beteiligen.
... die Lernumgebung das Lernen fördert.	Durch eine geeignete Raumauswahl ist sicherzustellen, dass sowohl das physische, wie auch das soziale Schulungsumfeld (Trainingsraum) sicher, komfortabel und angenehm ist.

Abbildung 3:   Interne Schulungen als Maßnahmen der Erwachsenenbildung müssen
                 speziellen Anforderungen genügen

Es wird deutlich, dass solche Maßnahmen viel mehr auf Augenhöhe stattfinden müssen. Dies
ist auch ein Grund, warum hier die kollegiale Wissensvermittlung beschrieben ist und nicht die
Wissensvermittlung durch den Vorgesetzten. Eine interne Schulung bietet den Vorteil, dass im
Vorfeld oder direkt als Teil der Schulungsmaßnahme Prozesse optimiert werden können, die
dann sofort im Anschluss in der Praxis umgesetzt werden können und so dem erwachsenen
Lerner entsprechen. Um eine gute und aktive Lernerfahrung zu gewährleisten, bieten sich praktische Fallstudien, Planspiele oder andere interaktive Formate an. Der Anteil der frontalen Theorievermittlung sollte auf ein Minimum reduziert werden. Es kann besser sein, den Teilnehmern
vorab eine schriftlich ausgearbeitete Unterlage zu geben, damit sie sich vorbereiten können,

und nur daran aktiv zu arbeiten, als zu versuchen, die Theorie facettenreich und detailliert zu erklären.

1.1.3 Anforderungen an einen internen Trainingsleiter

Wie bereits ausgeführt, bringt ein guter Einkäufer und Verhandler noch nicht unbedingt die notwendigen Voraussetzungen als Verhandlungstrainer mit. Ein guter Verhandlungstrainer benötigt die Eigenschaften eines erfolgreichen Verhandlers, ein Grundmaß an Methodenkompetenz und muss eine wirksame Führungskraft im Umgang mit den Teilnehmern sein. Abbildung 4 fasst die erforderlichen Einstellungen, Fähigkeiten und Persönlichkeitsmerkmale des Trainers zusammen, die notwendig für einen Trainingserfolg sind.

Abbildung 4:   Der Trainer als kooperative Führungskraft und Lernbegleiter der individuellen Lernprozesse der Teilnehmer

Da in diesem Buch bereits sehr viele Elemente für ein in der Praxis erprobtes Trainingskonzept mit Selbstlerneinheiten, Übungen zur Reflektion und Rollenspiele vorbereitet sind, kann die Methodenkompetenz jedoch etwas in den Hintergrund rücken.

1.1.4 Grundsätzlicher Trainingsaufbau und Trainingsarten

Ein fundiert aufgebautes Verhandlungstraining mit einem auseichenden Anteil an Übungen dauert mindestens 1,5 Tage oder besser zwei Tage, wobei Folgeveranstaltungen mit Festigung des Wissens und Behandlung weiterer Schwerpunkte im Hinblick auf den Trainingserfolg vorteilhaft sind. Um auch dem Trainer, der eigene Schulungen entwickeln möchte, die Möglichkeit dazu zu geben, fasst Abbildung 5 die einzelnen Schritte zur Entwicklung einer kollegialen Schulung zusammen. Je nach Organisation wird der erste Schritt nur einmalig für mehr oder weniger alle internen Einkaufsschulungen durchgeführt.

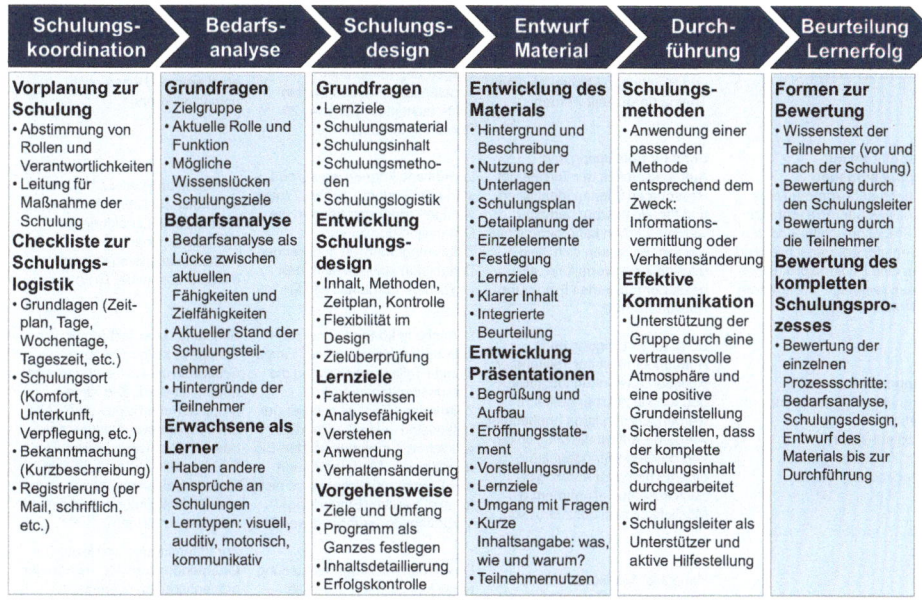

Schulungs-koordination	Bedarfs-analyse	Schulungs-design	Entwurf Material	Durch-führung	Beurteilung Lernerfolg
Vorplanung zur Schulung • Abstimmung von Rollen und Verantwortlichkeiten • Leitung für Maßnahme der Schulung **Checkliste zur Schulungs-logistik** • Grundlagen (Zeit-plan, Tage, Wochentage, Tageszeit, etc.) • Schulungsort (Komfort, Unterkunft, Verpflegung, etc.) • Bekanntmachung (Kurzbeschreibung) • Registrierung (per Mail, schriftlich, etc.)	**Grundfragen** • Zielgruppe • Aktuelle Rolle und Funktion • Mögliche Wissenslücken • Schulungsziele **Bedarfsanalyse** • Bedarfsanalyse als Lücke zwischen aktuellen Fähigkeiten und Zielfähigkeiten • Aktueller Stand der Schulungsteil-nehmer • Hintergründe der Teilnehmer **Erwachsene als Lerner** • Haben andere Ansprüche an Schulungen • Lerntypen: visuell, auditiv, motorisch, kommunikativ	**Grundfragen** • Lernziele • Schulungsmaterial • Schulungsinhalt • Schulungsmetho-den • Schulungslogistik **Entwicklung Schulungs-design** • Inhalt, Methoden, Zeitplan, Kontrolle • Flexibilität im Design • Zielüberprüfung **Lernziele** • Faktenwissen • Analysefähigkeit • Verstehen • Anwendung • Verhaltensänderung **Vorgehensweise** • Ziele und Umfang • Programm als Ganzes festlegen • Inhaltsdetaillierung • Erfolgskontrolle	**Entwicklung des Materials** • Hintergrund und Beschreibung • Nutzung der Unterlagen • Schulungsplan • Detailplanung der Einzelelemente • Festlegung Lernziele • Klarer Inhalt • Integrierte Beurteilung **Entwicklung Präsentationen** • Begrüßung und Aufbau • Eröffnungsstate-ment • Vorstellungsrunde • Lernziele • Umgang mit Fragen • Kurze Inhaltsangabe: was, wie und warum? • Teilnehmernutzen	**Schulungs-methoden** • Anwendung einer passenden Methode entsprechend dem Zweck: Informations-vermittlung oder Verhaltensänderung **Effektive Kommunikation** • Unterstützung der Gruppe durch eine vertrauensvolle Atmosphäre und eine positive Grundeinstellung • Sicherstellen, dass der komplette Schulungsinhalt durchgearbeitet wird • Schulungsleiter als Unterstützer und aktive Hilfestellung	**Formen zur Bewertung** • Wissenstext der Teilnehmer (vor und nach der Schulung) • Bewertung durch den Schulungsleiter • Bewertung durch die Teilnehmer **Bewertung des kompletten Schulungspro-zesses** • Bewertung der einzelnen Prozessschritte: Bedarfsanalyse, Schulungsdesign, Entwurf des Materials bis zur Durchführung

Abbildung 5:   Die Entwicklung und Durchführung wirksamer interner Schulungen erfolgt in sechs Stufen

Interne Schulungen müssen nicht langweilig sein, nur weil Kollegen dabei helfen, neues Wissen zu erlangen bzw. anzuwenden oder bessere Ergebnisse in Verhandlungen mit Lieferanten zu erreichen. Was wichtig ist, dass neben den Fachthemen auch die Methodenkompetenz zur Durchführung von Schulungsmaßnahmen aufgebaut wird. Abbildung 6 und Abbildung 7 geben einen Überblick, welche Methoden zur kollegialen Wissensvermittlung grundsätzlich möglich sind und welche besser für eine Informations- und Wissensvermittlung bzw. besser für eine Verhaltensänderung geeignet sind. Am Beispiel einer Schulungsmaßnahme für Einkaufsver-handlungen wird dies klarer.

Methode	Vorteile	Mögliche Nachteile	Bemerkungen
Informationsvermittlung			
Frontalunterricht (mit Frage und Antwort Möglichkeiten)	Vermittlung von komplexen Zusammenhängen und größeren Themengebieten; schnelle und effiziente Methode	Die Teilnehmer sind zumeist passiv	Vortragender sollte ein interessanter Sprecher sein, der auf de Punkt erklären kann und ein gutes Zeitmanagement besitzen; weiterhin soll flexibel auf Fragen eingegangen werden.
Podiumsdiskussion	Verschiedene Gesichtspunkte und Meinungen können zu einem Thema dargestellt werden.	Die Teilnehmer sind zumeist passiv außer wenn das Podium erweitert wird oder explizit Fragen der Teilnehmer zugelassen sind; das Podium sollte nicht mehr als etwa 20 Personen umfassen	Der Diskussionsleiter oder Moderator muss klare Regeln etablieren und diese auch umsetzen können.
Präsentation mit Gruppenaufgaben (Teilnehmer bekommen eine Aufgabe vor der Präsentation und Fragen anschließend den Präsentator oder anschließend findet eine Podiumsdiskussion mit ausgewählten Teilnehmern zur Präsentation statt)	Sorgt für Beteiligung und Aufmerksamkeit der Teilnehmer. Ressourcen können identifiziert und für alle nutzbar gemacht werden. Lernen kann beobachtet werden. Es lassen sich viele Informationen vermitteln; ein besser organisiertes Frage-und-Antwort-Format	Lerninhalte können verwirrend sein oder verloren gehen. Einige wenige Teilnehmer können die Diskussion dominieren. Zeitmanagement ist schwieriger. Diskussion spiegelt nicht den wirklichen Lerninhalt wieder.	Der Schulungsleiter / Moderator sollte das Zuhören mit einem klarem Zweck strukturieren; Teilnehmer einer Podiumsdiskussion müssen ein Querschnitt der Gruppe sein.
Gruppendiskussion (zu einem vorgegebenem Thema) **Kurzdiskussion** (kurz, zeitlich begrenzt, vorgegebenes Thema)	Sorgt für Beteiligung und Aufmerksamkeit der Teilnehmer. Ressourcen können identifiziert und für alle nutzbar gemacht werden. Lernen kann beobachtet werden. Eröffnet die Möglichkeit verschiedene Standpunkte zu einem Thema zu hören; gibt auch leiseren Teilnehmern die Möglichkeit sich auszudrücken.	Lerninhalte können verwirrend sein oder verloren gehen. Einige wenige Teilnehmer können die Diskussion dominieren. Zeitmanagement ist schwieriger. Diskussion spiegelt nicht den wirklichen Lerninhalt wieder. Ein unerfahrener Moderator kann das Format möglicherweise nicht für alle Zwecke (Einstellungs- / Verhaltensänderung) verwenden.	Schulungsleiter teilt große Gruppe in kleine Gruppen; Gruppen von 4-6 Personen sind am effektivsten. Die Kleingruppen haben eine kurze Zeit, um ein Thema zu besprechen oder ein Problem zu lösen Der Trainer sollte in der Lage sein, klare Anweisungen zu geben und eine Diskussion über das Ziel der Aufgabe zu führen.
Brainstorming	Kann alle Beteiligten dazu bringen, viele Informationen zu sammeln und schnell Ideen zu generieren. Gut zur Lösung von Problemen; schneller Wechsel von Tempo und Inhalt; erlaubt es allen teilzunehmen und kreativ beizusteuern.	Das Problem / Aufgabenstellung muss klar definiert sein. Die Zeitkontrolle ist schwieriger. Methode braucht klare Fragen und eine anschließende Bewertung und Diskussion; etwas abgenutzte Methode, als schriftliches Brainstorming aber durchaus sinnvoll.	Zur Ideenfindung und kreatives Gruppendenken; alle Teilnehmer präsentieren so schnell wie möglich viele Ideen zu einem Problem. Dann gruppiert die Gruppe die Liste in Kategorien zur weiteren Diskussion. Keine Bewertung oder Kritik, bis alle mit dem Schreiben fertig sind. Anschließende Diskussion und festhalten des gesagten.

Abbildung 6:   Schulungsmethoden zur Informations- und Wissensvermittlung

Das besondere an Praxisschulungen ist, dass es nicht um eine bloße Wissensvermittlung geht, sondern um die Anwendung des Wissens in der Praxis, also den Transfer. Der große Vorteil eines selbst im Unternehmen durchgeführten Verhandlungstrainings ist es, dass nicht nur die Einkäufer zu besseren Verhandlern werden, sondern die vermittelten Methoden und Vorgehensweisen können so im Unternehmen verankert werden, da die Gestaltung des Arbeitsumfeldes auch im Ermessen des Verhandlungstrainers bzw. Einkaufsleiters liegt.

Wie Sie später bei der Vorstellung der Trainingsagenda (Abbildung 12) sehen werden, kann in einem Verhandlungstraining eine spannende Mischung von Elementen eines Frontalunterrichts kombiniert mit Gruppendiskussionen, Rollenspielen, Simulationen und Fallstudien verwendet werden. Ein breiter Methodenmix kommt so den Lernbedürfnissen von Erwachsenden entgegen.

Methode	Vorteile	Mögliche Nachteile	Bemerkungen
Verhaltensveränderung			
Rollenspiel	Ermöglicht es den Teilnehmern, neue Fähigkeiten in einer kontrollierten Umgebung zu üben. Die Teilnehmer sind aktiv beteiligt. Beobachter können sowohl die Einstellung, wie auch das Verhalten beeinflussen.	Benötigt eine entsprechende Vorbereitungszeit. Kann z.T. schwierig auf alle Situationen zugeschnitten werden. Braucht ausreichend Zeit für die Übung und Feedback. Erfordert hervorragende Fähigkeiten zur Moderation vom Schulungsleiter.	Die Teilnehmer behandeln Verhalten zu Situationen, die auch in der täglichen Arbeit vorkommen. Trainer muss Menschen in Rollen bringen, Anweisungen geben und ein Vertrauensklima schaffen. Er muss wissen, wann eine Aktivität für eine Personen eine Bedrohung darstellen kann. Er muss die Fähigkeit besitzen, Gruppenprozesse zu unterstützen.
"Filmaufnahme oder Video" (Rollenspiel dass nachher mit der Aufzeichnung analysiert wird)	Sinnvoll um neues Verhalten und nee Fähigkeiten einzuüben.	(Wie das Rollenspiel, sehr intensiv und zeitbeanspruchend)	
Planspiel oder Simulation (als haptisches Spiel oder PC)	Intensive Beteiligung; gleichzeitiges Anwendung von Fachwissen und Fähigkeit zur Problemlösung und zur Entscheidungsfindung werden eingeübt.	Teilnehmer werden einer Wettbewerbssituation ausgesetzt; es wird ein entsprechendes Spiel und ein Schulungsleiter zur Durchführung benötigt; ist zeitaufwendig, bzw. mit extra Kosten für Lizenzen verbunden	Ein Planspiel erfordert Vorbereitungszeit für den Schulungsleiter, um die Regeln und die Vorgehensweise zu lernen.
Fallstudien (gegebene Problemsituation um sie in einer Kleingruppe zu lösen) **Kritischer Vorfall** (Fallstudie zu einer Kriesensituation)	Erfordert eine aktive Beteiligung der Teilnehmer. Kann den Praxistransfer nach einer Schulungseinheit simulieren. Lernen kann beobachtet werden. Bietet die Gelegenheit sofort neues Wissen anzuwenden; erfordert ein gutes Urteilsvermögen.	Informationen müssen so präzise und aktuell sein, oder die Fallstudie explizit für Schulungszwecke aufbereitet sein. Braucht ausreichend Zeit für die Teilnehmer, um den Fall abzuschließen. Die Fallstudie muss für die Bedürfnisse der Lernenden und die täglichen Belange relevant sein.	Die Teilnehmer erhalten Informationen über eine Situation und müssen eine Entscheidung treffen oder ein Problem lösen. Der Schulungsleiter muss über die Kenntnisse und Fähigkeiten verfügen, wie das Problem zu lösen ist. Möglicherweise können verschiedene Gruppen separat arbeiten, um dann die Lösungen zu vergleichen und zu diskutieren.
Demonstration und Vorführung (durch die Teilnehmer)	Hilft dabei ein Verständnis zu entwickeln. Stimuliert das Interesse der Teilnehmer. Kann den Teilnehmern eine Vorgehensweise geben, dem sie folgen können. Ermöglicht die optionale Einüben des gewünschten Verhaltens und Könnens; ist gut zum Erlernen einfacher Fähigkeiten.	Muss für die Teilnehmer genau und relevant sein. Schriftliche Beispiele können lange Vorbereitungszeit erfordern. Fall der Schulungsleiter etwas selber vorführt kann das für die Teilnehmer schwierig sein, dass alle gut sehen. Die Methode ist effektiver, wenn die Teilnehmer selber aktiv sind; Feedback muss unmittelbar nach der Vorführung folgen.	Den Teilnehmern werden die richtigen Schritte zur Durchführung einer Aufgabe gezeigt. Es kann auch ein Beispiel für eine korrekt abgeschlossene Aufgabe gezeigt werden. Erfordert Geschick, um das gewünschte Durchführung zu zeigen; die Durchführung ist in einzelne Teilschritt aufzuteilen und detailliert Feedback geben zu können.

Abbildung 7: Schulungsmethoden zur Unterstützung von Verhaltensänderungen

Die beste Wissensvermittlung ist jedoch für ein Unternehmen wirkungslos, wenn kein ausreichender Praxistransfer stattfindet und in der Folge bessere Verhandlungsergebnisse erreicht werden. Abbildung 8 fasst dabei die drei Trainingsphasen mit Vorbereitung, Training und Nachbereitung noch einmal zusammen (Scarbath & von Beyer-Steipani, 2012).

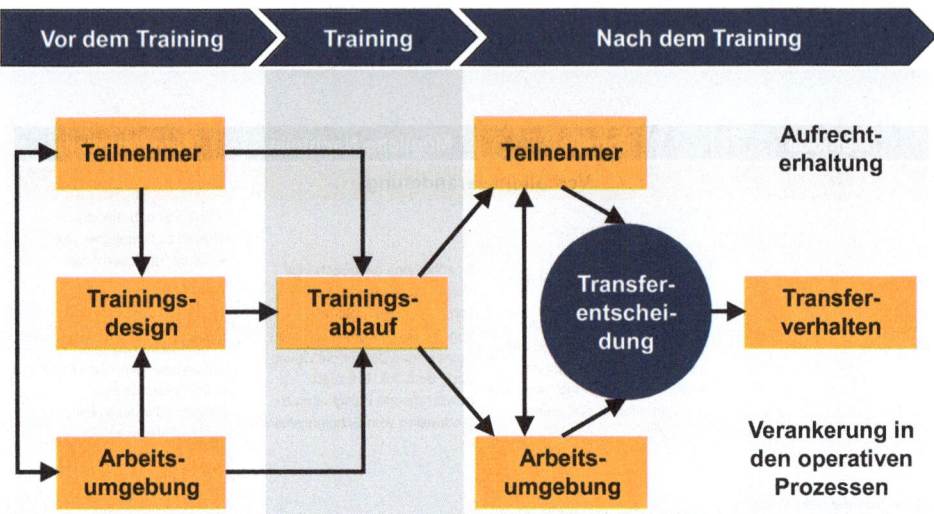

Abbildung 8:   Sicherung des Lerntransfers in die betriebliche Praxis als Kernziel einer
                 kollegialen Wissensvermittlung

Damit ein Praxistransfer gelingt und die gesteigerte Verhandlungskompetenz im Einkauf auch
kommerzielle Wirkung für das Unternehmen entfaltet, können verschiedene Maßnahmen zur
Sicherung des Lerntransfers, wie in Abbildung 9 dargestellt, angewendet werden.

Maßnahmen zur Sicherung des Lerntransfers	
Teilnehmer	• Analyse der individuellen Lernfähigkeit • Leistungsmotivation • Klärung der individuellen Einstellungen zur Arbeit und zu Karriere • Zeitpunkt der Trainingsmaßnahme
Trainings-design	• Selbstlernmaterialien und Aufgaben zur Vorbereitung • Transferplanung und Transfervertrag • Verantwortung zur Weiterentwicklung des gelernten Stoffs • Unterstützungsgruppen und Vernetzung der Trainingsteilnehmer • Nachbereitungsseminare (oder Stufenkonzepte) • Arbeitsmittel und Prozessgestaltung
Arbeits-umgebung	• Vor- und Nachbereitungsgespräche • Aktive Eibeziehung des Vorgesetzen (falls kein Teilnehmer des Trainings) • Coaching und geplantes Einüben und Anwenden
Transfer-entscheidung	• Erhöhung der subjektiven Bedeutsamkeit des Trainings • Implementierung der vermittelten Inhalte direkt in die internen Prozesse • Organisationsentwicklung um Transfer sicher zu stellen
Transfer-verhalten	• Transfertagebuch und Problemdiagnose bei potentiellen Anwendungshürden • Erlernen von Strategien um einen Rückfall in alte Verhaltensweisen zu vermeiden

Abbildung 9:   Einzelheiten zur Sicherung des Lerntransfers in die betriebliche Praxis als
                 Kernziel einer kollegialen Wissensvermittlung

1.1.5   Verankerung in operativen Prozessen

Neben entsprechenden Arbeitsmitteln, wie einem Verhandlungsplaner, kann es sehr zielführend sein, in der Unternehmenspraxis eine gestaffelte Verhandlungsvorbereitung und Verhandlungsintensität umzusetzen. So kann es sinnvoll sein, einfache bzw. geringwertige Verhandlungen in ein paar Minuten vorzubereiten und dann per Telefon zu realisieren. Komplexe und hochwertige Verhandlungen sollten im Team vorbereitet werden und dann persönlich mit dem Lieferanten stattfinden. Eventuell ist es dann auch notwendig, mehrere Verhandlungsrunden zu planen. Abbildung 10 zeigt eine praktische Umsetzung dieser Idee.

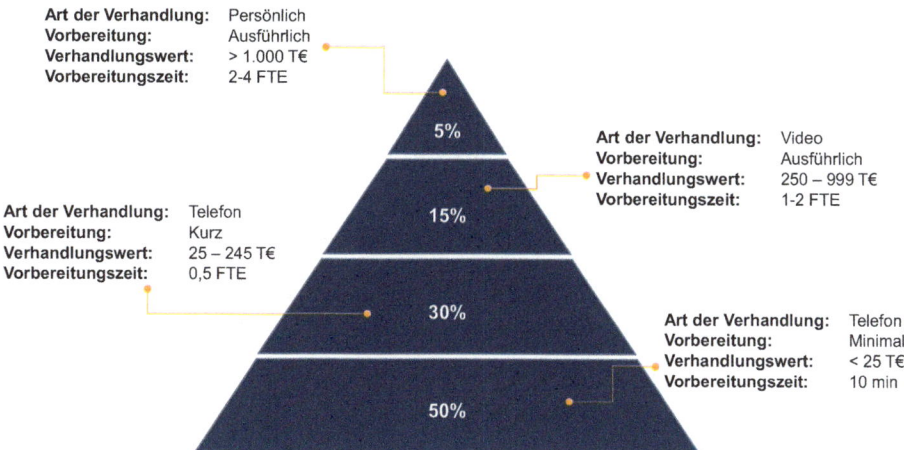

Abbildung 10:   Verhandlungsarten und Vorbereitung gemäß Verhandlungswert

Die Wertgrenzen und die geschätzten Aufwandstage sollen nur einen Anhaltspunkt darstellen und müssen natürlich zum Unternehmen und Geschäft passen. Eine weitere recht praktikable Methode ist ein Verhandlungstagebuch für die Hauptlieferanten. Dieses Tagebuch sollte alle Informationen zum Lieferanten, die entsprechende Verhandlungsplanung und Gesprächsdokumentation beinhalten.

Nachdem die letzten Abschnitte sehr grundsätzlich die Idee der kollegialen Wissensvermittlung und den Praxistransfer behandelt haben, konzentriert sich der folgende Abschnitt auf das eigentliche Training.

1.2 Training planen und vorbereiten

In diesem Abschnitt werden die Grundlagen gelegt, wie ein Training grundsätzlich geplant und vorbereitet werden kann. Im Speziellen wird auf die Besonderheiten eines Verhandlungstrainings eingegangen.

1.2.1 Planung eines Verhandlungstrainings

Die Planung eines Konzepts für ein Verhandlungstraining beginnt mit der Festlegung des groben Ablaufs. Dabei sind die zur Verfügung stehende Zeit in Verbindung mit den Anforderungen der Zielgruppe zu berücksichtigen. Das zeitliche Optimum liegt bei zwei Seminartagen, wobei noch der Kompromiss eingehen werden kann, das Seminar nur in 1,5 Tagen durchzuführen und am ersten Tag erst zum Mittag zu starten. Ein eintägiges Format vergibt die Chance, dass sich der Stoff vom ersten Tag beim Überschlafen „setzen" kann und am Folgetag ergänzt und verstärkt in die Praxis umgesetzt wird. Sollte es durch interne Abläufe jedoch zwingend nötig sein, ein Kurztraining zu veranstalten, kann das im Folgenden beschriebene Konzept des „Umgedrehten Unterrichts" (Flipped Classroom) eine Option sein. Bei einer längeren Trainingsdauer als zwei Tage ist die zusätzliche Wertschöpfung begrenzt. Weitere Lerneinheiten nach dem Abendessen sind nicht zu empfehlen, da nach acht oder neun Stunden Programm die verbleibende Energie und Aufmerksamkeit dafür sehr begrenzt wären.

Die Zielpersonen sind primär Einkäufer, deren Verhandlungsleistungen sich unmittelbar auf das Geschäftsergebnis auswirken. Zusätzlich können auch die Bedarfsträger, wie Techniker oder Führungskräfte berücksichtigt werden, also im Prinzip jeder, der extern verhandelt. Bei der Gestaltung einer kollegialen Wissensvermittlung sollten zwei Dinge beachtet werden:

- Auch wenn man glaubt, seine Mitarbeiter und Kollegen zu kennen: alle Teilnehmer sollten dort abgeholt werden, wo sie aktuell vom Wissen her stehen.

- Auf keinen Fall sollte wesentlich länger als 30 Minuten im Vortragsstil gearbeitet werden. Danach bedarf es einer Teilnehmeraktivität.

Bei der grundsätzlichen Gestaltung eines internen Trainings sind auf jeden Fall die vier Schlüsselfragen der Abbildung 11 zu beachten. Diese vier Elemente finden in einem Kreislauf aus Ausbilden, Einüben, Anwenden und Unterstützen statt.

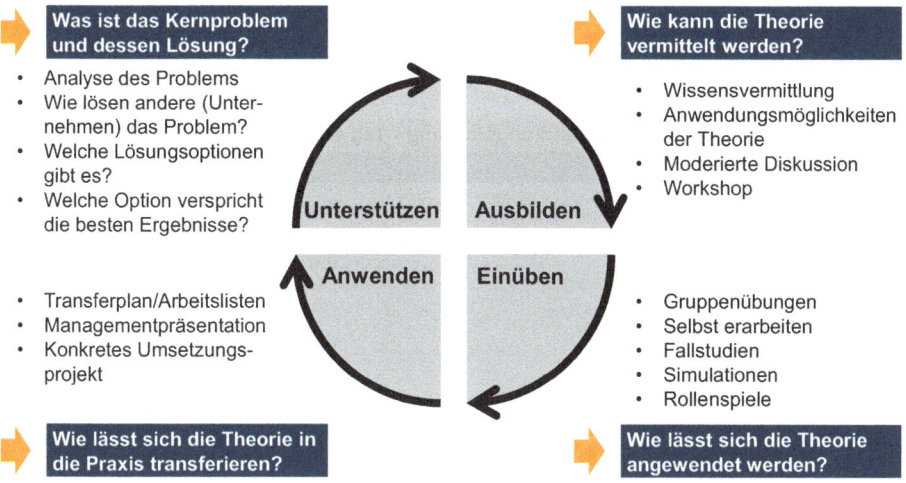

Was ist das Kernproblem und dessen Lösung?

- Analyse des Problems
- Wie lösen andere (Unternehmen) das Problem?
- Welche Lösungsoptionen gibt es?
- Welche Option verspricht die besten Ergebnisse?

Wie kann die Theorie vermittelt werden?

- Wissensvermittlung
- Anwendungsmöglichkeiten der Theorie
- Moderierte Diskussion
- Workshop

Unterstützen — Ausbilden — Anwenden — Einüben

- Transferplan/Arbeitslisten
- Managementpräsentation
- Konkretes Umsetzungsprojekt

- Gruppenübungen
- Selbst erarbeiten
- Fallstudien
- Simulationen
- Rollenspiele

Wie lässt sich die Theorie in die Praxis transferieren?

Wie lässt sich die Theorie angewendet werden?

Abbildung 11:   Zur Sicherstellung des Erfolgs und der Nachhaltigkeit sollen Schulungen interaktiv sein und aus vier Elementen bestehen

Hauptziel ist, dass die Teilnehmer etwas lernen, das ihnen in der Praxis weiterhilft, und das können sie am besten in einer entspannten, entkrampften Arbeitsatmosphäre. Dazu ist eine attraktive Mischung aus Vermittlung von theoretischem Wissen und praktischen Übungen notwendig und sinnvoll.

1.2.2 Trainingsagenda – der Zeitplan (2-Tages-Training)

Für die Konzeption eines Verhandlungstrainings benötigen Sie zunächst einige Hinweise: Wer wird am Training teilnehmen? Wie lang soll das Training sein und wo stattfinden? Welche Themen und Schwerpunkte müssen behandelt werden? Welche Methoden sind zu vermitteln? Die Antworten versetzen in die Lage eine Trainingsagenda zu erstellen, die falls nötig noch einmal im Unternehmen abgestimmt werden kann. Dabei geht es um die Festlegung der Themenblöcke, ihre ungefähre zeitliche Anordnung und wie Reflektionen, Übungen und Verhandlungssimulationen eingeplant werden.

Abbildung 12 zeigt einen beispielhaften Aufbau eines 2-Tages-Trainings. Neben einer Einführung und ggf. einer Vorstellungsrunde sollten die Erwartungen an das Training erarbeitet werden. Dann folgen Elemente der Theorievermittlung in Kombination mit Übungen, um die Teilnehmer langsam an die Grundlagen heranzuführen. Zum Nachmittag des ersten Tages folgt dann die Einführung in die Verhandlungsplanung, unterstützt durch entsprechende Übungen.

Der zweite Tag wird dann wesentlich stärker für Rollenspiele und Verhandlungssimulationen genutzt.

Verhandlungstraining - Tag 1				
Nr.	Thema	Beschreibung	Durchführung	Zeit
1.1	Einführung	• Begrüßung • Ziele des 2-Tages-Workshops	Trainer	09:00 – 09:20
1.2	Vorstellung & Erwartungen	• Vorstellung und Erwartungen der Teilnehmer an die beiden Tage	Alle	09:20 – 10:00
2.1	Grundlagen (I/IV)	• Übung: Selbsteinschätzung zum Verhandlungsgeschick	Alle	10:00 – 10:30
2.2	Grundlagen (II/IV)	• BATNA und Bedeutung	Trainer	10:30 – 11:00
	Pause	• Kaffeepause	Alle	11:00 – 11:20
2.3	Grundlagen (III/IV)	• Übung: Preis ≠ Kosten	Alle	11:20 – 12:30
2.4	Grundlagen (IV/IV)	• Verhandlungsprozess	Trainer	12:30 – 13:00
	Pause	• Mittagspause	Alle	13:00 – 14:00
3.1	Vorbereitung (I/IV)	• Übung: Was ist meine Grundannahme in einer Verhandlung	Alle	14:00 – 14:45
3.2	Vorbereitung (II/IV)	• Verhandlungsplanung	Trainer	14:45 – 15:15
3.3	Vorbereitung (III/IV)	• Übung: Verhandlungsplanung …	Trainer	15:15 – 15:30
	Pause	• Kaffeepause inkl. Vorbereitung	Alle	15:30 – 16:00
3.3	Vorbereitung (III/IV)	• … und Verhandlung	Alle	16:00 – 16:30
3.4	Vorbereitung (IV/IV)	• Planungswerkzeuge	Trainer	16:30 – 16:45
4.1	Ausblick / weitere Schritte	• Festlegung der weiteren Schritte • Ausblick auf den morgigen Tag	Trainer	16:45 – 17:00
Verhandlungstraining - Tag 2				
Nr.	Thema	Beschreibung	Durchführung	Zeit
5.1	Einführung	• Begrüßung • Wrap-up vom Vortag	Trainer	09:00 – 09:15
6.1	Durchführung (I/IV)	• Übung: Verhandlungsziele	Alle	09:15 – 10:15
6.2	Durchführung (II/IV)	• Arten von Verhandlungen	Trainer	10:15 – 10:45
	Pause	• Kaffeepause	Alle	10:45 – 11:05
6.3	Durchführung (III/IV)	• Übung: Interessenausgleich	Alle	11:05 – 12:15
6.4	Durchführung (IV/IV)	• Verhandlungstaktiken	Trainer	12:15 – 12:45
	Pause	• Mittagespause	Alle	12:45 – 13:45
7.1	Sonderthemen (I/II)	• Telefon, langfristige Partner & kulturelle Aspekte	Trainer	13:45 – 14:15
7.2	Sonderthemen (II/II)	• Übung: unterschiedliche Kulturen	Alle	14:15 – 15:30
8.1	Verhandlungs-dokumentation	• Verhandlungsprotokoll • Vergabegespräch	Alle	15:30 – 16:00
9.1	Ausblick / Feedback	• Feedback zum Training • Festlegung der weiteren Schritte • Ausblick auf die nächsten Wochen in der Praxis	Alle/Trainer	16:00 – 16:30

Abbildung 12:   Trainingsagenda eines real durchgeführten Trainings

Sollten Sie nicht die Möglichkeit haben, ein 2-Tages-Training durchzuführen, so wird eine alternative Vorgehensweise im folgenden Abschnitt vorgestellt.

1.2.3 Trainingsagenda – der Zeitplan (Umgedrehter Unterricht)

Je nach der grundsätzlichen Organisation des internen Trainings bietet sich auch eine andere Variante an. Das folgende Kapitel beinhaltet seine Selbstlernunterlage mit Übungen, die die theoretischen Inhalte zum Verhandlungstraining vermittelt. Somit besteht die Möglichkeit, dass sich die Teilnehmer individuell auf das Training vorbereiten und dann nur noch die Verhandlungsübungen in einer Präsenzveranstaltung stattfinden. Sicherlich ist dies keine Ideallösung, bietet aber sowohl bei knapper Zeit oder bei virtuellen Veranstaltungen Optionen, sehr gut die Inhalte zu vermitteln. Abbildung 13 zeigt einen Vorschlag für eine Agenda nach diesem Konzept. Es besteht bei dieser Art des Trainings auch die Möglichkeit, die einzelnen Verhandlungssequenzen auf mehrere Tage aufzuteilen, wenn der betriebliche Ablauf dies notwendig machen sollte. So kann es im betrieblichen Ablauf einfacher sein, z.B. immer am Freitag nach dem Mittag eine Verhandlungsübung durchzuführen.

Verhandlungstraining mit Selbstlernvorbereitung				
Nr.	Thema	Beschreibung	Durchführung	Zeit
1.1	Einführung	• Begrüßung • Ziele des 1-Tages-Workshops	Trainer	09:00 – 09:20
1.2	Vorstellung & Erwartungen	• Vorstellung und Erwartungen der Teilnehmer	Alle	09:20 – 10:00
2.0	Grundlagen	• Übung: Preis ≠ Kosten	Alle	10:00 – 10:50
	Pause	• Kaffeepause	Alle	10:50 – 11:10
3.0	Vorbereitung	• Übung: Verhandlungsplanung und Verhandlung	Trainer/Alle	11:10 – 12:30
	Pause	• Mittagspause	Alle	12:30 – 13:30
4.1	Durchführung (I/II)	• Übung: Verhandlungsziele	Alle	13:30 – 14:30
4.2	Durchführung (II/II)	• Übung: Interessenausgleich	Alle	14:30 – 15:30
	Pause	• Kaffeepause	Alle	15:30 – 15:50
5.0	Sonderthemen	• Übung: unterschiedliche Kulturen	Alle	15:50 – 17:00
6.0	Ausblick / Feedback	• Feedback zum Training • Festlegung der weiteren Schritte • Ausblick auf die nächsten Wochen in der Praxis	Alle/Trainer	17:00 – 17:30

Abbildung 13: Trainingsagenda Tagestraining mit Selbstlernvorbereitung

1.2.4 Detaillierte Themenfestlegung

Die hier vorgestellten Vorschläge einer Agenda beschreiben ein Einführungstraining, das recht breit aufgestellt ist. Mit solch einem Training ist es möglich, die Verhandlungskompetenz zuerst einmal zu vereinheitlichen. Spannend dabei ist, dass selbst erfahrene Verhandler immer wieder Elemente erfahren, die ihnen vorher nicht bewusst waren. Neben den obligatorischen Grundlagen des Verhandelns kann die Agenda auch Zeitfenster von etwa eineinhalb bis zwei Stunden haben, die für Schwerpunktthemen vorgesehen sind. Die genaue Zahl von Schwerpunktthemen hängt vom Konzept, Inhalten und Länge der Schulung ab. Nachfolgend einige Vorschläge: Einkaufsverhandlung von Rohstoffen, Investitionsgütern, Dienstleistungen oder interkulturelle Verhandlungen. Weiterhin kann es sehr sinnvoll sein, kürzere Impulsthemen (etwa 30 Minuten bis zu einer Stunde) mit in die Agenda einzubauen, auf die man bei Zeitverzug durchaus verzichten kann. Es ist ratsam, für ein Verhandlungstraining mehr Material vorzubereiten, als unter realistischen Umständen benötigt wird. Dies ist dem Umstand geschuldet, dass die Aktivität und Diskussionsfreudigkeit einer Gruppe nie konkret vorhersehbar sind, was sich auf die benötigte Zeit auswirkt.

1.2.5 Teilnehmer einladen und vorbereiten

Etwa zwei bis drei Wochen vor der Veranstaltung sollten die Teilnehmer noch einmal eine formale Einladung mit der Agenda erhalten. Es hat sich auch als sehr praktisch erwiesen, wenn die Teilnehmer jeweils eine Seite zur Selbstvorstellung vorbereiten, die dann mindestens eine Woche vor der Veranstaltung zurück an den Trainer gesendet wird, damit auch dieser sich auf die Teilnehmer einstellen kann.

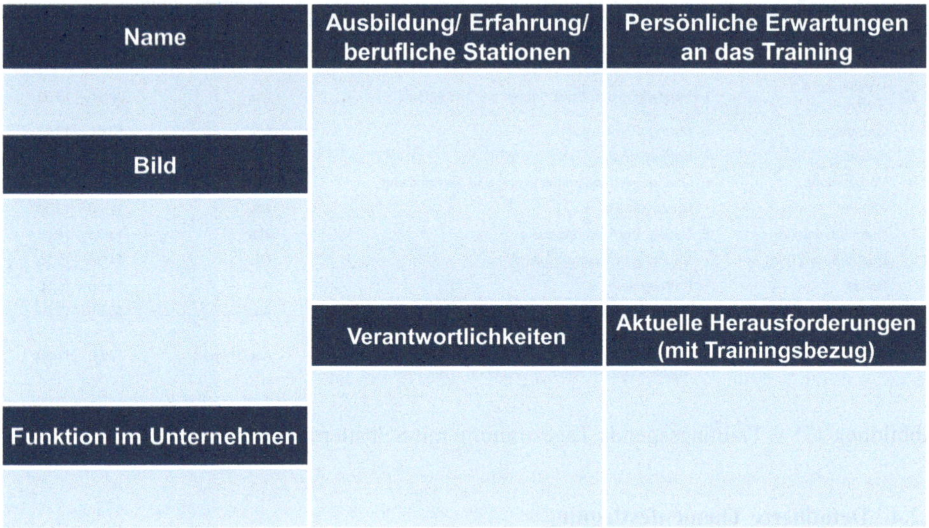

Name	Ausbildung/ Erfahrung/ berufliche Stationen	Persönliche Erwartungen an das Training
Bild		
	Verantwortlichkeiten	Aktuelle Herausforderungen (mit Trainingsbezug)
Funktion im Unternehmen		

Abbildung 14:   Selbstvorstellung der Trainingsteilnehmer mit Erwartungshaltung

1.2.6 Theorie ist notwendig

Die Vermittlung eines gewissen Umfangs an Fakten und Hintergründen ist auch in einem Verhandlungstraining notwendig, jedoch hat die praktische Anwendung Priorität, um so den Lernstoff sofort zu üben und dadurch Hilfe zur Selbsthilfe zu leisten. Einfacher ist es für die Teilnehmer dann, den Stoff sofort mit in die tägliche Berufspraxis zu nehmen. Je besser das gelingt, umso besser ist das Training. Somit stellt ein solches Seminar eine permanente Gratwanderung zwischen Theorie- und Praxisüberschuss dar, auch mit dem Risiko der Überforderung oder der Langeweile einzelner Teilnehmer. Um die Aufmerksamkeit durchgehend hochzuhalten und einer Ermüdung der Teilnehmer entgegenzuwirken, müssen die zur Verfügung stehenden Methoden ausgewogen genutzt werden. Eine ansprechend gestaltete Seite beansprucht etwa zwei bis drei Minuten Präsentationszeit. Das heißt, nach spätestens zehn bis 15 Inhaltsfolien muss etwas passieren, um die Teilnehmer aktiv einzubinden. Somit liefert bereits die Seitenzahl einen ersten Anhaltspunkt dafür, wann wieder Aktionen notwendig sind. Dies ist auch entsprechend in der Agenda in Abbildung 12 berücksichtigt, indem jeder Theorieblock auf maximal 30 Minuten begrenzt ist. Diese Theorieblöcke bilden auch einen gewissen Puffer im Zeitablauf, da manche Themen schneller vermittelt werden können.

1.2.7 Nachhaltiges Lernen durch sofortige Teilnehmeraktivitäten

Ein Training lässt sich mit Hilfe von Übungen zur Selbstreflektion, Gruppenübungen aber auch mit kleinen Seminarspielen nicht nur auflockern, sondern motiviert die Teilnehmer auch, sich besserer kennen zu lernen und mit dem Thema zu befassen. Aber, in der Planung sollte keinesfalls der Anteil an reinen Unterhaltungselementen übertrieben werden, ansonsten geht die Professionalität schnell verloren.

Zielführender und für den Lernerfolg nachhaltiger ist es, bestimmte Inhalte und Fragestellungen von Teilnehmern erarbeiten zu lassen oder durch Rollenspiele zu vertiefen; so werden die Ergebnisse besser im Gedächtnis verankert. Als interaktive Elemente dienen in erster Linie Verhandlungsübungen. Hierbei bietet sich ein ganzes Register von Stilmitteln an, um die Rollenspiele spannend und lehrreich zugleich zu gestalten und ihnen einen möglichst realistischen Touch zu verleihen.

1.2.8 Verhandlungsübungen konzipieren

Die Qualität eines Verhandlungtrainings lebt nicht zuletzt von der Planung, Durchführung und Analyse der in Form von Rollenspielen durchgeführten Verhandlungsübungen. Die Teilnehmer haben den Anspruch, die neuen Lernimpulse spielerisch zu erproben, ohne dass der Ernstfall eines echten Geschäfts vorliegt. Berufliche Alltagserfahrungen im jeweiligen Fachgebiet sind dabei willkommen und werden wertgeschätzt. Vor dem eigenen beruflichen Hintergrund als Einkäufer lassen sich passgenaue Szenarien schaffen, die auf die Bedürfnisse der Teilnehmer zugeschnitten sind. Durch die Möglichkeit von Verhandlungsübungen unterscheidet sich das

Verhandlungstraining von anderen Seminartypen. Eine zweitägige Schulung sollte mindestens eine längere und mehrere kürzere Musterverhandlungen beinhalten. Für alle in der Agenda enthaltenen Schwerpunkte sind ein bis zwei kürzere Verhandlungsübungen sowie andere Teilnehmeraktivitäten und Diskussionen im Plenum oder in Kleingruppen vorzusehen. In allen Fällen müssen Sie den Beteiligten ausreichend Zeit einräumen, das jeweilige Szenario zu verstehen und sich – allein oder im Team – sorgfältig auf das Rollenspiel vorzubereiten.

1.2.9 Trainingsmaterial und Rahmenbedingungen

Es versteht sich von selbst, dass man ein Training gründlich vorbereitet und nichts dem Zufall überlassen sollte. Dies betrifft nicht nur die zuvor diskutierten inhaltlichen Themen, sondern ebenfalls die verwendeten Materialien, Unterlagen und vor allem Computer/Software und Beamer. Weiterhin wird es immer von den Teilnehmern geschätzt, wenn Sie eine Unterlage mit den präsentierten Inhalten sowie auch weitergehende Informationen erhalten. Da eine kollegiale Wissensvermittlung dem Ziel des Wissenstransfers in der Unternehmenspraxis folgt, ist ein Ausdruck wirkungsvoller als eine Datei! Als Anregung könnte dienen, die Unterlagen zu drucken und zu binden, wobei immer 2 Folien auf einer Seite sind und dies durch Verhandlungsplaner oder weitere Hilfsmittel erweitert werden kann. Weiterhin sollten auch leere Felder oder Seiten enthalten sein, damit die Teilnehmer sich sofort Notizen machen können. Für Material, das den Teilnehmern ausgehändigt oder geschickt wird, gilt die Maxime: nur in perfekter Layout- und Druckqualität! Es ist belegt, dass dies die Authentizität und Glaubwürdigkeit der Inhalte dadurch steigert.

1.3 Verhandlungstrainings durchführen

Normalerweise werden Sie als Trainer die Teilnehmer aus Ihrem eigenen Einkauf kennen. Nichtsdestotrotz werden Sie zu Beginn in eine Reihe meist freundlicher, erwartungsfroher Gesichter blicken, die neugierig sind, was kommt. Der erste Eindruck, den Sie auf Ihre Teilnehmer machen, ist nicht wiederholbar und muss daher unbedingt positiv gestaltet werden. Dies betrifft Ihr Auftreten und die Art der Ansprache. Weiterhin müssen Sie sich auch überlegen, ob es angemessen ist, im Training zum Du überzugehen, was natürlich zur Kultur des Unternehmens und der Einkaufsabteilung passen muss. Der Veranstaltungsraum ist aufgeräumt und mit Sitzplätzen, Material und Bewirtung sorgfältig vorbereitet. Sie werden mindestens eine Viertelstunde vor dem Startzeitpunkt vor Ort sein, um Rechner und Beamer in Gang zu bringen, Ihre Hilfsmittel zu sortieren, gegebenenfalls die Bestuhlung zu korrigieren und auch, um frühzeitig ankommende Teilnehmer zu empfangen und mit ihnen bereits ein paar unverbindliche Worte zu wechseln.

Noch ein Hinweis zum Veranstaltungsraum. Natürlich ist es meist schöner und komfortabler, einen externen Schulungsraum, z.B. in einem Hotel, zu nutzen. Sollte dies nicht möglich sein, und es muss auf einen internen Raum für das Training zurückgegriffen werden, dann sollte der Raum groß genug sein und es zusätzlich weitere Räume für die Gruppenübungen geben. Weiterhin muss sichergestellt werden, dass es keine externen Störungen im Ablauf gibt, da ja alle im Unternehmen sind.

Die Phase des Eintreffens der Teilnehmer und die ersten zehn Minuten der Veranstaltung sind mitentscheidend dafür, wie das gesamte Verhandlungstraining laufen wird – eine weitere Analogie zum Ablauf einer „echten" Verhandlung im gewerblichen Umfeld. Fehlt das richtige Gefühl dafür, wie die Stimmung in der Gruppe ist, helfen Smileys analog Abbildung 15 mit der Bitte an die Teilnehmer, beim Eintreffen einen Punkt an die entsprechende „Stimmungslage" zu kleben.

Abbildung 15:   Smileys zur Erfassung der Stimmungslage in einer Gruppe

Dies gibt einen ersten groben Anhaltspunkt zum Klima. Und wenn die Teilnehmer im Anschluss daran von der ersten halben Stunde begeistert sind, funktioniert der Rest wie von allein.

1.3.1   Die Eröffnung und der Start des Trainings

Falls der Fall auftritt, dass sich Trainer und Teilnehmer nicht kennen, herrscht zu Beginn eines Seminars gewöhnlich eine mehr oder weniger gezwungene Atmosphäre. Daher müssen Sie zunächst den passenden Einstieg finden, um die Teilnehmer für sich einzunehmen, Vertrauen zu erzeugen und Interesse und Begeisterung zu wecken. Möglicherweise sind einige organisatorische Dinge, wie die Pausenzeiten, zu klären und Verhaltensregeln zu vereinbaren (Beispiel Abbildung 16). Mit dieser Abbildung kann man ganz einfach den Teilnehmern die Angst nehmen, Fehler zu machen, ohne bevormundet zu werden. Es soll ein Training auf Augenhöhe mit mündigen Teilnehmern sein. Gleichzeitig soll so auch die intensive Handynutzung oder sogar das

Arbeiten am Rechner unterbunden werden, was bei internen Trainings durchaus ein Thema sein kann.

Nur wenn sich die Teilnehmer sehr gut kennen und es klar ist, was die einzelnen Personen erwarten, kann auf die Vorstellungsrunde verzichtet werden. In jedem anderen Fall folgen jetzt eine Vorstellungsrunde und Abfrage der Erwartungen, wie Sie bereits in Abbildung 14 dargestellt ist.

Abbildung 16:   Gemeinsame Spielregeln für das Training

So kann sich jeder Teilnehmer äußern und erstmals seine Komfortzone verlassen. Das Eis ist gebrochen und Sie lernen die Teilnehmer bereits besser kennen. Mit etwas Übung gewinnen Sie erste Informationen über Wissensstand und Selbstbewusstsein der Individuen und zur Gruppenstruktur. Allerdings darf der Zeitaufwand für diese Einführungsrunde nicht unterschätzt werden. Bei 8–12 Teilnehmern benötigen Sie schnell bis zu einer Stunde.

1.3.2 Zeitplanung

Für ein lebendiges Training ist es wichtig, dass zum einen die Spannung über die gesamte Veranstaltung erhalten bleiben muss, andererseits jedoch ausreichend Pausen notwendig sind, um einer übermäßigen Ermüdung der Gruppe vorzubeugen. Vor- und nachmittags sind Zwischenpausen vorzusehen, um sich auszutauschen, Telefonate zu führen, E-Mails zu bearbeiten etc. Sie sollten auf keinen Fall verkürzt werden, um den geplanten Stoff durchzubringen. Jedoch hat es sich als ratsam erwiesen, in der Agenda nur 20 Minuten einzuplanen, denn es wird immer verspätete Teilnehmer geben und das Training kann dann nach einer knappen halben Stunde fortgesetzt werden. Für einen Mittagsimbiss im Seminarraum reichen 30 bis 45 Minuten. Ein externes oder formales Mittagessen in einem Tagungshotel dauert mindestens 60 Minuten. Die Zeiten der Pausenbewirtung sind vorher mit dem Betreiber der Lokalität abzusprechen, was die Flexibilität während der Seminartage erhöht. Achten Sie vor allem darauf, dass die Veranstaltung abends zur angekündigten Uhrzeit beendet ist. Überziehen Sie maximal fünf Minuten, mehr verdirbt Ihren finalen Eindruck bei den Trainees.

An dieser Stelle sollte nochmals betont werden, dass der Trainer auf keinen Fall länger als 20–30 Minuten im Vortragsstil arbeiten darf – danach bedarf es unbedingt einer Interaktion. Für die Teilnehmer anstrengende und weniger belastende Programmpunkte sollten sich sinnvoll abwechseln, um die Gruppe durch wechselnde Impulse ständig unter einer leichten Spannung zu halten, wie im Vorschlag zur Agenda in Abbildung 12 dargestellt.

1.3.3 Trainerleistung und Teilnehmerverhalten

Als Trainer müssen Sie sich ihrer Rolle auf der Bühne vor den Teilnehmern bewusst sein, um den größtmöglichen positiven Lerneffekt zu bewirken und eine konstruktive Arbeitsatmosphäre zu schaffen und zu erhalten. Reflektieren Sie, wo die Gruppe steht, um notfalls kurzfristig mit einer Programmanpassung – am besten durch Einschub einer Teilnehmeraktivität – zu reagieren.

Ein gutes Seminar lebt von einer gewissen Leichtigkeit, die die Stoffvermittlung deutlich einfacher macht. Zeitpläne dürfen gelegentlich durchaus missachtet werden. Teilnehmerbeiträge sind zu würdigen, auch wenn sie sachlich falsch sind. Themenbezogene Seitengespräche werden nicht pauschal unterbunden, außer die Sache droht, aus dem Ruder zu laufen. Leiten Sie Diskussionen fair und strukturiert.

Der bereits an mehreren Stellen kritisch betrachtete Frontalunterricht ist durch häufige Gesprächsangebote aufzulockern, wenn keine Teilnehmerübung ansteht. So können Sie während oder nach einer Lerneinheit einzelne oder alle Personen bitten, jeweils einen Satz zu sagen, was relevant erschien (oder überrascht hat oder was in der Praxis ausprobiert werden soll ...); wobei Mehrfachnennungen ausdrücklich erlaubt sind. Dies bietet einerseits eine Rückmeldung, was hängengeblieben ist und als wichtig erachtet wird, und die dadurch erzeugte Redundanz steigert den Lerneffekt bei den Teilnehmern; andererseits fördert eine solche Blitzlicht-Runde den Dialog und lockert das starre Format auf.

1.3.4 Die Ausnahme – Probleme des Trainers mit Teilnehmern

Man darf sich keinen Illusionen hingeben: Aus unterschiedlichen Gründen besteht trotz aller Vorkehrungen das latente Risiko, dass Teilnehmer aus der Reihe tanzen und den Ablauf stören, auch wenn das bei einer internen Unternehmensveranstaltung sehr unwahrscheinlich ist. Dies mag daran liegen, dass Personen die Bühne des Trainings im negativen Sinne für sich nutzen oder überfordert sind und eine Bloßstellung befürchten. Handelt es sich um einzelne Unruheherde, versuchen Sie zunächst, diese individuell mit Fragen zum Stoff oder der Bitte um ihre Meinung oder Beispiele zu Fachthemen anzusprechen und aktiv in das Geschehen einzubinden. Führt dies nicht zum Ziel, bietet sich ein Pausengespräch unter vier Augen mit Ich-Botschaft an, um die Hintergründe zu eruieren, z. B. „Ich habe das Gefühl, ich kann Sie für den Stoff noch nicht so recht begeistern. Was können wir tun, damit sich das ändert?". Meist führt dies zum gewünschten Ergebnis. Eine Eskalation zum direkten Vorgesetzen ist immer noch möglich, birgt aber die Gefahr, dass Sie als Trainer auch beschädigt werden.

1.3.5 Erfahrungen bei Verhandlungsübungen

Rollenspiele sind das klassische Format, Inhalte von Verhandlungsseminaren zu üben und zu vertiefen. Da es sich um aktive Einheiten handelt, die von den Teilnehmern viel Energie erfordern, kommt Umfang und zeitlicher Positionierung im Programm eine hohe Bedeutung zu. Verhandlungsübungen sind das Salz in der Suppe eines Verhandlungstrainings.

Leider haben manche Teilnehmer anfängliche Vorbehalte gegen Verhandlungsübungen, die umso stärker sind, je weniger berufliche Verhandlungserfahrung bisher gesammelt wurde. Um dieses Gefühl nicht noch zu verstärken, sollte es keine Videoaufzeichnungen für ein Grundlagentraining geben. Bei Verhandlungsübungen hingegen sind kompetente Beobachter aus dem Teilnehmerkreis anwesend, die in der Lage sind, anschließend zusammen mit dem Trainer eine präzise Beurteilung des Geschehens durchzuführen.

Erfolgskritisch ist, dass möglichst alle Teilnehmer eine Aufgabe erhalten, in der sie sich ausleben können. Ab etwa acht Teilnehmern ist es organisatorisch kaum mehr realisierbar, die verfügbaren Rollen am Verhandlungstisch mit allen Teilnehmern zu besetzen. Denkbare Auswege sind dann, zwei getrennte Verhandlungen unter Einbezug aller Teilnehmer durchführen zu lassen oder überzählige Teilnehmer als höhere Ebenen, externe Vertreter, Beobachter etc. zu beschäftigen.

Um den Teilnehmern ein Gefühl dafür zu vermitteln, was sie im Rollenspiel richtig und was weniger gut gemacht haben, ist eine fundierte Beobachtung der Verhandlungsübungen, gefolgt von einer angemessenen Analyse notwendig. Um sowohl bei den Akteuren wie auch bei den Beobachtern die Anspannung abzubauen, kann ein strukturiertes Feedback nach dem Muster in Abbildung 17 verwendet werden. Gerade bei der ersten Verhandlungsübung des Seminars lohnt es sich, zuerst die Akteure eine Selbsteinschätzung abgeben zu lassen und erst dann mit dem externen Feedback zu beginnen.

Feedback für:		Feedbackgeber	
		trifft voll zu …	**… trifft gar nicht zu**
Ich konnte den Verhandlungsprozess nachvollziehen			
Der Verhandlung war meiner Meinung nach gut vorbereitet			
In der Verhandlung wurde angemessen auf die Situation reagiert			
Der Einstieg in die Verhandlung war gut			
Die Übereinkunft stellt ein sehr gutes Ergebnis für beide dar			
Was mir besonders positiv aufgefallen und in Erinnerung geblieben ist (bitte beschreiben)			
Was man meiner Meinung nach noch besser machen könnte (bitte beschreiben)			
Meine Gesamteinschätzung			

Abbildung 17:   Möglichkeit eines strukturierten Feedbacks nach einer Verhandlungsübung

Wenn alle Teilnehmer das Feedback gegeben haben, können einzelne Punkte noch einmal relativiert oder ergänzt werden. Damit alle ein positives Gefühl behalten, sollte man auch Hinweise geben, wenn die Feedbackregeln grob nicht beachtet werden. Wichtig ist jedoch auch, dass konkrete Handlungsempfehlungen für praktische Verbesserungen gegeben werden. Der Lerneffekt ginge verloren, wenn Ungeschicklichkeiten und Fehler nicht klar beim Namen genannt würden.

Wenn mehrere Verhandlungspaare parallel arbeiten, können Sie zwischen den Gruppen wechseln und hineinhören, um Eindrücke für ein späteres Feedback zu gewinnen – und bei spannenden Verhandlungen ist gelegentlich ein Zeitzuschlag sinnvoll. Für die Auswertung stellen die Teams der Paarübungen zunächst ihre Ergebnisse und Erkenntnisse vor und was sie bei nächsten Mal eventuell ändern würden. Der Trainer ergänzt mit Hinweisen und Vorschlägen.

1.3.6   Feedback und Aktionspunkte

Irgendwann ist jedes Verhandlungstraining zu Ende, und es stellt sich die Frage, wie der Trainer sinnvoll abschließt. Als letzter Punkt vor der Verabschiedung sollte eine Feedbackrunde zum gesamten Verhandlungstraining stattfinden. Diese Feedbackrunde sollte auch noch einmal einen Bezug zu den Erwartungen des ersten Tages herstellen.

Sie erfahren von den Teilnehmern, wie sie die Veranstaltung beurteilen und welche Plus- und Minuspunkte erwähnenswert sind, und profitieren dadurch für Folgeveranstaltungen. Ein erfahrener Seminarleiter wird in etwa absehen, wie das mündliche Feedback der Teilnehmer ausfällt, denn er konnte recht intensiv mit der Gruppe arbeiten. Bis dahin haben die Teilnehmer ohne Aufforderung bereits verbal und teilweise sogar unbewusst über ihre Körpersprache eine Menge an Feedback gegeben.

Dieses Kapitel hat Sie sehr detailliert in die grundsätzliche Planung und Durchführung von Trainings mit einem besonderen Fokus auf Verhandlungstrainings eingeführt. Das folgende Kapitel ist als Selbstlernunterlage zur Vor- oder Nachbereitung von Verhandlungen aufgebaut. Als Trainer können Sie ebenfalls Ihre Inhalte und Teile der Übungen hieraus entnehmen.

2 Selbstlernunterlage – Verhandeln im Einkauf

Dieses Kapitel soll den Trainingsteilnehmern einige theoretische Zusammenhänge nahebringen und sie entweder auf das Training einstimmen oder ihnen als Nachbereitung dienen können. Zusätzlich soll es den Teilnehmern aber auch ermöglichen, dass sie sich in Bezug auf das eigene Verhandlungsverhalten besser kennenlernen und die eigenen Einstellungen zu Verhandlungssituationen hinterfragen. Selbst wenn Sie im Unternehmen keine große Trainingsveranstaltung durchführen möchten, so bietet Ihnen diese Selbstlernunterlage eine Möglichkeit, die Grundlagen zu erlernen, die Sie dann im Kollegenkreis und den Rollenspielen einfach austesten können. Das Ganze kann noch lebhafter und praxisnäher gestaltet werden, wenn wirkliche Verhandlungssituationen als Rollenspiel aufbereitet werden, oder wenn spielerisch Wettbewerbe veranstaltet werden.

2.1 Aufbau der Selbstlernunterlage

Die Unterlage ist so aufgebaut, dass sie entweder von vorn nach hinten durchgearbeitet werden kann oder sich der Teilnehmer einzelne Abschnitte je nach Interesse und Notwendigkeit vornimmt. Damit eine bessere Orientierung innerhalb dieses Kapitels möglich ist, sind Icons wie in Abbildung 18 eingebracht, die zur schnellen Orientierung dienen.

	Aufgabenstellung	Nach diesem Symbol folgt eine Aufgabenstellung, die es Ihnen ermöglichen soll sich entweder selber besser kennen zu lernen, oder das vermittelte Thema in einer Anwendung praktisch zu bearbeiten.
	Beispiel	Nach diesem Icon folgt ein praktisches Anwendungsbeispiel um eine theoretische Beschreibung in der Anwendung zu zeigen.
	Sie haben sich eine Pause verdient!	Meist zum Ende eines Abschnitts oder bei längeren Abschnitten zusätzlich in der Mitte zeigt dieses Symbol, dass jetzt eine Pause angemessen ist, da u.a. etwas Neues folgt.
	Tipps und Tricks	Auf Vorgehensweisen oder Methoden, die sich in der Praxis bewährt haben, wird mit diesem Symbol hingewiesen.
	Besonders wichtig	Für einen schnellen Überblick in der Selbstlernunterlage sind besonders wichtige Themen und Aussagen mit diesem Icon hervorgehoben.

Abbildung 18:   Icons zur besseren Orientierung in der Selbstlernunterlage

Da eine Verhandlung auch immer eine Interaktion zwischen Menschen und bekanntlich jeder Mensch individuell ist, ist es wichtig, dass man sich selbst kennenlernt. Nur wenn man sich

© Der/die Autor(en), exklusiv lizenziert an
Springer Fachmedien Wiesbaden GmbH, ein Teil von Springer Nature 2023
M. Büsch, *Verhandlungstraining im Einkauf*,
https://doi.org/10.1007/978-3-658-42934-8_2

selbst und seine persönlichen Grundannahmen kennt, kann man abschätzen, wie man sich in bestimmten Situationen verhält. Damit dies gelingt, sind auch Aufgabenstellungen in der Selbstlernunterlage erhalten, die einem dabei helfen.

Die Selbstlernunterlage schließt mit einer umfassenden Liste von möglichen Verhandlungstaktiken sowie einem sehr umfassenden und umfangreichen Verhandlungsplaner ab. Zusätzlich ist dann noch ein Ideenspeicher vorgesehen, damit Sie sich notieren können, was Sie konkret umsetzen möchten.

2.2   Einführung in die Verhandlungsführung

Diese Selbstlernunterlage konzentriert sich darauf, wie mit einfachen Mitteln in einer Einkaufsorganisation die Kompetenzen aller Mitarbeitenden entwickelt werden können. Neben viele praktischen Übungen liegt der Fokus auf einer Verhandlungsplanung und möglichen Verhandlungstaktiken bzw. wie man diese abwehrt.

Wenn Sie diese Unterlage durchgearbeitet haben, können Sie:

– die eigenen Fähigkeiten und die persönlichen Grundannahmen richtig einschätzen und wissen, wie man damit umgeht,

– die möglichen Verhandlungstaktiken, die Ihr Verhandlungspartner anwenden könnte, identifizieren und kennen Wege, wie Sie diesen Taktiken begegnen können,

– die Voraussetzungen, die notwendig sind, damit eine Verhandlung überhaupt eine Aussicht auf Erfolg hat, einschätzen,

– die unterschiedlichen Arten einer Verhandlung, die gleichzeitig stattfinden, benennen und wissen, welche Konsequenzen sich hieraus ergeben,

– die Erwartungen, die man an Sie als Verhandlungsführer hat, berücksichtigen und Sie wissen, wie Sie Ihr Team mit in die Verhandlung einbeziehen,

– Ihre jeweilige eigene Machtposition einschätzen und entsprechend in der Verhandlung umsetzen.

2.2.1 Definition von Verhandlung

Gerade unerfahrene Verhandler glauben, dass es in geschäftlichen Situationen vordergründig darum geht, einen möglichst großen Vorteil mit einem geringen Aufwand in einer kurzen Zeit zu erlangen. So kommt es, dass häufig eine Verhandlung als eine Mischung zwischen Schach, Boxen und Poker betrachtet wird, wie in Abbildung 19 dargestellt.

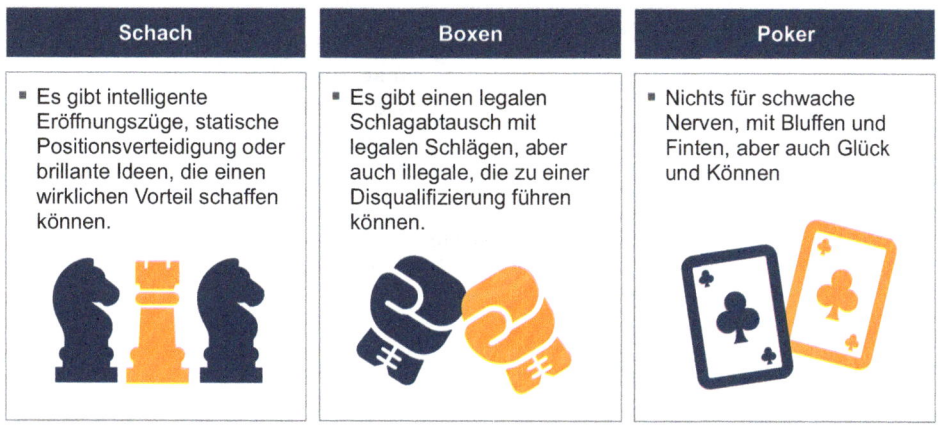

Schach	Boxen	Poker
▪ Es gibt intelligente Eröffnungszüge, statische Positionsverteidigung oder brillante Ideen, die einen wirklichen Vorteil schaffen können.	▪ Es gibt einen legalen Schlagabtausch mit legalen Schlägen, aber auch illegale, die zu einer Disqualifizierung führen können.	▪ Nichts für schwache Nerven, mit Bluffen und Finten, aber auch Glück und Können

Abbildung 19:   Wie unerfahrene Verhandler häufig eine Verhandlung betrachten

Verhandlungen sind mehr und finden nicht nur im formellen Rahmen statt, wenn sich zwei Verhandlungspartner gegenübersitzen – man verhandelt überall. Mit jedem, mit dem wir zusammenarbeiten – wir verhandeln mit Lieferanten, Mitarbeitern, Kollegen und Vorgesetzten. Um Differenzen zu lösen und Ressourcen zuzuweisen, schauen wir uns einige Definitionen an:

– Verhandlung, eine erste Definition: Eine Verhandlung ist ein Dialog, der darauf abzielt, eine Einigung zu erzielen oder eine Meinungsverschiedenheit beizulegen.

– Verhandlung, ein weiterer Definitionsvorschlag: Eine Verhandlung ist ein Prozess, der sich entwickelt, wenn Verhandlungspartner (mindestens zwei), die zum Teil gemeinsame, zum Teil unterschiedliche Interessen haben, eine Einigung erzielen wollen.

– Verhandlung bei Konflikten und Meinungsverschiedenheiten: Verhandlungen finden nicht nur bei Konflikten statt, denn es kann auch Meinungsverschiedenheiten geben, ohne dass es Konflikte gibt. Eine Verhandlung kann auch zu einem Konflikt führen.

– Konkurrierende Interessen: Mindestgrundlage für eine Verhandlung. Wenn die beteiligten Akteure nur gemeinsame Interessen haben, ist keine Verhandlung notwendig.

Die verschiedenen Elemente werden in der Abbildung 20 noch einmal zusammengefasst.

Wille zur Verhandlung

Gemeinsame
Interessen

Unterschiedliche   Unterschiedliche
Interessen   Interessen

Einkäufer   **Analyse und
                      Vorbereitung**   **Verkäufer**

**Umsetzung
Übereinkunft**

Austausch   erhandlung

Abbildung 20:   Elemente und Phasen einer Verhandlung

Ergänzend zu den bisherigen Ausführungen könnte man auch feststellen, dass es bei Verhandlungen um Themen, Prozesse und Beziehungen geht:

–   Themen – wie Ziele (die jede Partei erreichen möchte) und das Thema (um das es in der Verhandlung geht)

–   Prozess – ein formeller oder informeller Rahmen, Schritte und Regeln, denen alle Parteien zustimmen

–   Beziehungen – rationales Denken und Emotionen spielen bei Verhandlungen eine entscheidende Rolle. Die Qualität der Beziehung, die man zu Beginn einer Verhandlung aufbaut, trägt entscheidend zum erfolgreichen Ausgang der Verhandlung bei.

  Aufgabenstellung

Um sich mit dem Thema der Verhandlung vertraut zu machen, ein paar Fragen zur Reflektion:

–   Was unterscheidet einen unerfahrenen Verhandler von einem erfahrenen Verhandler?

–   Welche Phasen können bei einer Verhandlung unterschieden werden?

– Nennen Sie die wichtigsten Punkte für eine erfolgreiche Verhandlung.

– Nennen Sie Gründe, warum eine effektive Kommunikation für Verhandlungen wichtig ist.

Beantworten Sie die Fragen möglichst schriftlich, denn so schaffen Sie für sich die notwendige Verbindlichkeit.

2.2.2 Verhandlung im Einkauf

Auf der einen Seite sind Verhandlungen in der Einkaufs- und Beschaffungspraxis eine Routineaufgabe, auf der anderen Seite sind viele Einkäufer gerade in diesem Beschaffungswerkzeug bei weitem nicht so professionell, wie es die Verkäufer sind, mit denen Sie Geschäfte machen. Aber warum ist das so? Gerade operative Einkäufer sind häufig so stark in administrative Prozesse eingebunden und mit der „Abarbeitung" von Bestellanforderungen befasst, dass er oder sie glaubt, keine Zeit für eine entsprechende Verhandlungsvorbereitung zu haben. Häufig werden Verhandlungen schnell am Telefon abgehandelt und man verlässt sich darauf, dass es schon einen Nachlass geben wird, denn 5 % sind immer drin. Um zu einer eigenen Einschätzung zu gelangen, wie gut man selbst als Verhandler ist, hilft der folgende Fragebogen (siehe Abbildung 21) dabei, sich darüber bewusst zu werden.

 Aufgabenstellung

Beantworten Sie für sich selbst die Fragen von 1 bis 20 und schätzen Sie sich ein. Seien Sie schnell bei der Beantwortung und überlegen Sie nicht lange, sondern geben Sie Ihrem Impuls nach, denn nur so erfahren Sie etwas über sich selbst. Zu jeder Frage erhalten Sie zwei Aussagen. Kreuzen Sie den Buchstaben an, der Ihren Gefühlen am ehesten entspricht, wobei: A und E sind den verschiedenen Aussagen am nächsten; B und D liegen weniger dicht beieinander, spiegeln aber dennoch Ihre Tendenz wider und C liegt in der Mitte zwischen diesen beiden Aussagen. Spätestens nach 10 Minuten sollten Sie alle Fragen beantwortet haben. In einem nächsten Schritt übertragen Sie die Punkte in die Tabelle entsprechend Abbildung 22 und addieren die Einzelergebnisse.

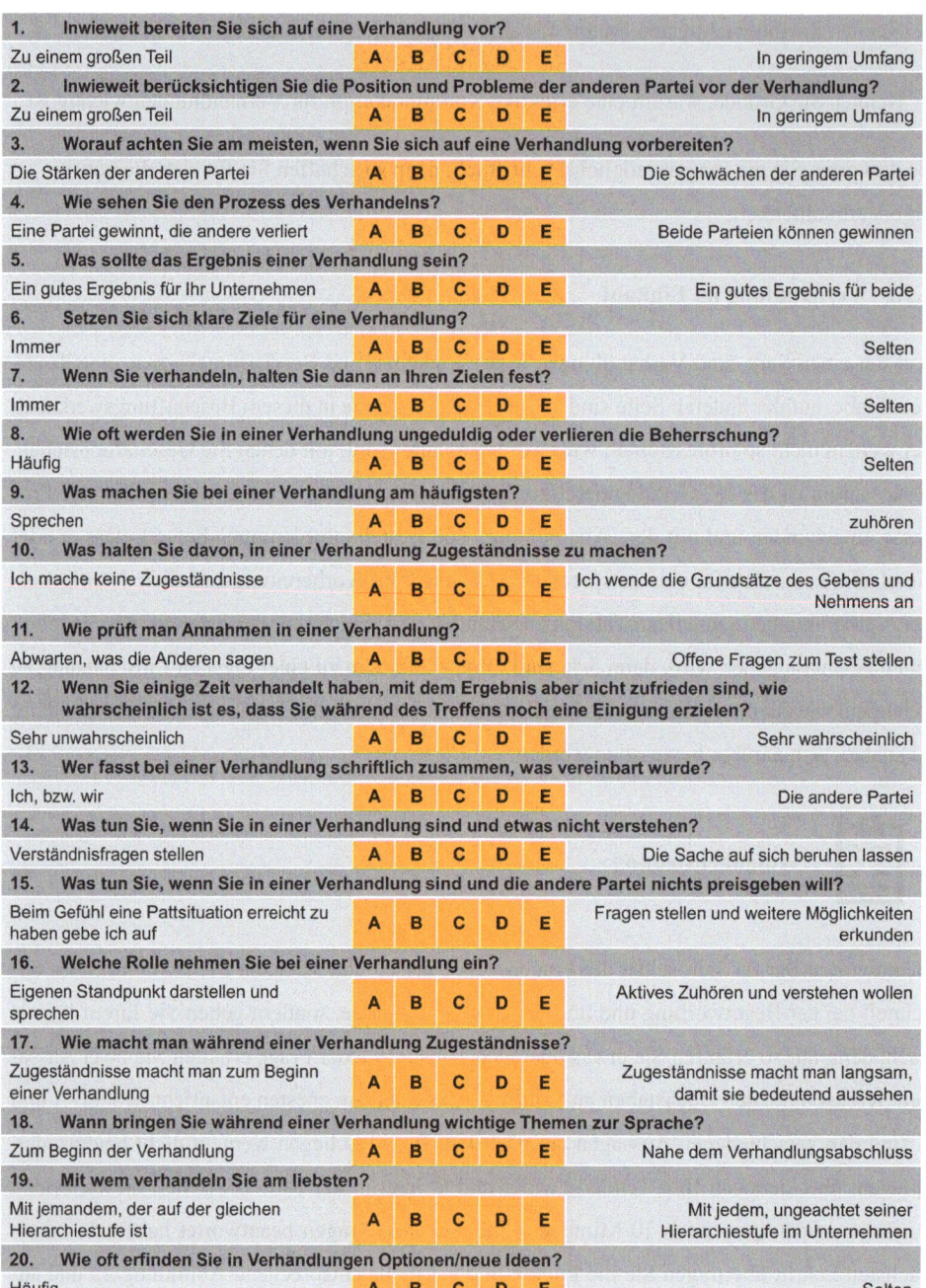

1. Inwieweit bereiten Sie sich auf eine Verhandlung vor?				
Zu einem großen Teil	**A B C D E**			In geringem Umfang
2. Inwieweit berücksichtigen Sie die Position und Probleme der anderen Partei vor der Verhandlung?				
Zu einem großen Teil	**A B C D E**			In geringem Umfang
3. Worauf achten Sie am meisten, wenn Sie sich auf eine Verhandlung vorbereiten?				
Die Stärken der anderen Partei	**A B C D E**			Die Schwächen der anderen Partei
4. Wie sehen Sie den Prozess des Verhandelns?				
Eine Partei gewinnt, die andere verliert	**A B C D E**			Beide Parteien können gewinnen
5. Was sollte das Ergebnis einer Verhandlung sein?				
Ein gutes Ergebnis für Ihr Unternehmen	**A B C D E**			Ein gutes Ergebnis für beide
6. Setzen Sie sich klare Ziele für eine Verhandlung?				
Immer	**A B C D E**			Selten
7. Wenn Sie verhandeln, halten Sie dann an Ihren Zielen fest?				
Immer	**A B C D E**			Selten
8. Wie oft werden Sie in einer Verhandlung ungeduldig oder verlieren die Beherrschung?				
Häufig	**A B C D E**			Selten
9. Was machen Sie bei einer Verhandlung am häufigsten?				
Sprechen	**A B C D E**			zuhören
10. Was halten Sie davon, in einer Verhandlung Zugeständnisse zu machen?				
Ich mache keine Zugeständnisse	**A B C D E**			Ich wende die Grundsätze des Gebens und Nehmens an
11. Wie prüft man Annahmen in einer Verhandlung?				
Abwarten, was die Anderen sagen	**A B C D E**			Offene Fragen zum Test stellen
12. Wenn Sie einige Zeit verhandelt haben, mit dem Ergebnis aber nicht zufrieden sind, wie wahrscheinlich ist es, dass Sie während des Treffens noch eine Einigung erzielen?				
Sehr unwahrscheinlich	**A B C D E**			Sehr wahrscheinlich
13. Wer fasst bei einer Verhandlung schriftlich zusammen, was vereinbart wurde?				
Ich, bzw. wir	**A B C D E**			Die andere Partei
14. Was tun Sie, wenn Sie in einer Verhandlung sind und etwas nicht verstehen?				
Verständnisfragen stellen	**A B C D E**			Die Sache auf sich beruhen lassen
15. Was tun Sie, wenn Sie in einer Verhandlung sind und die andere Partei nichts preisgeben will?				
Beim Gefühl eine Pattsituation erreicht zu haben gebe ich auf	**A B C D E**			Fragen stellen und weitere Möglichkeiten erkunden
16. Welche Rolle nehmen Sie bei einer Verhandlung ein?				
Eigenen Standpunkt darstellen und sprechen	**A B C D E**			Aktives Zuhören und verstehen wollen
17. Wie macht man während einer Verhandlung Zugeständnisse?				
Zugeständnisse macht man zum Beginn einer Verhandlung	**A B C D E**			Zugeständnisse macht man langsam, damit sie bedeutend aussehen
18. Wann bringen Sie während einer Verhandlung wichtige Themen zur Sprache?				
Zum Beginn der Verhandlung	**A B C D E**			Nahe dem Verhandlungsabschluss
19. Mit wem verhandeln Sie am liebsten?				
Mit jemandem, der auf der gleichen Hierarchiestufe ist	**A B C D E**			Mit jedem, ungeachtet seiner Hierarchiestufe im Unternehmen
20. Wie oft erfinden Sie in Verhandlungen Optionen/neue Ideen?				
Häufig	**A B C D E**			Selten

Abbildung 21:   Selbsteinschätzung zum eigenen Verhandlungsgeschick

Übertragen Sie nun die Ergebnisse und addieren Sie Ihre Punkte.

Frage	A	B	C	D	E
1	5	4	3	2	1
2	5	4	3	2	1
3	5	4	3	2	1
4	1	2	3	4	5
5	1	2	3	4	5
6	5	4	2	2	1
7	3	4	5	2	1
8	1	2	3	4	5
9	1	2	3	4	5
10	1	2	3	4	5
Summe 1-10					

Frage	A	B	C	D	E
11	1	2	3	4	5
12	5	4	3	2	1
13	5	4	3	2	1
14	5	4	3	2	1
15	1	2	3	4	5
16	1	2	3	4	5
17	1	2	3	4	5
18	5	4	3	2	1
19	1	2	3	4	5
20	5	4	3	2	1
Summe 11-20					

Total					

Abbildung 22:   Auswertung der Selbsteinschätzung zum eigenen Verhandlungsgeschick

Nachdem Sie nun eine erste Selbsteinschätzung zu Ihrem Verhandlungsgeschickt erhalten haben, behandelt der folgende Abschnitt den Themenkomplex des Verhandlungsablaufes. Eine Interpretationshilfe zu den von Ihnen erreichten Punkten finden Sie im Lösungsteil des Buches in Abschnitt 4.1.1.

 Sie haben sich eine Pause verdient!

2.3   Verhandlungsablauf

An dieser Stelle soll noch einmal weitergehend auf den Verhandlungsprozess eingegangen werden. Jede Verhandlung verläuft in etwa nach den gleichen Prinzipien und in den gleichen Phasen ab. Es gibt eine Phase vor der Verhandlung, die eigentliche Verhandlung und eine Phase nach der Verhandlung, die Nachbereitung.

Für die Vorbereitung einer Verhandlung sollten die folgenden Schritte unternommen werden, die in Abbildung 23 zusammenfassend dargestellt sind:

− Definieren Sie Ihr Verhandlungsziel mit einem Idealwert, also dem besten Ergebnis, das Sie sich erhoffen können, und mit einem Maximum, also das Höchste, worauf Sie sich als Einkäufer einigen wollen. Für den Fall, dass Sie etwas verkaufen, ist dies natürlich der Minimalwert. Zusätzlich sollten Sie Ihr eigentliches Ziel definieren.

– Zur Planung gehört ebenfalls, welche Versuche Sie unternehmen werden und welche Chancen Sie entsprechend Ihrer realistischen Einschätzung nach haben, Ihr Ziel zu erreichen.

Abbildung 23:   Eine Verhandlung besteht aus drei Hauptphasen und startet mit der

Vorbereitung

– Überlegen Sie sich weiterhin ein Paket, das einen Austausch von Konzessionen gestatten würde. Könnten Sie z. B. einen höheren Preis akzeptieren, wenn im Austausch dafür die Zahlungsbedingungen verbessert werden?

– Machen Sie sich eine Vorstellung davon, was die andere Partei will bzw. bereit ist anzubieten. Überlegen Sie sich, wie die drei Grenzen, also das Idealziel, das Minimalziel und das Maximalziel für die Gegenpartei aussehen könnten.

– Beschließen Sie eine Strategie und Taktik, Ihr Eröffnungsangebot und die Schritte, die Sie unternehmen werden. Weiterhin überlegen Sie sich mögliche Zugeständnisse, die Sie bereit sind einzugehen, und die Argumente, die Sie vorbringen werden.

– Beschaffen Sie sich Fakten, die Sie benötigen, um Ihr Anliegen zu untermauern. Beschaffen Sie sich ebenfalls alle erforderlichen Unterlagen, auch die Standardvertragsbedingungen sollten Sie bereitliegen haben.

– Wählen Sie einen Verhandlungsleiter bei einem Verhandlungsteam aus. Es sollten einem Team nie weniger als 2 Mitglieder und bei wichtigen Verhandlungen mindestens 3 angehören: ein Verhandlungsführer, ein Schriftführer, und zusätzlich eine Person, die dem Verhandlungsführer die erforderlichen Informationen zukommen lässt.

– Instruieren Sie die Mitglieder Ihres Teams hinsichtlich ihrer Rollen, der Verhandlungsstrategie und -taktik, die Sie einsetzen wollen, und üben Sie die Rollen entsprechend ein.

Wenn Sie eine Verhandlung eröffnen, sollten Sie Folgendes beachten, wie auch in Abbildung 24 dargestellt:

– Eröffnen Sie hoch, aber realistisch und geben Sie nur mäßig nach.

– Fordern Sie die Position Ihres Gegners heraus, doch schränken Sie unter keinen Umständen sofort seine Beweglichkeit ein.

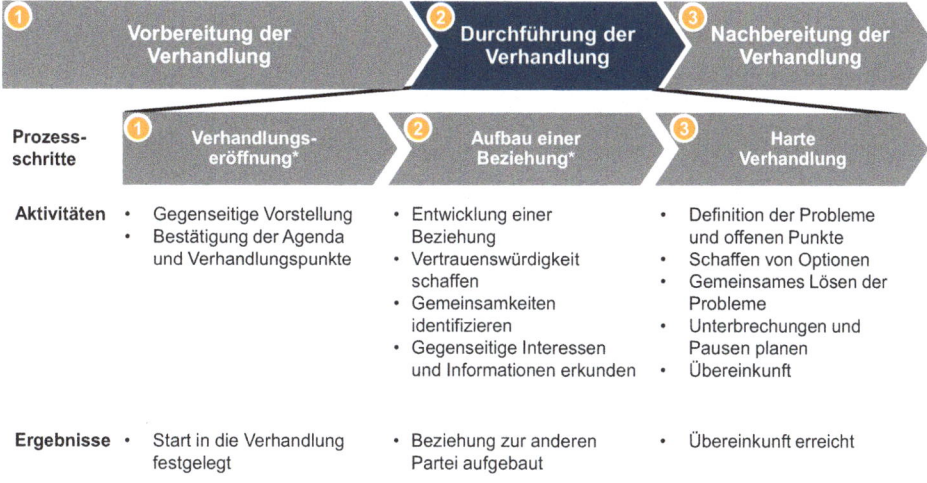

Abbildung 24:   Auf die Planung folgt die Durchführung, die je nach Kultur unterschiedlich ist

– Erforschen Sie Einstellungen, stellen Sie Fragen, beobachten Sie Verhalten und vor allem hören Sie zu: Bewerten Sie die Stärken und Schwächen Ihres Gegenübers, seine Taktik und inwieweit er bluffen könnte.

– Machen Sie in dieser Phase keine Zugeständnisse, welcher Art auch immer.

– Bleiben Sie hinsichtlich der Vorschläge und Erklärungen unverbindlich (sprechen Sie nicht zu viel).

Ihre Aufgabe besteht darin, die Lücke zwischen den beiden Anfangspositionen zu verkleinern und Ihren Gegner von der Festigkeit Ihres Standpunktes zu überzeugen, damit er sich mit weniger als ursprünglich geplant zufriedengibt. Sie sollten:

- Ihre Vorschläge mit Bedingungen verbinden: „Wenn Sie bereit sind, das zu tun, werde ich dafür jenes in Erwägung ziehen."

- Niemals einseitige Zugeständnisse machen. Gehen Sie mit Ihrem Gegner immer einen Tauschhandel ein: „Wenn ich bei X nachgebe, erwarte ich von ihm, dass er bei Y einlenkt."

- Das Paket als Ganzes verhandeln: Erlauben Sie Ihrem Gegner nicht, Punkt für Punkt vorzugehen; alle Angelegenheiten müssen offenbleiben, damit aus potenziellen Tauschgeschäften der größte Nutzen gezogen werden kann.

- Signale erkennen. Während der Verhandlungsphase müssen Sie jedes Signal, das vom Gegner kommt, sofort erkennen.

- Während der Verhandlungsphase werden Sie den Großteil der Zeit mit Diskussionen zubringen. Klares Denken sowie ein ruhiger und sachlicher Stil sind angebracht.

Wann und wie Sie abschließen, hängt davon ab, welche Chancen Sie Ihrem Gegner einräumen und wie Sie seine Entschlossenheit einschätzen. Abschlüsse:

- Kleinere Zugeständnisse eingehen und den Gegner zu Zugeständnissen bewegen. Gespräch zusammenfassen und Bilanz ziehen.

- Druck ausüben, klarmachen, was passiert, wenn der Abschluss nicht angenommen wird.

Die Nachbereitung einer Verhandlung (siehe Abbildung 25) bedeutet, die administrativen Abläufe und notwendigen Dokumentationen durchzuführen, um die Verhandlung mit einem schriftlichen Vertrag abzuschließen.

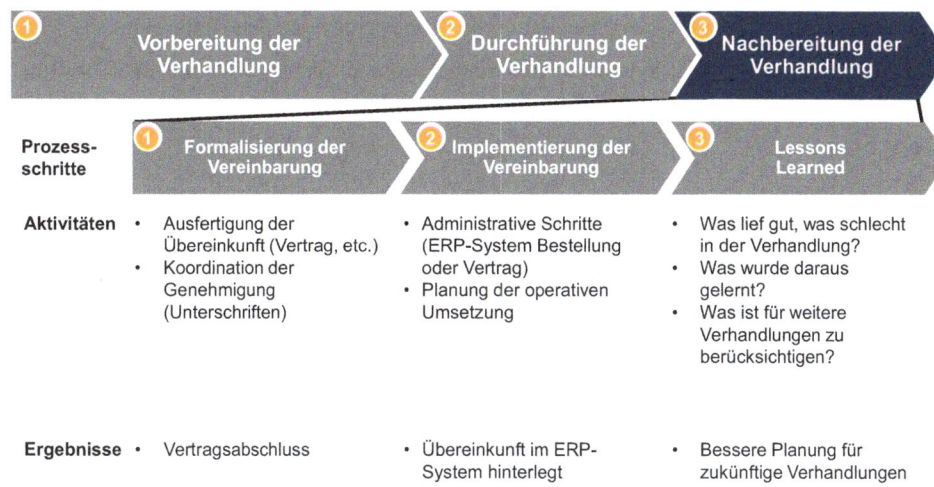

Abbildung 25: Nach der Verhandlungsdurchführung folgt die Nachbereitung

 **Aufgabenstellung**

Nach dem ersten Kontakt mit dem Thema Verhandlung und einer Selbsteinschätzung zum eigenen Verhandlungsgeschick nun ein wenig Wiederholung:

- Welche Gemeinsamkeiten und Unterschiede sehen Sie in den Darstellungen zum Verhandlungsprozess in Abbildung 20 und Abbildung 23, Abbildung 24 und Abbildung 25?

- Erinnern Sie sich einmal an eine für Sie wichtige Verhandlung. Wie ist die Verhandlung abgelaufen? Haben Sie alle Schritte des Prozesses durchlaufen? Wenn nein, mit welchem Ergebnis?

 Sie haben sich eine Pause verdient!

2.4 Wie verhandeln andere Gesellschaften?

Es gibt verschiedene Ansätze und Kriterien, nach denen die unterschiedlichen Kulturen auf der Welt beschrieben werden. Da es sich bei einer Verhandlung um eine besondere Form einer Kommunikation handelt, sind die Ansätze von Richard Lewis zur Führung (Lewis, 2018) und Kommunikation (Lewis, 2008) sehr hilfreich.

Neben dem Wissen über seinen eigenen kulturellen Hintergrund und den Hintergrund des Verhandlungspartners gibt es auch noch eigene Grundannahmen (Shell, 2001), die einen Einfluss auf das eigene Verhandlungsverhalten haben.

2.4.1 Unterschiedliche Kulturen

Im Zusammenhang mit Kulturen ist es ein gravierender Fehler zu glauben, dass es den „Deutschen" gibt oder anders ausgedrückt, dass sich alle Personen eines Kulturkreises gleich verhalten. Aber es ist wichtig zu wissen, wie man selbst kulturell geprägt ist, denn nur dann ist man in der Lage, die Relation zu anderen Kulturen einzuschätzen. Um es an dieser Stelle noch einmal ganz klarzumachen: es gibt kein gutes oder schlechtes Kulturprofil. Die mehreren hundert nationalen und regionalen Kulturen der Welt lassen sich grob in drei große Gruppen einteilen: aufgabenorientierte, hoch spezialisierte Planer (linear-aktiv); menschenorientierte, gesprächige Beziehungsakrobaten (multi-aktiv); und introvertierte, respektorientierte Zuhörer (reaktiv). In Abbildung 26 sind die häufigsten Merkmale der drei großen Kulturgruppen aufgelistet (Lewis, 2018).

Damit es für Sie etwas einfacher wird, sich unter den drei großen Kulturgruppen etwas vorstellen zu können, ist im Folgenden eine ausformulierte Beschreibung der drei Gruppen aufgeführt:

– **linear-aktive Kultur:** Menschen, die der linear-aktiven Kultur zugehören, sind oft sehr gut organisierte Planer, die Aufgaben effektiv und hochkonzentriert angehen. Sie sind realistisch, pünktlich, verantwortungsbewusst und verlässlich. Im Gespräch pflegen sie eine gut strukturierte und überlegte Kommunikation nach Frage-Antwort-Muster. Sie orientieren sich in der Kommunikation an Daten und Fakten und mögen klare Aussagen und Stellungnahmen. Ob ein Gespräch gut oder schlecht war, bewerten sie nach seinem Informationsgehalt. Ihre Entscheidungen beruhen in der Regel auf sachlichen Informationen.

– **multi-aktive Kultur:** Menschen, die der multi-aktiven Kultur zugehören, sind sehr beziehungsorientiert, aufgeschlossen und redselig. Sie gestikulieren und haben auch sonst eine ausgeprägte Körpersprache. In der Zusammenarbeit und bei der Herangehensweise an Aufgaben sind sie flexibel und kreativ, mögen aber keine strengen Zeit- und Sachvorgaben. Weil sie immer viele Dinge gleichzeitig tun, erscheinen sie oft chaotisch. Ihr Zuhörverhalten ist dialogorientiert. Sie sind häufig unpünktlich, reagieren schnell ungeduldig und sehr emotional. Probleme lösen sie beziehungsorientiert und nutzen dabei gerne ihre Kontakte.

linear-aktiv	multi-aktiv	reaktiv
Introvertiert	extrovertiert	Introvertiert
Geduldig	Ungeduldig	Geduldig
Ruhig	Gesprächig	Schweigsam
Kümmert sich um eigene Angelegenheiten	Neugierig	Respektvoll
Mag Zurückgezogenheit	Gesellig	Aufmerksamer Zuhörer
Plant methodisch voraus	Plant nur in groben Zügen	Achtet auf allgemeine Grundsätze
Erledigt eine Sache zur Zeit	Tut mehrere Dinge gleichzeitig	Reagiert
Hat festgesetzte Arbeitszeiten	Ist immer im Einsatz	Flexible Arbeitszeiten
Pünktlich	Unpünktlich	Pünktlich
Beherrscht von Zeitplänen und Terminkalendern	Hat unvorhersehbaren Zeitplan	Berücksichtigt Zeitplan des Partners
Zerlegt Projekte in Einzelteile	Verbindet verschiedene Projekte	Sieht das Gesamtbild
Hält sich an Pläne	Ändert Pläne	Nimmt kleinere Veränderungen vor
Hält sich an Fakten	Jongliert mit Fakten	Äußerungen sind Versprechen
Bezieht Informationen aus Statistiken, Nachschlagewerke und Datenbanken	Besorgt sich (mündliche) Informationen aus erster Hand	Verwendet beides
Aufgabenorientiert	Menschenorientiert	Menschenorientiert
Sachlich	Emotional	Fürsorgliches Interesse
Arbeitet innerhalb der Abteilung	Umgeht alle Abteilungen	Arbeitet mit allen Abteilungen
Hält sich an die korrekte Vorgehensweise	Zieht Fäden	Unergründlich, ruhig
Akzeptiert Gefälligkeiten nur widerstrebend	Sucht aktiv nach Gefälligkeiten	Schützt andere vor Gesichtsverlust
Delegiert an kompetente Kollegen	Delegiert an Verwandte und Freunde	Delegiert an zuverlässige Personen
Vervollständigt Handlungsketten	Führt menschliche Interaktionen zu Ende	Reagiert auf Partner
Mag festgesetzte Agenden	Verbindet alles mit jedem	Nachdenklich
Hält sich am Telefon kurz	Redet stundenlang	Fasst gut zusammen
Nutzt Memoranden	Schreibt selten Memos	Plant langsam
Respektiert Bürokratie	Wendet sich an (höchsten) Entscheidungsträger	Ultra-ehrlich
Verliert ungern das Gesicht	Ist nie um eine Ausrede verlegen	Darf Gesicht nicht verlieren
Argumentiert logisch	Argumentiert emotional	Verwendet Kontroversen
Eingeschränkte Körpersprache	Reiche Körpersprache	Subtile Körpersprache
Unterbricht Gesprächspartner selten	Unterbricht häufig	Unterbricht andere nicht
Trennt zwischen Sozialem und Beruflichen	Verknüpft Soziales und Berufliches aufs Engste	Verbindet Soziales und Berufliches

Abbildung 26:   Merkmale der drei verschiedenen Kulturtypen: linear-aktiv, multi-aktiv und reaktiv

– **reaktive Kultur:** Menschen, die der reaktiven Kultur zugehören, sind höflich und zurückhaltend. Ihre Kommunikation folgt einem bestimmten Muster: Monolog – Pause – Reflexion – Monolog. Sie sind sehr konzentriert und zeigen ihren Respekt für ihr Gegenüber durch Schweigen und Zuhören. Sie sind vorsichtig und vermeiden Konfrontationen, was sich auch in der sprachlichen Verwendung von indirekter Rede und Passivformulierungen in der Kommunikation ausdrückt. Typisch sind Halbsätze in der Kommunikation, wobei sie davon ausgehen, dass der Zuhörer schon weiß, wie sie zu ergänzen sind. Unmut und Verärgerung zeigen sie eher indirekt, häufig auch gar nicht.

Aufgabenstellung

Lesen Sie sich sorgfältig die Merkmale in Abbildung 26 durch und markieren Sie die Beschreibungen, die am besten auf Sie passen. Sie müssen sich bewusst machen, dass diese Einteilung nur eine Abstraktion ist, die Tendenzen aufzeigt. Es ist meist nicht der Fall, dass ein konkreter Vertreter einer Kultur in seinem Verhalten in allen Merkmalen nur einer Gruppe zugeordnet werden kann.

Abbildung 27 versucht die unterschiedlichen Länder in ein Gesamtmodell einzufügen, um so die kulturelle Verbundenheit bzw. Distanz zu verdeutlichen. Nicht nur, dass so ein Modell eine Vereinfachung ist, es berücksichtig auch nicht hinreichend die individuellen Unterschiede innerhalb einer Kultur, hilft aber einen ersten Startpunkt zu erhalten.

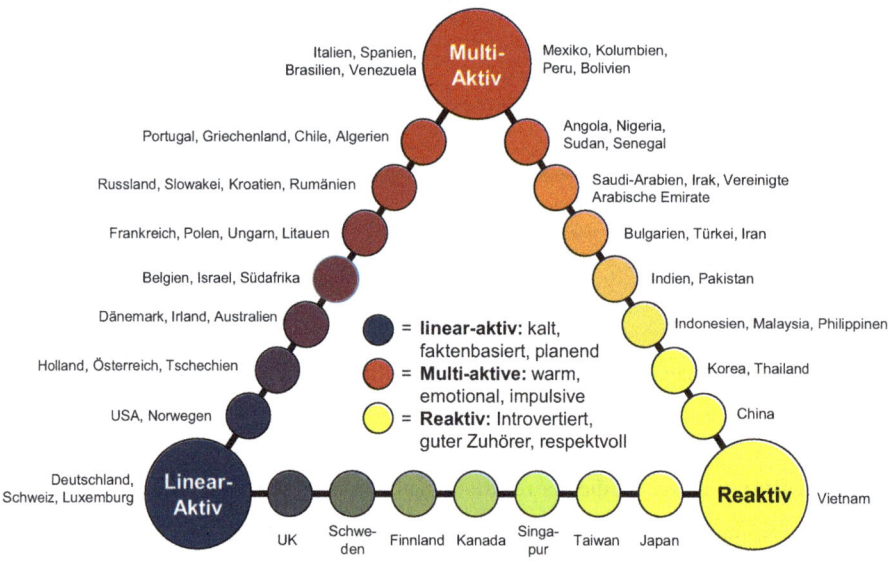

Abbildung 27:   Länder, die sich mit den Grundkulturen beschreiben lassen

Wenn Kulturen miteinander kommunizieren, um Geschäfte zu machen, dann ist es für die Teilnehmer viel einfacher, wenn die Kulturen in ihrem Verhalten nahe beieinander sind. Wenn jedoch Mitglieder von sehr unterschiedlichen Kulturen miteinander interagieren, dann sind die Differenzen größer als die Gemeinsamkeiten. Abbildung 28 zeigt dies für die drei Kulturgruppen, also die Eckpunkte des Dreiecks, und wie sich die Interaktion darstellt.

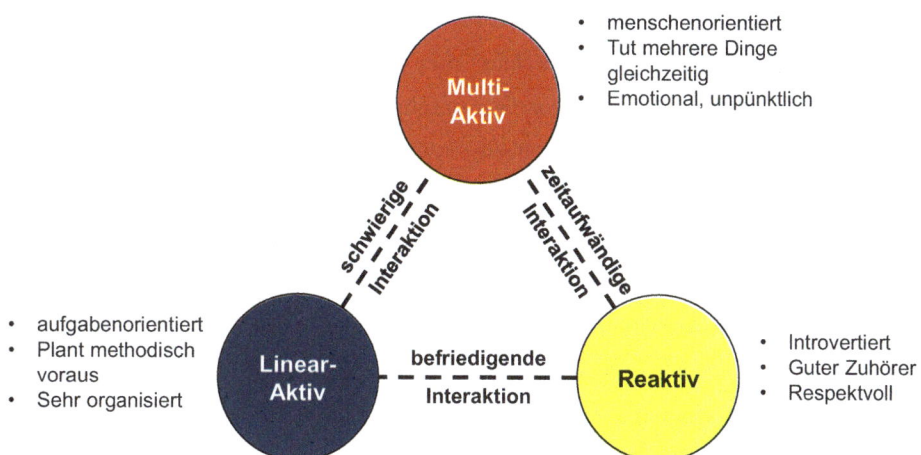

Abbildung 28:   Grundlegende Herausforderungen, die sich in der Kommunikation der Grundkulturen ergeben

2.4.2   Kommunikationsmuster in Besprechungen – Deutschland

Besprechungen geben dem Einzelnen die Möglichkeit, sich mitzuteilen und seine Redefähigkeiten wirkungsvoll einzusetzen. Die Sprache ist dabei von zentraler Bedeutung, aber verschiedene Kulturen nutzen sie auf unterschiedliche Weise. Die vielleicht grundlegendste Verwendung von Sprache ist das Geben und Empfangen von Informationen und hier unterscheiden sich die Kulturen grundlegend. Zu beachten ist, dass Schweigen auch eine Form des Sprechens ist, wenn es in geeigneten Momenten angewendet wird.

Nach Lewis (Lewis, 2008) ist der deutsche Kommunikationsstil freimütig, offen und direkt. Die Wahrheit kommt vor der Diplomatie. Viele Ausländer sind von der Direktheit und Ehrlichkeit der Deutschen überrascht. Die Argumente sind gut durchdacht, logisch und gewichtig. Ihr Redestil ist ernst, oft unaufgeregt und wiederholt sich häufig. Deutsche suchen keinen Humor in einem Arbeitskontext, selbst wenn ein Witz die Atmosphäre auflockern könnte. Sie suchen nicht nach einem leichten Arbeitsklima. In Deutschland gibt es nur wenige Tabuthemen, für viele Deutsche sogar gar keine.

Somit ist das typisch deutsch geprägte Gesprächs-, Kommunikations- und Konfrontationsverhalten für sehr viele Kulturen nicht nur fremd oder unangenehm, sondern wird sogar als feindselig empfunden. Dies ist sicherlich eine denkbar schlechte Ausgangssituation für viele Verhandlungen. Man sollte beachten, wie andere Kulturen solche Dinge angehen. Sehr viele Kulturen außerhalb des linear-aktiven Kulturkreises, zu denen wir Deutsche zählen, sind viel beziehungsorientierter als wir. Insgesamt vertritt nur ein kleiner Teil aller Kulturgruppen die Auffassung, dass zuerst ein Geschäftsabschluss kommen muss. In den meisten anderen Kulturen sind persönliche Dinge, wie Familie, Gemeinsamkeit und Beziehungen mindestens dem Geschäftlichen gleichgestellt, wenn nicht übergeordnet. Dies gilt grundsätzlich für alle schwerpunktmäßig multi-aktiven und reaktiven Kulturen, aber auch für einige eher linear-aktive. Zu beachten ist aber auch, dass Konfrontationen in uns relativ ähnlichen Kulturkreisen, wie den USA, zum guten Ton gehören. Pauschalantworten sind wenig hilfreich, man muss sich eingehender mit dem Thema beschäftigen. Ein weiteres sehr hilfreiches Werkzeug, sich seines eigenen kulturellen Kommunikationsmusters bewusst zu werden, ist eine grafische Übersetzung, wie in Abbildung 29 dargestellt.

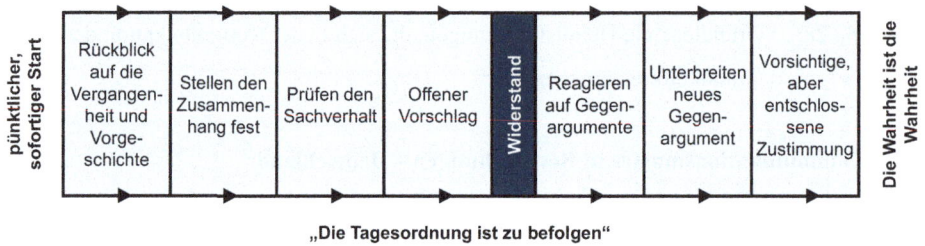

Abbildung 29:   Deutsches Kommunikationsmuster in Besprechungen

Analog zu dieser Darstellung für den deutschen Kulturkreis gibt es entsprechende Darstellungen für fast alle Hauptkulturen. Neben diesen Informationen hat Lewis u.a. auch die Zuhörgewohnheiten für die verschiedenen Kulturkreise analysiert (Lewis, 2008).

2.4.3   Verhaltensweisen, wenn ich mein Gegenüber nicht einschätzen kann

In unserer Gesellschaft und unserem Kulturkreis ist es üblich, dass eine Ware mit einem Preis ausgezeichnet ist und die Ware dort erstanden wird, wo der geringste Preis dafür verlangt wird. Dieses Prinzip wurde in der Vergangenheit, der konventionellen Beschaffung, so angewendet, dass mehrere Angebote eingeholt wurden und der günstigste Anbieter den Zuschlag erhalten hat. Zu einer Verhandlung ist es meist nicht gekommen. Dies gilt für den privaten wie auch den geschäftlichen Bereich. Vergleicht man dieses Verhalten jedoch mit anderen Gesellschaften, in denen das Verhandeln üblich ist, so stellt man bei routinierten Verhandlern folgendes Verhalten fest:

- Verhandlung mit beschränkter Autorität

- Sich selbst genug Raum zum Verhandeln lassen

- Geduldig sein und Zugeständnisse langsam machen

- Wenn Zugeständnisse gemacht werden, nach einer Gegenleistung fragen

- Probleme emotional angehen

Dies stellt ein grundsätzlich anderes Verhalten dar, als wir es aus unserem kulturellen Zusammenhang kennen. Aus diesem Grunde beleuchtet der folgende Abschnitt einige grundsätzliche Punkte der eigenen Grundannahmen in Bezug auf Verhandlungen.

2.4.4 Die eigenen Grundannahmen zur Verhandlung

Im einfachsten Fall sind an einer Verhandlung zwei Personen beteiligt, oder sollte es besser heißen: zwei Persönlichkeiten. Diese Persönlichkeiten haben neben Sachthemen auch sicherlich ihre eigenen Verhaltensweisen, Neigungen und Grundannahmen.

Der Verhandlungsstil einer Person kann eine entscheidende Rolle bei den Verhandlungen spielen. Zum Beispiel gibt es Personen, die dafür bekannt (und stolz darauf) sind, bis ins Mark wettbewerbsorientiert zu sein. Am anderen Ende der Skala gibt es andere Menschen, die dafür bekannt (und stolz darauf) sind, einfühlsam und leicht im Umgang zu sein. Wenn diese beiden gegeneinander verhandeln würden, wäre es ratsam, über den eigenen und den Verhandlungsstil des Gegenübers nachzudenken, bevor Sie auch nur einen Schritt machen. Die eigenen Fähigkeiten zur erfolgreichen Verhandlungsführung hängen auch davon ab, wie gut man seine eigenen Grundannahmen kennt und wie gut man die seines Gegenübers einschätzen kann (Shell, 2001).

 Aufgabenstellung

In einem ersten Schritt betrachten Sie die Aussagen und entscheiden sich bei den 30 Aussagepaaren, entsprechend Abbildung 30 und Abbildung 31, welcher Aussage Sie mehr zustimmen und markieren diese. Antworten Sie spontan und denken Sie nicht darüber nach, welchen Einfluss Ihre Antwort auf die Auswertung haben könnte. Bei diesem kleinen Test gibt es kein richtig oder falsch.

1	E	Ich bemühe mich, die Beziehung zu meinem Gesprächspartner zu erhalten
	B	Ich versuche, die zugrunde liegenden Probleme zu erkennen
2	D	Ich arbeite daran, angespannte Situationen zu entschärfen
	A	Ich erreiche Zugeständnisse, indem ich hartnäckig bin
3	E	Ich konzentriere mich darauf, das Problem der anderen Partei zu lösen
	D	Ich versuche, unnötige Konflikte zu vermeiden
4	C	Ich suche nach einem fairen Kompromiss
	E	Ich bemühe mich, die Beziehung zu erhalten
5	C	Ich schlage faire Kompromisse vor
	D	Ich vermeide persönliche Konfrontationen
6	C	Ich suche den Mittelweg zwischen unseren Positionen
	B	Ich suche die Probleme, die unseren Meinungsverschiedenheiten zugrunde liegen
7	D	Ich löse viele Meinungsverschiedenheiten taktvoll
	C	Ich erwarte in Verhandlungen ein "Geben und Nehmen"
8	A	Ich kommuniziere klar meine Ziele
	B	Ich richte meine Aufmerksamkeit auf die Bedürfnisse der anderen Seite
9	D	Ich schiebe Konfrontationen mit anderen Menschen lieber auf
	A	Ich setze mich mit starken Argumenten durch
10	C	Ich bin meist kompromissbereit
	A	Ich erhalte gerne Zugeständnisse
11	B	Ich spreche alle Probleme zwischen uns offen an
	E	Mir liegt mehr an der Beziehung als am letzten Zugeständnis
12	D	Ich versuche, unnötige persönliche Konflikte zu vermeiden
	C	Ich suche nach fairen Kompromissen
13	C	Ich mache Zugeständnisse und erwarte im Gegenzug ein gewisses Entgegenkommen
	A	Ich bemühe mich, in Verhandlungen alle meine Ziele zu erreichen
14	A	Es macht mir mehr Spaß, Zugeständnisse zu bekommen, als sie zu machen
	E	Ich bemühe mich, die Beziehung aufrechtzuerhalten
15	E	Ich gehe auf die Bedürfnisse Anderer ein, um die Beziehung zu erhalten
	D	Ich überlasse konfrontative Situationen anderen, wenn ich kann
16	E	Ich versuche, auf die Bedürfnisse der anderen Person einzugehen
	A	Ich arbeite hart, um alle meine Ziele zu erreichen
17	A	Ich stelle sicher, dass ich meine Ziele bespreche
	D	Ich betone die Bereiche, in denen wir uns einig sind
18	E	Ich bin immer auf die Beziehung bedacht
	C	Ich mache Zugeständnisse und erwarte, dass die andere Seite dasselbe tut
19	B	Ich erkenne und bespreche alle unsere Differenzen
	D	Ich versuche, Konfrontationen zu vermeiden
20	A	Ich erhalte meinen Anteil an Zugeständnissen
	E	Ich bemühe mich, Beziehungen zu pflegen
21	B	Ich erkenne und bespreche alle unsere Differenzen
	C	Ich suche nach Kompromissen, die die Kluft überbrücken könnten
22	E	Ich entwickle gute Beziehungen zur anderen Partei
	B	Ich entwickle Optionen, die unseren beiden Bedürfnissen gerecht werden
23	C	Ich suche den Mittelweg
	A	Ich bemühe mich, meine Ziele in Verhandlungen zu erreichen

Abbildung 30:   Teil 1 des Fragebogens zu den eigenen Grundannahmen der Verhandlung

24	B	Ich erkenne alle unsere Differenzen und suche nach Lösungen
	D	Ich versuche, unnötige Konflikte zu vermeiden
25	E	Ich versuche, die Beziehung zu meinem Gesprächspartner zu erhalten
	C	Ich suche nach fairen Kompromissen
26	D	Ich betone die Punkte, in denen wir uns einig sind
	B	Ich decke auf und spreche die Dinge an, bei denen wir uns nicht einig sind
27	A	Ich arbeite hart, um meine Ziele zu erreichen
	B	Ich achte auf die Bedürfnisse der anderen Person
28	C	Ich suche nach einem fairen Kompromiss
	B	Ich versuche, alle zugrunde liegenden Probleme zu erkennen
29	D	Ich vermeide unnötige Meinungsverschiedenheiten
	E	Ich konzentriere mich darauf, das Problem der anderen Person zu lösen
30	A	Ich strebe danach, meine Ziele zu erreichen
	B	Ich bemühe mich, auf die Bedürfnisse aller einzugehen

Abbildung 31:   Teil 2 des Fragebogens zu den eigenen Grundannahmen der Verhandlung

Sie können nur zwischen beiden Aussagen wählen und müssen sich für eine Aussage entscheiden. Addieren Sie in Abbildung 32 für die fünf Bereiche die Anzahl der Treffer. Wie auch noch einmal deutlich dargestellt: die Summe aller fünf Bewertungen muss die Zahl 30 ergeben.

A	
B	
C	
D	
E	
Summe	muss 30 ergeben!

Abbildung 32:   Zwischenauswertung

Suchen Sie in Abbildung 33 die Zahlen, die Ihrer Punktzahl für jeden der fünf Buchstaben entsprechen, und kreisen Sie diese ein. Kreisen Sie die A-Punktzahl in der ersten vertikalen Spalte auf der linken Seite des Rasters ein, die mit „Wettbewerbsorientierung-A" markiert ist. Kreisen Sie in der nächsten vertikalen Spalte mit der Bezeichnung „Kollaboration-B" Ihre Punktzahl für B ein und so weiter bis zur letzten vertikalen Spalte auf der rechten Seite.

Sobald Sie einen Kreis in jeder Spalte des Rasters haben, verbinden Sie diese fünf Kreise mit geraden Linien, so dass Sie ein einfaches Diagramm erstellt haben. Die Werte am oberen Rand des Diagramms (in der Regel die Werte über der 70. Prozentmarke) zeigen an, zu welchem Verhandlungsstil Sie am stärksten neigen. Die Werte am unteren Ende des Diagramms (in der

Regel unter der 30. Prozentmarke) stehen für Ihren schwächeren Verhandlungsstil. Alle Werte zwischen der 30. und der 70. Prozentmarke stehen für eine moderate, funktionale Neigung des Verhandlungsstils, den Sie in normalen Verhandlungen einsetzen.

	Konkurrenz	Kooperation	Kompromiss	Vermeidung	Anpassung	
100%	12	12	12	12	12	100%
	11	11	11	11	11	
	10	10		10	10	
90%	9		10	9	9	90%
	8	9		8	8	
80%	7		9	7	7	80%
	6	8	8	6		
70%					6	70%
60%	5	7	7	5		60%
50%	4	6	6		5	50%
40%			6	4	4	40%
30%	3	5	5	3		30%
20%	2	4	5	2	3	20%
10%	1	3	4	1	2	10%
		2	3		1	
		1	2 / 1			
0%	0	0	0	0	0	0%

Hohen 30% — Mittleren 40% — Geringen 30%

Abbildung 33: Auswertungsmatrix zu den eigenen Grundannahmen der Verhandlung

In Abschnitt 4.1.2 finden Sie zusätzlich eine weiterführende Interpretationshilfe zu diesem Selbsttest. An dieser Stelle werden auch noch einmal die fünf verschiedenen Stile im Detail beschrieben.

 Sie haben sich eine Pause verdient!

Nachdem Sie nun mehr über sich selbst und Ihre Grundannahmen erfahren haben, gehen die folgenden Abschnitte detailliert auf Verhandlungsthemen wie Taktiken ein.

2.5 Ein neuer Blick auf Taktiken

Untersuchungen (Karrass, 1993) haben schon früh gezeigt, dass sich ein guter Verhandlungs-führer durch folgende Eigenschaften auszeichnet:

– **Macht.** Menschen stehen unterschiedlich zur Macht im Allgemeinen und im Speziellen zu ihrer eigenen Macht. Die Macht, die man hat, liegt in der eigenen Vorstellung. Nur so ist es zu erklären, dass Verhandlungsteilnehmer unter den gleichen Eingangsvoraussetzungen geringere Abschlüsse erzielen und andere wiederum höhere Abschlüsse.

– **Abmachungsspielraum.** Menschen, die auf einen besseren Abschluss zielen, erreichen auch einen besseren. Diese Regel stimmt innerhalb bestimmter Grenzen. Der Abmachungsspielraum (ZOPA – zone of a possible agreement) ist die Differenz zwischen dem Minimum, das ein Verkäufer bereit ist anzunehmen, und dem Maximum, welches ein Käufer bereit ist zu zahlen. Dies hört sich einfacher an, als es ist, denn in Wirklichkeit gibt es 3 verschiedene Abmachungsspielräume, wie Abbildung 34 zeigt. Dies sind zum einen der Spielraum im Kopf des Käufers und der Spielraum im Kopf des Verkäufers. Zum anderen gibt es aber auch den Spielraum, wie ihn ein Dritter sehen würde.

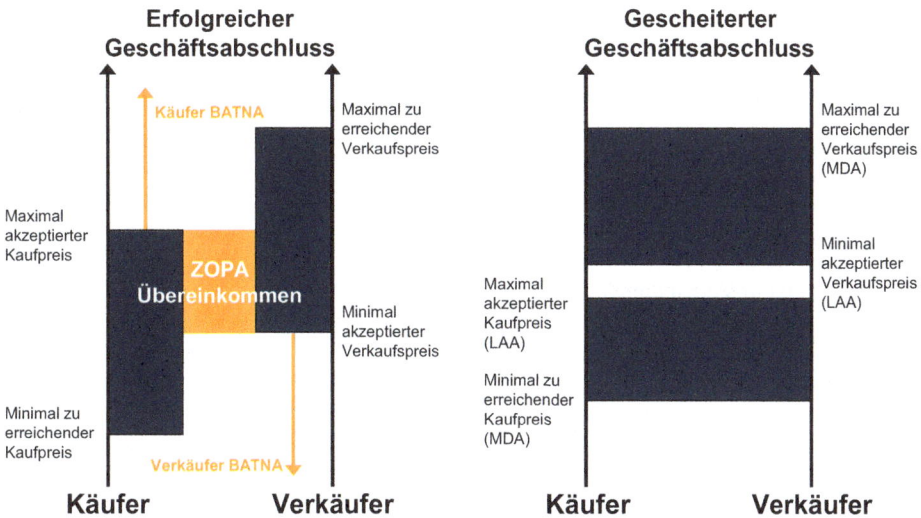

Abbildung 34:   Abmachungsspielraum

Eine weitere Besonderheit liegt darin, dass wenn sich die beiden Abmachungsspielräume nicht überschneiden, es zu keinem Abschluss kommt, wenn sich die Spielräume nicht im Laufe der Verhandlung verschieben.

– **Stichtag (Deadline).** In Verhandlungen gibt es Zeitpunkte, bis zu denen die Vereinbarung abgeschlossen sein muss (Deadline). Die Verhandlungsteilnehmer warten so lange mit der Vereinbarung wie sie können. Die Verhandlungspartner, die 60 Minuten Zeit haben, benötigen auch die 60 Minuten bis zum Abschluss. Stichtage erzeugen den Druck, eine Verhandlung zum Abschluss zu bringen. Das Problem mit Stichtagen ist jedoch, dass wir dazu tendieren, unsere eigenen Zeitbeschränkungen mehr zu beachten als die unseres Gegenübers. Dies verleitet uns dazu, unsere eigenen Stärken zu unterschätzen und die Stärken unseres Verhandlungspartners zu überschätzen. Bevor eine Verhandlung beginnt, sollte man sich selbst die folgenden Fragen beantworten: Welches sind die zeitlichen Beschränkungen meines Gegenübers (Deadline); welche zeitlichen Beschränkungen habe ich (oder meine Organisation) selbst, die meine Verhandlungshaltung schwächen; oder können die Stichtage, die ich (oder meine Organisation) habe, verschoben werden?

 **Beispiel**

Lassen Sie sich in einer Verhandlung nicht durch Ihre eigene Planung unter Druck setzen, wenn Sie wissen, dass Sie dafür empfänglich sind. Wenn eine Verhandlung mit einer Geschäftsreise verbunden ist, so planen Sie direkt eine Übernachtung mehr ein oder planen Sie einen Zug später. Die Freiheit, die Ihnen dies gibt, wird zu einem verbesserten Verhandlungsergebnis beitragen!

– **Verhandlungsstillstand (Deadlock)**, die härteste Taktik. Menschen mögen es nicht, wenn ein toter Punkt in Verhandlungen erreicht wird. Sie sind frustriert, ärgerlich und fühlen sich unglücklich. Einen Verhandlungsstillstand bewusst herbeizuführen ist keine unethische Taktik. Er sollte immer als eine von vielen anderen möglichen Taktiken in Betracht gezogen werden. Ein Abbrechen der Verhandlung kann dem Verhandlungsgegner helfen, zu einer Entscheidung zu gelangen, wie es auch zeigen kann, dass der Endpunkt erreicht ist. Um ein effektiver Verhandlungsführer zu sein, muss man lernen, von einem Verhandlungstisch aufzustehen und auch wiederzukommen.

– **Telefonverhandlungen.** Die riskanteste Art der Verhandlung ist die Telefonverhandlung. Obwohl viele Telefonverhandlungen notwendig sind, gibt es Probleme und Gefahren, die Sie verstehen müssen. Auf der anderen Seite können Sie sich aber auch vor den Gefahren schützen und ein Telefonat zu Ihrem eigenen Vorteil einsetzen, wie Abbildung 35 zeigt.

Risiken einer Telefonverhandlung

- Die Initiative (Überraschungseffekt) liegt beim Anrufer
- Aussagen können nicht überprüft werden
- Zu viele Informationen fließen zu schnell
- Das Telefon verstärkt den Entscheidungszwang
- Versäumnisse sind üblich
- Zuhören fällt schwer – man schweift ab
- Man wird leicht unterbrochen oder ist mit anderen Dingen beschäftigt (lange Autofahrten oder Wartezeiten)

Selbstschutz bei einer Telefonverhandlung

- Zuhören, wenn man angerufen wird. Sich die ganze Geschichte anhören, dann zurückrufen
- Notizen des Gesagten machen
- Niemals eine schnelle Ja- oder Nein- Antwort geben
- Checkliste aufstellen, damit nichts vergessen wird
- Nie am Telefon verhandeln, wenn man nicht zu 100 % dabei ist oder Unterbrechungsgefahr besteht
- Eine Entschuldigung für den Gesprächsabbruch parat haben
- Wenn man eine Nein- Antwort verhindern will, nicht das Telefon benutzen

Vorteile einer Telefonverhandlung

- Den meisten Menschen ist es fast unmöglich, ein Telefon klingeln zu lassen
- Es fällt leichter, Nein zu sagen
- Man kann Statusunterschiede verringern
- Man kann Härte oder Macht demonstrieren

Abbildung 35:   Risiken, Selbstschutz und Vorteile bei Telefonverhandlungen

Dieser Abschnitt hat Sie erstmalig in einige grundlegende Konzepte der Verhandlungsführung eingeführt. Da eine Verhandlung aber immer auf mehreren Ebenen parallel stattfindet, führt Sie der kommende Abschnitt in das Konzept der 5 Arten der Verhandlung ein.

 Sie haben sich eine Pause verdient!

2.6   Die 5 Arten von Verhandlungen, die gleichzeitig existieren

Die meisten Menschen betrachten eine Verhandlung mit dem falschen Blick. Sie sehen eine Verhandlung als einen Wettbewerb an, in dem ein Teilnehmer auf Kosten des anderen gewinnt. Aber eine Verhandlung ist nicht notwendigerweise ein Wettbewerb. Obwohl Elemente des Wettbewerbes im Prozess der Verhandlung enthalten sind, ist es weit mehr als ein Gegeneinander. Es gibt 5 Arten von Verhandlungen (Karrass, 1993), die alle gleichzeitig stattfinden. Dies erlaubt es, eine Verhandlung lebendig zu halten, die kurzfristig keinen eindeutigen Verlauf hat, und gibt einem ein besseres Wohlbefinden in Verhandlungen. Weiterhin ist es so möglich, mehr Informationen zu sammeln, und verhindert einen toten Punkt in einer Verhandlung. Die 5 Arten von Verhandlungen, die gleichzeitig stattfinden, sind im Folgenden beschrieben.

2.6.1 Die „hilfsbereite" Art der Verhandlung (beide Teilnehmer gewinnen)

Die Grundlage der hilfsbereiten Art der Verhandlung (siehe auch Kooperation in Abbildung 33 und Abbildung 57) ist, dass immer ein besseres Geschäft für beide Teilnehmer möglich ist, unter der Voraussetzung, dass beide Teilnehmer willens sind, sich die Zeit zu nehmen, danach zu suchen. Beide, Käufer und Verkäufer, können ihren Gewinn und Erfolg vergrößern, ohne den anderen zu verletzen. Um ein besseres Geschäft abzuschließen, sollten die folgenden Punkte dazu beitragen, einen Interessenausgleich zu erzeugen:

- Ist ein besser koordinierter Lieferzeitplan möglich oder kann die Spezifikation überarbeitet werden? Ist die Art des Transportes oder die Verpackung angemessen?

- Können die Zahlungsbedingungen verändert werden, oder die Vertragslaufzeit angepasst werden?

- Entspricht die angebotene Ware oder Dienstleistung genau dem, was benötigt wird oder hat der Anbieter eventuell Annahmen getroffen, die nicht zutreffen?

- Kann zusätzlich andere Ware gekauft oder können andere Optionen realisiert werden oder ist eine kombinierte Beschaffung mit anderen Produkten möglich? Oder ist eine (kostenlose) Zugabe zum eigentlichen Produkt möglich?

- Übereinstimmung zwischen Käufer und Verkäufer: Wer macht was? Kann es sein, dass bestimmte Sachen vom Käufer wesentlich besser zu erledigen sind?

 **Tipps und Tricks**

Bei einer hilfsbereiten Art der Verhandlung liegt die Kunst darin, einen Interessenausgleich zwischen beiden Parteien herzustellen. Dazu ist es unbedingt notwendig, die Interessen der anderen Partei, wie auch seine eigenen, genau zu kennen. Häufig führt diese Verhandlungsart in der Praxis zu einem großen Einsparpotenzial, da für Sie als Verhandlungsführer viele Beschaffungshebel möglich sind und Sie grundsätzlich alles hinterfragen können.

2.6.2 Die „konkurrierende" Art der Verhandlung (nur ein Teilnehmer gewinnt)

Einer Tatsache, derer man sich bei einer Verhandlung bewusst werden muss, ist, dass es einen Wettbewerb der Verhandlungsteilnehmer untereinander gibt. An einem Punkt der Verhandlung kommt der Gewinn eines Teilnehmers nur aus dem Verlust des anderen (siehe auch Konkurrenz in Abbildung 33 und Abbildung 57). Was ist das beste Verhalten bei einer konkurrierenden Art einer Verhandlung? Die folgenden Regeln können als Richtlinie betrachtet werden.

Regel 1:   **Still sein**

Je weniger der andere über einen weiß, desto besser. Sie und Ihre Organisation sind besser beraten, wenn Motive, Macht, Grenzen und der mögliche Zeitdruck geheim gehalten werden. Diese Regel gilt vor allem für die, deren Organisation die Tendenz hat, zu viel zu reden.

Regel 2:   **Annahmen nicht vertrauen**

In Verhandlungen sind die Dinge oft nicht so, wie sie zu sein scheinen. Seien Sie skeptisch! Wann immer man sich selbst dabei ertappt, eine Annahme zu treffen, sollte bedacht werden, dass die Annahme richtig, aber auch falsch sein könnte. Es ist nur eine Annahme – nicht mehr. Das Problem mit Annahmen ist, dass dadurch das Verhalten in einer Verhandlung beeinflusst wird, z. B.: „Der Verkäufer hat knapp kalkuliert, also brauche ich nicht nach einem Preisnachlass zu fragen." Annahmen sind gut und gleichzeitig schlecht. Sie sparen Zeit, jede Situation neu zu durchdenken. Die Annahme, dass Geschäftsleute ihre Kosten kennen, dass Budgets gründlich geführt sind, dass die Bank sorgfältig mit unserem Geld umgeht, ist falsch! Im Allgemeinen mögen diese Annahmen richtig sein, jedoch sollte man solchen Annahmen nicht in jeder speziellen Situation trauen.

Regel 3:   **Kostenaufschlüsselung**

Als Einkäufer sollten Sie immer eine detaillierte Aufschlüsselung der Kosten verlangen. Als Verkäufer sollten Sie eine Kostenaufschlüsselung vermeiden (außer das Gesetz verlangt dies). Eine Kostenaufschlüsselung gibt Transparenz, und dies ermöglicht es, weitere Punkte zum „Einhaken" zu finden.

Regel 4:   **Zugeständnisse machen**

Lassen Sie sich genug Raum zum Verhandeln. Falls Sie zu niedrig oder zu hoch beginnen, wird der andere mit Feindschaft reagieren. Geben Sie nur langsam nach. Verhalten Sie sich nach der Regel „wie du mir, so ich dir". Wenn Sie Ihr Angebot verbessern, sollte Ihr Gegenüber Ihnen auch ein Stück entgegenkommen, um so die Verhandlungsdifferenz zu reduzieren. Gewähren Sie keine großen Beträge oder Leistungen unter Zeitdruck.

Regel 5:   Schießen Sie nicht aus der Hüfte

Treffen Sie niemals Entscheidungen, ohne genügend vorbereitet zu sein. Spielgeld kann für oder gegen Sie arbeiten, aber was ist Spielgeld? Es kommt in vielen Variationen vor. Spielbankjetons sind Spielgeld, die man nur gegen richtiges Geld bekommt. Dasselbe gilt für Kreditkarten, monatliche Zahlungen und Zinssätze. Alle diese Beispiele haben eins gemeinsam: Es geht zwar um Geld, aber um Geld, das man nie in die Hände bekommt. Es verführt uns dazu, noch mehr auszugeben. Das eigentlich Wichtige sehen wir gar nicht mehr: „Was kostet das in bar?" Immobilienhändler wissen, dass sich ein Grundstück besser zu 200 € pro Monat verkauft als für den Gesamtpreis von 50.000 €. Welcher Unterschied besteht schon zwischen 4 % und 4,5 % Zinsen, es sei denn, man schaut sich an, welche Gesamtsumme während der 30-jährigen Laufzeit der Hypothek aufläuft. Unten sind Beispiele von Spielgeld aufgeführt, womit Käufer und Verkäufer häufig Fehler machen:

–   Cent oder Euro pro Kilogramm einer Ware, wenn über Tonnen der Ware verhandelt, wird oder Cent pro Einheit (Zehntel Cent pro Transistor, Arbeitsstunden pro Teil, einen Cent mehr für jede weitere Stunde).

–   Verhandlung über den Stundenlohn und Abrechnung nach Aufwand oder monatliche Zahlungen bei einer Kreditlaufzeit von 30 Jahren.

  Besonders wichtig

Verhandeln Sie nie um Spielgeld, außer Sie haben vorher gründlich darüber nachgedacht. Spielgeld kommt einfach und geht ebenso einfach. Wenn ein Verkäufer sein Angebot in Spielgeld ausdrückt, rechnen Sie es auf den Gesamtbetrag um und verhandeln Sie um diesen Betrag.

2.6.3 Die Verhandlung, in der ein „gutes Preis-/Leistungsverhältnis" erreicht wird

Die meisten Käufer würden 200 € oder 300 € mehr für ein Auto bezahlen, wenn sie sicher wären, dass der Verkäufer sich verpflichtet fühlt, uns zufriedenzustellen. Teile des Preises in jeder Verhandlung sind weiche Themen, wie Freundschaft und Wohlwollen. Im Geschäftsleben verhandeln wir über Einstellungen genauso wie über Waren und Leistungen. Teile des Preises sind häufig Faktoren wie Vertrauen, Freundschaft, Integrität, Wohlwollen, Glaubwürdigkeit oder Status.

Es macht Sinn, sich bewusst zu machen, dass zueinander passende Eigenschaften zu besseren Übereinkünften führen. Man kann keinem Preis vertrauen, der von jemandem gemacht wurde, dem man persönlich nicht traut. Vertrauen, Freundschaft und Anerkennung sind Geschäftspunkte. Nehmen Sie sich die Zeit, um eine Zufriedenheit für beide Seiten zu erzeugen, und schaffen Sie ein angenehmes Verhandlungsumfeld, indem Sie den Raum, die Zeit und die Umstände entsprechend auswählen.

2.6.4 Die „Organisations"-Art von Verhandlungen

Auch wenn nur zwei Menschen am Verhandlungstisch sitzen, so nehmen immer mehrere an der Verhandlung teil – unsichtbar. In jeder Verhandlung sind sowohl der Verkäufer als auch der Käufer nur ein Teil einer größeren Organisation. Dies gilt für den privaten Bereich (Frau, Kinder, Freunde usw.) wie auch für den geschäftlichen Bereich. Der Einkäufer und auch der Verkäufer müssen die Wünsche des Managements, der Entwicklungsabteilung, der Produktion, der Gewerkschaften, des Gesetzgebers usw. erfüllen. Das Prinzip ist immer gleich. Abbildung 36 verdeutlicht die Organisationsart der Verhandlung.

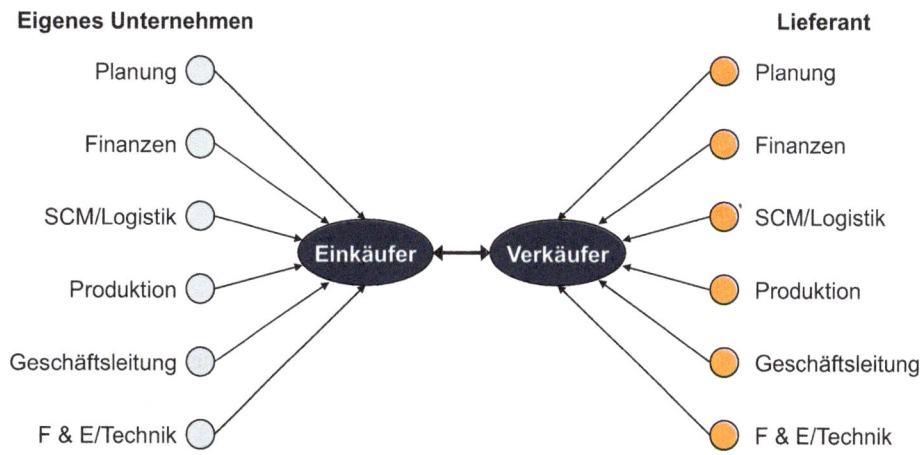

Abbildung 36:   Einkäufer und Verkäufer vertreten nur ihre Organisationen

Es ist anzumerken, dass es gemeinsame Verhaltensregeln gibt, wie sich eine Organisation bzw. einzelne Personen aus einer Organisation verhalten:

- Konflikte sind unvermeidlich, da jeder, der hinter der eigentlichen Verhandlungsbühne ist, seine eigene Verantwortung, Risikobereitschaft und Arbeitsbelastung hat.

- Jeder, der hinter der Verhandlungsbühne ist, hat seine Bedürfnisse und Prioritäten, aber nicht jeder trägt gleich viel zum Entscheidungsprozess bei.

Um hier ein guter Verhandlungsführer zu sein, muss die Verhandlung in der Tiefe geführt werden. Will man eine Ja-Antwort vom anderen erhalten, so ist es unerlässlich, dass man die Bedürfnisse seiner Organisation versteht. Es gibt 4 Hauptregeln, die Sie beachten sollten:

- Man muss wissen, wer die wirklichen Entscheidungsträger für jeden Punkt sind bzw. wer der Entscheidungsträger ist (dies muss nicht immer der Geschäftsführer oder die ranghöchste Person sein).

- Als Verkäufer sollte man Zusagen von der Kundenorganisation über die Qualität und den Nutzen des Produktes oder Dienstleistung gewinnen, denn dies festigt die eigene Position. Als Einkäufer sollte man dies versuchen zu verhindern.

- Der Verhandlungsleiter kann keine Ja-Antwort geben, solange die Organisation, die er vertritt, nicht damit einverstanden ist. Die Aufgabe des anderen ist es, dem Verhandlungsleiter zu helfen, eine Ja-Antwort von seiner Organisation zu erlangen.

- Zum Schluss muss ein guter Verhandlungsführer in der Lage sein, mit seiner eigenen Organisation erfolgreich zu verhandeln. Dies ist die einzige Möglichkeit, die eigenen Bedürfnisse und Prioritäten zu erfüllen.

 Tipps und Tricks

Gerade wenn es um die Beschaffung bzw. den Verkauf von Dienstleistungen geht, sind diese Punkte besonders von Bedeutung, denn die Qualität einer Dienstleistung lässt sich in der Regel nicht im Verkaufsvorgang beurteilen, sondern erst hinterher, nach der Erbringung der Dienstleistung. Hier müssen Einkäufer und Verkäufer häufig in einer hilfsbereiten Verhandlungsart dafür sorgen, dass die internen Verhandlungen bestritten werden können, bevor man sich wieder der eigentlichen Verhandlung widmen kann.

2.6.5 Die „persönliche" Art der Verhandlung

Die Verhandlungspunkte in einem Verkaufsgespräch sind differenzierter als die Punkte, die auf der Tagesordnung stehen. Was die großen Probleme in einer Verhandlung darstellen werden, ist häufig nicht ersichtlich. Geld, Waren und Dienstleistungen sind wichtig, sie sind jedoch nur die Spitze des Eisberges. Doch es gibt weitaus mehr Punkte, die nicht direkt gesehen werden und die niemals in einen Vertrag geschrieben werden. Dies sind all die persönlichen Punkte, die keiner laut sagen kann, aber ohne die kein Abschluss gemacht werden kann. Beispielhaft einige diese persönlichen Punkte unter dem Eisberg:

- Die Tatsache, dass ich am Montag meinen dreiwöchigen Urlaub beginne, beeinflusst die Verhandlung am Freitag, oder dass ich mehr Arbeit habe als ich bewältigen kann.

- Durch eine Umorganisation habe ich einen neuen Vorgesetzten, dem ich zeigen möchte, wie gut ich bin.

- Meine Grippe steht kurz vor dem Ausbruch. Dadurch fühle ich mich schlecht.

- Heute habe ich um 5 Uhr eine private Verabredung und möchte pünktlich nach Hause.

Alle diese Punkte sind wichtig für einen Abschluss. Der Verkäufer, der sensibel ist und mir bei der Lösung meiner Probleme hilft, macht das Geschäft.

Die 5 Arten der Verhandlung, die hier besprochen wurden, existieren in jeder Verhandlung parallel, jedoch in unterschiedlicher Ausprägung. Sie stellen eine Möglichkeit für jeden Verhandlungsführer dar, die Qualität des Abschlusses zu verbessern. Im kommenden Abschnitt werden die Eigenschaften eines guten Verhandlungsführers beleuchtet.

 Sie haben sich eine Pause verdient!

2.7   Was macht einen guten Verhandlungsführer aus?

Eine Verhandlung effektiv und erfolgreich zu führen ist eine der schwierigsten Tätigkeiten. Es erfordert eine Kombination von Eigenschaften, die man nicht nur in der Geschäftswelt erlernt. Der Prozess der Verhandlungsführung erfordert ein gutes Geschäftsverständnis und ein tiefes Wissen im Umgang mit anderen Menschen. Folgende Merkmale sind für einen guten Verhandlungsführer unerlässlich:

- die Fähigkeit, mit seiner eigenen Organisation (Kollegen, Fachabteilungen und Vorgesetzte) zu verhandeln und ihr Vertrauen zu gewinnen

- der Wille und die Selbstverpflichtung, zu planen und die Regeln einer Verhandlung zu kennen und beachten

- die zu beschaffende Ware oder Dienstleistung und die möglichen Alternativen zu kennen

- gutes Geschäftsverständnis und die Fähigkeit, Prioritäten zu erkennen

- die Fähigkeit, Konflikte und Unklarheiten zu akzeptieren

- den Mut, nach höheren Zielen zu streben und Risiken zu übernehmen, die damit verbunden sind und die Fähigkeit, geduldig auf die ganze Wahrheit zu warten

- der Wille, an den Problemen des anderen und seiner Organisation wirklich beteiligt zu werden; dies ist dazu notwendig, um wirklich in der Tiefe verhandeln zu können und die Verpflichtung zu Integrität und beiderseitigem Erfolg

- die Einsicht, eine Verhandlung vom persönlichen Standpunkt aus zu betrachten; dies hilft, die verdeckten persönlichen Punkte zum Vorschein zu bringen

- begründet selbstbewusst sein; Grundlagen dafür sind ein gutes Wissen, eine gute Planung und eine gute interne Verhandlung mit der eigenen Organisation und die Bereitschaft, Experten aus dem Team zu beteiligen

- eine „stabile" Person; jemand, der es gelernt hat, mit sich selbst zu verhandeln und der lachen kann, jemand, der nicht den ständigen Bedarf hat, dass ihn alle mögen, denn er mag sich selbst

Diese Aufzählung gibt Ihnen einen Überblick für Ihr persönliches Schulungsprogramm, um ein erfolgreicher Verhandlungsführer im Einkauf zu werden.

   Tipps und Tricks

Nicht oft genug kann der Punkt betont werden, dass zu einer erfolgreichen Verhandlung mit einem Lieferanten sowohl die Planung der Verhandlung wie auch die interne Verhandlung mit den Stakeholdern des eigenen Unternehmens gehören.

2.8   Teamverhandlungen

Es zahlt sich aus, wenn mehrere an einer Verhandlung bzw. deren Vorbereitung beteiligt sind. Umso mehr wundert es, dass die Beteiligung von Teammitgliedern bei Verhandlungen so wenig akzeptiert wird. In der Realität bevorzugen es leider viele Personen, allein zu verhandeln.

Die Gründe, allein zu verhandeln, liegen am Problem der schlechten Koordination untereinander, einen gleichen Informations- und Wissensstand bei allen Beteiligten zu erreichen. Ein weiterer Grund ist, dass man die Verhandlung durch eigene Unstimmigkeiten nicht schwieriger machen möchte. (Gegen eine Teambeteiligung spricht auch, eigene Verhandlungsfehler besser vertuschen zu können.) Auf der anderen Seite sind die Argumente für eine Teamverhandlung jedoch:

– bessere Koordination der internen Absprache und Unterstützung bzw. gute Erfahrungen

– es ist ein besseres Zuhören möglich, da auch die eigenen Teammitglieder einmal reden und so geringere Möglichkeit von Missverständnissen bestehen

– zusätzlich besteht eine bessere Planung durch vorherige Abstimmung und zuletzt auch bessere Mitschriften

 **Tipps und Tricks**

Bei einer Teamverhandlung sind wiederum 2 Arten zu unterscheiden. Zum einen gibt es die Teamverhandlung, bei der 2 Einkäufer mit einem Lieferanten (eine oder mehrere Personen) verhandeln. Gerade diese Konstellation ist eine optimale Möglichkeit zur Einarbeitung oder Weiterqualifikation von Einkäufern. Eine weitere Art der Teamverhandlung ist die Verhandlung mit dem interdisziplinären Beschaffungsteam. Hier obliegt es dem Einkäufer, durch eine entsprechende Planung sein Team auf die individuellen Teamrollen vorzubereiten. Auch diese muss geübt werden. Es wird aber nur gelingen, wenn sich das Team über die Zielsetzung einig ist! Nichts ist schlimmer als ein Kollege der Technik, der mit der Aussage vorprescht: „Eigentlich haben Sie ja schon den Auftrag, wann können Sie denn jetzt liefern?"

 Sie haben sich eine Pause verdient!

2.9   Die Macht der Planung

Planung zahlt sich in jedem Aspekt des Lebens aus. Aber es gibt nur wenige Bereiche, wo sich Planung so schnell auszahlt wie bei Verhandlungen. Die Realität jedoch ist, dass viele Verhandlungen schlecht vorbereitet sind. Es genügt nicht, „Mach deine Hausaufgaben" zu sagen. Das Geheimnis liegt darin zu wissen, was wann wie zu tun ist. Um dies zu erreichen, erfolgt eine Verhandlungsplanung auf 2 Ebenen: zum einen auf der Ebene der gedanklichen Vorwegnahme der Verhandlung, wie in den AbbildungenAbbildung 37,Abbildung 38 undAbbildung 39 dargestellt, zum anderen aber auch in der Anwendung der passenden Strategien und Taktiken, wie in Abbildung 40, der Planungspyramide, zu sehen ist.

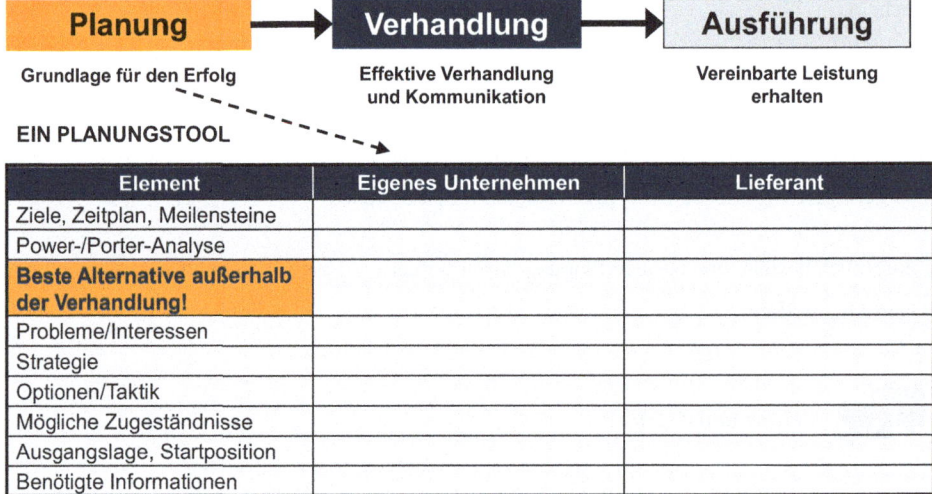

Abbildung 37:   Verhandlungsplanung mit den verschiedenen Elementen

Bei der gedanklichen Vorwegnahme der Planung besteht die Aufgabe darin, seiner eigenen Position bewusst zu werden und eine realistische Annahme zu treffen, was die Position des Verhandlungspartners sein könnte. Abbildung 37 zeigt einen vereinfachten Verhandlungsplaner. Ein detaillierter Verhandlungsplaner ist in Abbildung 51 dargestellt.

Der Wert einer solchen schriftlichen Vorbereitung liegt zum einen darin, dass diese Vorbereitung dazu genutzt werden kann, intern eine Abstimmung zu erzeugen, zum anderen aber auch, um sich höhere und verbindlichere Ziele zu setzen. Ein weiterer Vorteil liegt darin, dass man sich besser auf mögliche Punkte seines Verhandlungspartners einstellen kann.

 **Tipps und Tricks**

Achtung: Eine Planung ist kein vorweggenommenes Abbild der folgenden Verhandlungsrealität. In der Praxis wird eine Verhandlung immer anders laufen als geplant. Dies liegt daran, dass Sie nur Annahmen zu den Interessen und Taktiken Ihres Verhandlungspartners treffen können. Eine weitere Möglichkeit kann sein, dass Ihre Vorbereitung rein rationell erfolgt und Sie die persönliche Komponente der Verhandlung ganz außer Acht lassen. Es kann auch sein, dass Sie sich sympathisch sind und die Verhandlung wesentlich besser läuft als geplant oder genau das Gegenteil passiert. Aber all dies mindert nicht den Wert der Planung. Denn die Planung dient dazu, dass Sie besser vorbereitet sind und sich dadurch mächtiger fühlen.

Abbildung 38 und Abbildung 39 erklären die Hintergründe sowie mögliche Fragen und Anmerkungen zur Planungsvorbereitung. Es ist nicht notwendig alle Punkte oder Fragen detailliert zu beantworten, aber Sie sollten die wesentlichen Punkte schriftlich herausarbeiten.

Elemente	Anmerkung	
Ziele, Zeitplan	• Welche Ziele/Ergebnisse wollen wir erreichen? • Welche Ziele/Ergebnisse denken wir, möchte die andere Partei erreichen?	
Machtanalyse/ Porter-Analyse	• Wer hat welche Macht?	• Wissen, Legitimation, Bindungen • Wettbewerb (Porter Analyse) • Überzeugungen, Bestreben • Belohnung/Bestrafung • Fristen, Persönlichkeiten, Mitteilungen
	• Porter-Analyse	• Rivalitäten unter den existierenden Lieferanten • Bedrohung durch neue Marktteilnehmer • Bedrohung durch Substitute • Macht von Vorlieferanten (Feedstock) • Macht der Käufer
	• SWOT-Analyse	• Strengths (Stärken) • Weaknesses (Schwächen) • Opportunities (Möglichkeiten) • Threads (Gefahren)
BATNA (Best Alternative To (a) Negotiated Agreement)	• Was ist die beste Alternative außerhalb dieser Verhandlungen (BATNA)? • Was sind die Minimum-Konditionen, die wir in der Verhandlung zu akzeptieren bereit sind? • Was sind die minimalen Konditionen, die die andere Partei zu akzeptieren bereit ist? • Wie lassen wir unsere BATNA besser aussehen als deren BATNA?	

Abbildung 38:   Mögliche Fragen zur Verhandlungsplanung (Teil 1 von 2)

Bei der Verhandlungsplanung ist ein Punkt besonders hervorzuheben. Sie sollten in keine Verhandlung hineingehen, ohne vorher ein klares BATNA (Best Alternative to a Negotiated Agreement) entwickelt zu haben. Ein BATNA stellt eine Alternative dar, die Sie wählen könnten, wenn Sie nicht zu einem Verhandlungsergebnis gelangen. Dies hört sich einfacher an, als es ist! In der Konsequenz heißt es aber: Gehen Sie nicht in eine Verhandlung, wenn Sie keine

Alternative zum gewünschten Verhandlungsergebnis haben. Eine Alternative kann es zur Not auch sein, sich einfach zu vertagen. Die glaubhafte und realistische Gestaltung eines wirklichen BATNA kann sehr aufwändig sein, wie das folgende Beispiel verdeutlicht.

Elemente	Anmerkung
Sachverhalt/ Interessen (inklusive Personalfragen)	• Was sind die Schlüsselsachverhalte und unsere damit verbundenen Interessen für jeden Sachverhalt (Sachverhalt: Preis; Interesse: der Vorhersage entsprechen oder besser sein)? • Versichern Sie sich, dass alle Funktionen/Disziplinen/Parteien, die in der Verhandlung beteiligt sind, erfasst sind. • Gibt es auf unserer Seite und/oder auf deren Seite Personalfragen? • Was sind die Schlüsselsachverhalte und Interessen der anderen Partei? • Was sind die allgemeinen Sachverhalte/Interessen dort, wo bereits Vereinbarungen existieren? • Gibt es Sachverhalte/Interessen, bei denen Vereinbarungen sehr schwierig sein werden?
Mögliche Optionen	• Was sind die möglichen Optionen, die wir während der Verhandlung berücksichtigen sollten? (Z. B.: Wir legen alles Kapital an, bekommen aber einen höheren Preis oder wir teilen die Investitionen und geben einen niedrigeren Preis oder wir lassen die andere Partei die Investition zahlen und wir geben den niedrigsten Preis.) • Welche Option ziehen wir vor? • Welche Optionen, denken wir, dass die andere Partei vorzieht? • Wie stellen unsere Optionen die Interessen der anderen Partei zufrieden?
Strategie	• Was ist der logisch/rational oder der Rahmen, den wir nutzen, um die andere Partei davon zu überzeugen, unsere Lösung/Option zu akzeptieren? (Z. B.: Wir werden die Drohung von Substituten, die Drohung von neuen Marktteilnehmern und unsere Mengen zur Beeinflussung der anderen Partei nutzen.) • Was ist für die andere Partei logisch/rational, um uns zu beeinflussen? Was ist unsere Gegenlogik?
Taktiken/ Technik	• Welche Anfangstaktik verwenden wir in unserer Eröffnungssitzung? • Welche Eröffnungstaktik könnte die andere Partei verwenden? • Welche Gegentaktik werden wir verwenden? • Wie wird unser Verhandlungsprozess aussehen (z. B. abwechselnde Verhandlungsorte, Begrenzung der Teilnehmerzahl, Benutzung des Telefons, Nutzen von Sondierungstreffen etc.)? • Welche/n Einfluss/Überzeugungsprinzipien benutzen wir? • Welche/n Einfluss/Überzeugungsprinzipien wird die andere Partei benutzen? Wie werden wir darauf reagieren?
Kompromisse/ Zugeständnisse 1. Mindestanforderungen 2. Verhandelbare Schlüsselbereiche 3. Elemente für mögliche Zugeständnisse	• Identifizieren Sie die Mindestanforderungen. • Identifizieren Sie die verhandelbaren Bereiche. • Identifizieren Sie die Elemente für Zugeständnisse und wie sie genutzt werden könnten, um Mindestanforderungen oder verhandelbare Schlüsselbereiche zu bekommen • Überlegen Sie sich mögliche Kompromisse (z. B. niedrigere Preise für längere Verträge; gegenseitige Exklusivität; Zeitplanstabilität für niedrigere Preise). • Überlegen Sie ein Kompromiss-Szenario (z. B. wir akzeptieren eine längere Laufzeit und bekommen im Gegenzug einen niedrigeren Preis).
Ausgangslage	• Werden wir ein Eröffnungsangebot vorlegen oder bitten wir die andere Partei darum? • Wenn wir eröffnen, was wird unser Eröffnungsangebot sein? • Welchen Punkt möchten wir als Erstes behandeln? • Womit wird vermutlich die andere Partei eröffnen? • Wie wird unsere Gegenmaßnahme aussehen?
Benötigte Informationen	• Welche zusätzlichen Informationen benötigen wir, **bevor** wir auf die andere Partei treffen? • Welche Informationen müssen während der Eröffnungssitzung noch bestätigt werden oder müssen wir von der anderen Partei noch erhalten? • Welche Informationen versucht die andere Partei über uns zu bekommen? • Welche Informationen werden wir nicht mit der anderen Partei teilen?

Abbildung 39:   Mögliche Fragen zur Verhandlungsplanung (Teil 2 von 2)

 **Beispiel**

In einem Kundenprojekt sollte mit einem großen und wichtigen Lieferanten ein mehrjähriger Liefervertrag geschlossen werden. Über die kommerziellen Bedingungen war man sich weitestgehend einig. Auf der Seite des Lieferanten wurde die Verhandlung durch den Geschäftsführer geleitet, auf der Kundenseite durch ein Team aus zwei Einkäufern. Da eigentlich Einigkeit mit dem Lieferanten herrschte, war das Verhandlungsergebnis umso überraschender. Der Geschäftsführer des Lieferanten wollte zu fast jeder Klausel des Standardeinkaufsvertrages Änderungen des Vertragstextes. Diese Verhandlungen zogen sich jetzt in der Folge über mehrere Runden und eine Zeit von fast 14 Monaten. Durch interne Verhandlungen hatte das Einkaufsteam die eigene Organisation detailliert darauf vorbereiten können, dass es wahrscheinlich keinen Liefervertrag geben würde und man nach einer anderen Lieferquelle suchen werde. Durch intensive Recherche ist es einem Einkäufer gelungen, eine Produktalternative zu identifizieren. Anschließend wurden dem aktuellen Lieferanten einige Produktmuster mit den Hinweisen gesendet, dass andere Lieferanten auch schöne Produkte haben. Binnen zwei Wochen bekundete der aktuelle Lieferant Verhandlungsbereitschaft. In der Folge konnte in nur einer Verhandlungsrunde der Liefervertrag mit allen Standardklauseln geschlossen werden. Nachdem dem Lieferanten das BATNA deutlich gemacht wurde und das Verhandlungsteam auch seine Entschlossenheit zur Realisierung der Alternative gezeigt hat, konnte die Verhandlung erfolgreich abgeschlossen werden.

Abbildung 40 dient ebenfalls dazu, sich auf eine Verhandlung vorzubereiten. Dazu sind in der Planungspyramide die entsprechenden Stichworte angeordnet. Insgesamt basiert die Planungspyramide auf 9 Grundlagen (Strategien):

– **Auswahl der richtigen Personen.** Wer soll die Verhandlung führen und wer soll im Team sein? Was sind die Merkmale eines guten Verhandlungsführers?

– **Quellen der Macht.** Was sind die Quellen der Macht und warum haben Sie meistens mehr Macht als Sie denken?

– **Langfristige Geschäftsbeziehungen.** Langfristige und kurzfristige Ziele müssen in jeder Verhandlung überlegt werden. Ebenfalls ist für Verhandlungen entscheidend, wie sich das Verhältnis zwischen Verkäufer und Käufer verändert, wenn die Geschäftsbeziehung schon über mehrere Jahre anhält. Wer hat mehr Vorteile, der Verkäufer oder der Käufer?

–   **Wert, Risiko und Kostenanalyse (Motivation).** Menschen sind bereit, in Verhandlungen
    zu geben und zu nehmen. Es ist offensichtlich, dass Geld, Waren und Dienstleistungen unter
    keinen Umständen die einzigen Gegenstände der Verhandlung sind. Der erfahrene Verhand-
    lungsführer weiß, dass ein Teil jedes Preises die Integrität, die Glaubwürdigkeit und die Be-
    friedigung des anderen Egos ist. Diese versteckten Punkte können wichtiger sein als die
    sichtbaren Verhandlungspunkte.

–   **Zielsetzung.** Obwohl es grundsätzlich richtig ist, dass Menschen, die höhere Ziele verfol-
    gen, besser abschneiden, kann man doch diese Aussage nicht als universelle Wahrheit be-
    trachten. Denn es gibt auch Menschen, die streben nach höheren Zielen und schließen
    schlechter ab. Vielleicht enden sie sogar mit leeren Händen. Trotzdem ist es entscheidend
    für eine erfolgreiche Verhandlung, sich vorher über die Ziele im Klaren zu sein.

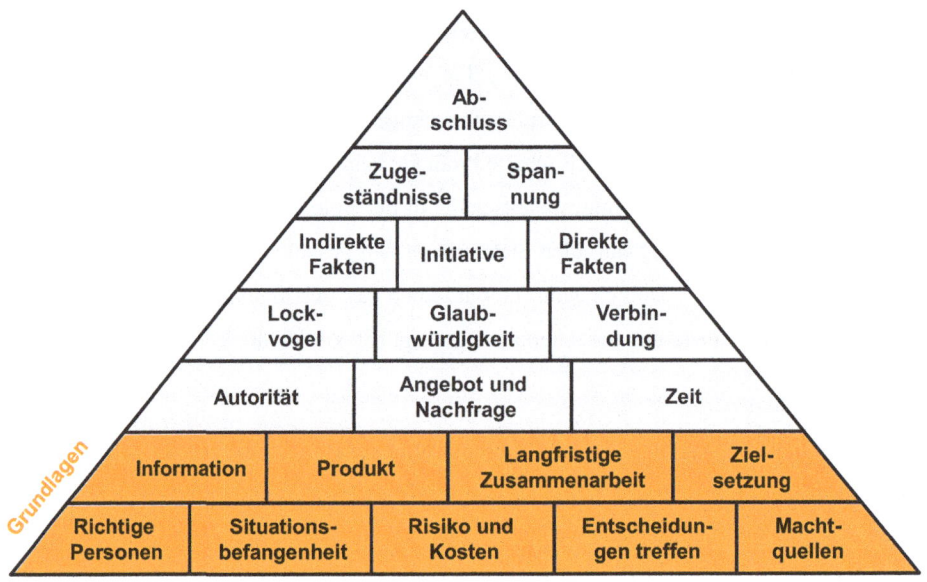

Abbildung 40: Planungspyramide zur Verhandlungsvorbereitung

–   **Produktstrategie.** Die grundsätzliche Frage jeder Verhandlung ist: „Warum will ich gerade
    dieses Produkt oder diese Dienstleistung kaufen?" Es gibt keinen richtigen Preis für ein fal-
    sches Produkt, auch wenn der Preis sehr niedrig ist. Unglücklicherweise schließen wir oft
    Geschäfte ab, die keinen Sinn machen, obwohl sie auf den ersten Blick wie ein günstiger
    Kauf aussehen. Bevor wir etwas kaufen oder verkaufen, sollte man das Geschäft ganzheitlich
    betrachten. Das bedeutet, man muss die Zukunft, die Gegenwart und die Vergangenheit

betrachten. Häufig werden Produkte gekauft, ohne Betriebskosten, Lagerkosten, überhöhte Reparaturkosten oder sonstige laufende Kosten zu betrachten.

– **Die 3 anderen strategischen Felder.** Die Planungspyramide enthält noch 3 weitere strategische Felder, auf die nicht weiter eingegangen werden soll. Diese sind: die Informationsstrategie, Kunden und Situationsbefangenheit sowie das Treffen von Entscheidungen.

Die Strategie ist wichtiger als die Taktik. Es gibt keine richtige Taktik für die falsche Strategie. Für den Fall, dass man nicht weiß, wohin man geht, macht es auch keinen Sinn, sich darüber Gedanken zu machen, wie man geht. Darum sind die strategischen Felder so wichtig. Sie bilden die Grundlage dafür, welche Taktik ausgewählt werden soll.

2.9.1 Verhandlungsplanung – Fallbeispiel

Damit Sie die Möglichkeit haben, auch eine Verhandlungsplanung zu üben, folgt eine Fallbeschreibung für eine Verhandlungssituation, die Sie analog zu Abbildung 37 vorbereiten sollen. Eine sehr ausführliches Lösungsmuster zu dieser Verhandlungsvorbereitung finden Sie im Abschnitt 4.1.3.

 Aufgabenstellung

Sie sollen als potenzieller Einkaufsmitarbeiter/in eine Verhandlung zwischen der Einkäuferin Elisabeth und dem Obstbauern Josef vorbereiten. Hierzu ist es notwendig, dass Sie sich zuerst in die Rolle der Elisabeth einfinden und sich die eigenen Fragen und Standpunkte zurechtlegen sowie sich Gedanken zu den Wünschen, Zielen, Notwendigkeiten der Gegenseite machen. Nutzen Sie zur Vorbereitung die Planungswerkzeuge, wie sie in Abbildung 37, Abbildung 38 und Abbildung 39 dargestellt sind.

Elisabeth ist Regionalleiterin für ein Bundesland bei „Lebensmittel & Mehr", einem großen und expandierenden deutschen Lebensmittelgroßhändler. Sie ist verantwortlich für die Pflege der Beziehungen zu Lieferanten, meist kleinere Bauern in ländlichen Gebieten, sowie zu Kunden, vom Tante-Emma-Laden bis zu den Geschäften der größeren regionalen Supermarktketten. Einer der Lieferanten, mit denen sie zu verhandeln hat, ist Josef, Besitzer einer kleinen Obstplantage. Als Leiterin eines großen Gebietes muss sich Elisabeth um ihre Rentabilität kümmern, die von den Preisen abhängt, zu denen sie die Produkte ein- und verkauft. Ihre

Rentabilität wird aber auch von dem Aufwand beeinflusst, mit dem sie ihre Produkte auf den Markt bringt, und von den Ausgaben, um die Fehler in ihrem Liefersystem auszubügeln. Wenn z. B. ein Bauer zu spät liefert, muss sie Geld ausgeben, um ihre Produkte aus einer anderen Quelle zu beziehen, normalerweise zu einem höheren Preis, um ihre Verpflichtungen gegenüber den Kunden einzuhalten. Oder wenn ein Bauer unverpacktes Obst liefert, muss sie Geld ausgeben, um es in Kisten zu verpacken. Ihre Rentabilität hängt ferner von den Preisen ab, die sie bei Ihren Kunden erzielen kann. Wenn sie sich den Ruf erwerben kann, eine Quelle für Qualitätsprodukte zu sein, kann sie ein paar Cents je Kilo über dem durchschnittlichen Marktpreis erhalten, die sich rasch zu einem großen Gewinn summieren. Um einige dieser Risiken abzudecken, unterhält Elisabeth eine kleine Lkw-Flotte und beschäftigt in ihren Lagern ein paar Arbeiter mehr als notwendig.

Josef ist sein eigener Herr und betreibt eine Obstplantage, die seit drei Generationen im Besitz seiner Familie ist. Er hat miterlebt, wie der Bauernhof mit einer Reihe von Produkten experimentiert hat, aber zu einem großen Risiko: Eine schlechte Ernte bei einer angeblich verbesserten Sorte seiner traditionellen Produkte könnte für ihn das Ende bedeuten. Ein ähnliches Risiko liegt darin, ein neues Produkt anzubauen und es nicht zu einem guten Preis verkaufen zu können. Das könnte bedeuten, dass er zur Erntezeit nicht in der Lage ist, die während der Saison angefallenen Schulden zurückzuzahlen, was wiederum bedeuten würde, zur Pflanzzeit keine Betriebsmittel (Saatgut, Düngemittel usw.) kaufen zu können. Josef hat einen kleinen Lieferwagen, mit dem er seine Vorräte holt und das Obst ausliefert. Er beschäftigt nur – zur Pflanz- und Erntezeit – saisonale Hilfskräfte.

Jedes Jahr setzen sich Elisabeth und Josef zusammen, um über die Lieferbedingungen zu diskutieren: Mengen und Preise seiner Produkte, Liefertermine, die Art der Verpackung usw. Obwohl sie gut miteinander auskommen, hat Elisabeth in letzter Zeit häufig das Gefühl, dass sie mehr tun könnten, das für beide von Vorteil wäre. Bereiten Sie für Elisabeth die Verhandlung entsprechend vor.

      Sie haben sich eine Pause verdient!

Im Abschnitt 4.1.3 zu diesem Buch finden Sie eine beispielhafte Musterlösung, wie aus der Sicht von Elisabeth die Verhandlung geplant werden könnte. Wie immer bei solchen Lösungen: Der Vorschlag ist subjektiv und es könnten auch andere Möglichkeiten zu einer erfolgreichen Verhandlung führen.

2.10 Machtquellen

Macht ist eine Sache des Kopfes und der Vorstellung. Es gibt genügend Beweise dafür, dass Menschen, auch wenn sie identische Eingangsbedingungen haben, verschieden reagieren. Es zahlt sich aus, zu verstehen, dass dieses Verhalten eine Funktion der Macht bzw. des Einflusses ist, den man selbst verspürt. Eine Verhandlung ist immer auch ein Machtausgleich, wie in Abbildung 41 dargestellt.

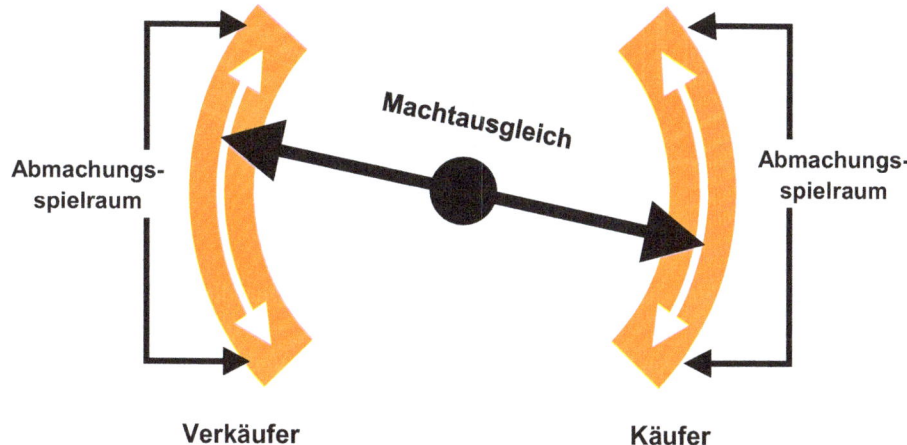

Abbildung 41:   Neben den individuellen Abmachungsspielräumen ist ein Machtausgleich zwischen beiden Parteien entscheidend für ein Ergebnis

Es gibt viele verschiedene Machtquellen. Einige basieren auf der Organisation, die hinter einem steht, einige auf dem Gesetz oder auf Vorschriften, andere wiederum auf physiologischen Aspekten. Die Hauptquellen der Macht sind: (I) Wettbewerb und Geld; (II) Ehrlichkeit und der Sinn für Gerechtigkeit, (III) Verpflichtung, Bereitschaft, Risiko zu übernehmen; (IV) Wissen, Aufwand oder Arbeit und Zeit; (V) Verhandlungsfähigkeiten und (VI) freundschaftliche Verbindungen.

In Abbildung 42 wird deutlich, dass es neben den eigenen Machtquellen wichtig ist zu verstehen, dass die Wahrnehmung der Macht von der wirklichen Macht abweichen kann. Wie der dreidimensionale Verhandlungswürfel zeigt, hat die Verhandlungsart ebenfalls einen Einfluss auf die Macht bzw. die Wahrnehmung von Macht.

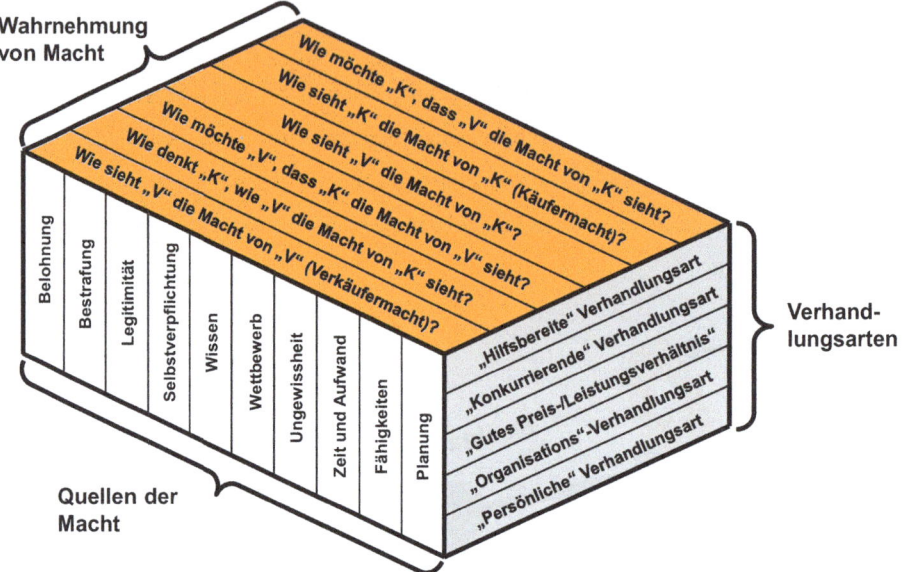

Abbildung 42:   Machtquellen, Wahrnehmung der Macht und Verhandlungsarten

Somit sind alle 3 Achsen von Bedeutung, wenn es um Macht in Verhandlungen geht. Auf der anderen Seite gibt es noch ein paar weitere Gesichtspunkte, die in Bezug auf Verhandlungsmacht berücksichtigt werden müssen:

– **Beschränkungen der Macht eines Monopolisten.** Jeder Käufer und Verkäufer weiß, dass es schwierig ist, gegen oder mit einem Monopolisten zu verhandeln. Wenn der Verkäufer ohne Wettbewerb ist, hat er gute Aussichten zu siegen. Jedoch gibt es Beschränkungen der Macht eines Monopolisten. Der Monopolist wird sich unter den folgenden Umständen so verhalten, als wenn Wettbewerb vorhanden wäre:

- Falls der Lieferant ernsthaft glaubt, er steht im Wettbewerb, auch wenn dies nicht der Fall ist oder falls der Verkäufer glaubt, es gibt auch einen Weg ohne sein Produkt.

- Aber auch falls der Verkäufer glaubt, dass der Käufer das Produkt eher selbst herstellt, als zu kaufen oder dass der Käufer einen anderen potenziellen Verkäufer subventioniert bzw. bevorzugt.

- Falls der Verkäufer glaubt, dass er aufgrund seiner hohen Preispolitik mit Teilen, die er auf Lager vorhält, überladen wird oder er mit einem neuen Produkt kommt und sein altes Produkt verkaufen möchte.

- Eine weitere Möglichkeit besteht darin, dass der Verkäufer sofort Geld benötigt, um seinen Betrieb aufrechtzuerhalten.

- Aber auch, falls der Verkäufer besorgt ist, dass in der Zukunft Wettbewerb ermutigt werden könnte.

 Besonders wichtig

Alle oben aufgeführten Punkte bieten in einer Verhandlung mit einem Monopolisten die Grundlage dafür, ein BATNA aufzubauen. Nutzen Sie dies und bereiten Sie sich selbst und Ihre Organisation entsprechend darauf vor.

– **Beschränkungen des Einkäufers, den existierenden Wettbewerb zu nutzen.** Es gibt ebenso Machtbeschränkungen, die Ihre Möglichkeiten als Einkäufer, den Wettbewerb auszunutzen, beschränken. Viele Verkäufer fühlen sich durch den Wettbewerb verfolgt. Was sie meistens jedoch vergessen, ist, dass Einkäufer meistens recht eingeschränkt sind, das Angebot des gesamten Wettbewerbes zu nutzen. Unter diese Beschränkungen fallen:

- Persönliche Abneigungen gegen andere Anbieter

- Alternativer Anbieter ist zu weit weg.

- Alternative Anbieter führten in der Vergangenheit zu Problemen.

- Verschiedene Fähigkeiten und Produktionskapazitäten der Anbieter.

- Eigene Produktions- oder Technik-Mitarbeiter, die bestimmte Vorlieben für ein bestimmtes Produkt haben.

- In der Spezifikation eingebaute Bestimmungen, die bestimmte Lieferanten ausschließen bzw. andere bevorzugen (**Achtung:** Vermeiden Sie als Einkäufer immer technische Spezifikationen, die ein spezielles Produkt oder einen Lieferanten definieren.)

- Alternative Anbieter haben eine sehr schlechte Dokumentation.

- Andere Anbieter verlangen zu viel Geld oder vielleicht Vorkasse.

- Anbieter können nicht innerhalb der verlangten Lieferzeit liefern.

- Die Angebote sind zu verschieden. Einer bietet viel mehr als ein anderer Anbieter.

- Ein Anbieter bietet ein wesentlich längeres Zahlungsziel als ein anderer.

- Der Käufer hat eine langfristige Geschäftsbeziehung und möchte diese nicht ändern.

- Es nimmt zu viel Zeit in Anspruch, mit neuen Anbietern zu reden. Der Einkäufer hat zu viel zu tun.

 Besonders wichtig

So wie Sie bei einer Verhandlung gegen einen Monopolisten die Möglichkeit haben, sich ein realistisches BATNA aufzubauen, sollten Sie auf der anderen Seite aber alles daran setzen, sich in Verhandlungen nicht selbst zu beschränken. Falls Ihre eigene Organisation Sie beschränkt, sollten Sie zuerst intern verhandeln.

– **Die Macht des Legitimen (Rechtmäßigkeit).** Keine Macht hypnotisiert die Menschen so sehr wie die Macht des Legitimen. Wir haben es gelernt, die Autorität von Dingen wie Prozeduren, Gesetzen, standardisierten Verträgen und Preisauszeichnungen zu akzeptieren. Wir haben dies in einem Maß gelernt, dass wir nicht mehr in der Lage sind, sie in besonderen Situationen zu hinterfragen. Macht ist ebenso beteiligt bei solchen Dingen, wie die öffentliche Meinung, gute Aufzeichnungen, Einfachheit und wie wir in der Vergangenheit miteinander umgegangen sind. Nutzen Sie diesen Fakt zu Ihrem Einkaufsvorteil, indem Sie z. B. einen Standardvertrag für Ihre Beschaffungen verwenden.

– **Die Macht der Verpflichtung (Selbstverpflichtung zu etwas).** Verpflichtung, Loyalität und Freundschaft sind Quellen der Macht. Menschen, die sich zu ihren Zielen oder der Befriedigung von anderen verpflichtet fühlen, haben eine versteckte Stärke. Die Loyalität zu ihrer Firma, ihrem Management und ihren Produkten führt zu besseren Verhandlungsergebnissen. Falls man mehr an sich selbst und seine Sichtweisen glaubt, steht man mehr dafür ein.

– **Die Macht des Wissens.** Wissen ist Macht! Je mehr ein Einkäufer über Kosten, Organisation, Geschäftsumfeld und Produkte des Verkäufers weiß, desto besser kann er verhandeln. Auch das Wissen über Verhandlungsführung führt zu besseren Abschlüssen.

- **Die Macht der Risikobereitschaft.** Als ein Ziel lieben Menschen die Sicherheit. Wir beschränken unser Verlangen nach etwas, wenn wir dadurch das Risiko minimieren können. Jemand, der bereit ist, ein größeres Risiko wegen Belohnung oder Strafe einzugehen, vergrößert seine Macht. Der Grund für Ungewissheit ist häufiger Furcht oder Vorurteile als wirkliche rationale Gründe. Auch wenn Menschen die gleichen Informationen haben, schätzen sie Risiken unterschiedlich ein. Der Kauf einer bestimmten Aktie kann für jemanden, der den letzten Abschwung mitgemacht hat, wie eine Spekulation aussehen, jedoch für einen jungen Broker wie das Geschäft des Jahres. Einige Risiken können vorhergesagt werden, andere wiederum nicht. Der Besitzer einer Maschinenbaufirma hat den Ausschuss für ein Gewerk mit einer Toleranz von 10 % kalkuliert. Aufträge mit ähnlich kleiner Toleranz lassen diese Schätzung realistisch erscheinen. Auf der anderen Seite kann er nicht vorhersehen, dass gerade diese Materiallieferung viel spröder ist als die letzten und sich dadurch der Ausschuss auf 30 % erhöht. Ungewissheit kann sowohl in der persönlichen als auch auf der geschäftlichen Ebene existieren. Risikobereitschaft ist ein Hauptteil in Verhandlungen. Der Mut, Risiken zu übernehmen (sei es persönlich oder als Organisation), ist ein Teil des Preises und ein Teil der Machtstruktur.

- **Die Macht der Zeit und des Aufwandes.** Zeit, die man aufwendet, und Geduld, die man erbringt, sind Macht. Verhandlungsteilnehmer, die am meisten in den eigenen Zeitlimits beschränkt sind, geben dem anderen Verhandlungsteilnehmer eine Machtquelle. Dies ist der Grund dafür, warum Sie als Einkäufer immer betonen sollten, wie wichtig genügend Zeit im Beschaffungsprozess ist und nicht nur die Lieferzeit. Einkauf, Kauf und Verhandlung sind kräftezehrende Tätigkeiten und die Motivation dazu ist die Macht. Wer mehr Aufwand in die Vorbereitung einer Verhandlung steckt, wer also besser plant, wird erfolgreicher in der Verhandlung sein.

 Sie haben sich eine Pause verdient!

2.10.1 Langfristige Geschäftsbeziehungen

Langfristige Geschäftsbeziehungen können sowohl gut wie auch schlecht sein, wie Abbildung 43 zeigt. Es gibt viele Aspekte in einer solchen Beziehung, wie z. B. Zuverlässigkeit, Freundschaft und innerer Frieden. Viele Einkäufer sind froh, dass der Verkäufer die Geschäfte der

Vergangenheit zufriedenstellend schätzt, um auch in einer Zeit Abschlüsse zu tätigen, in der die Materialversorgung schwierig ist.

Probleme langfristiger Beziehungen
• Verlust an Objektivität und Geheimhaltung; Selbstzufriedenheit; es wird zu einfach • Verlust an konkurrierendem Verhalten und Gleichgewicht der Kräfte • Persönliche Faktoren überwiegen eine sachlichen Entscheidung • Die Organisationen verknüpfen sich; Mitarbeiter des Verkäufers bekommen Macht in der (meiner eigenen) Käuferorganisation; besonders bei Services/Dienstleistungen

VERKÄUFER hat die meisten Vorteile
• Anforderungen verändern sich mit der Zeit; Änderungen verbessern die Gewinnspanne des Verkäufers • Standardwaren und Leistungen werden mit der Zeit zu einer Spezialität, die niemand anders mehr herstellen kann • Die Verkäufer haben einen besseren Kontakt zu der Organisation des Käufers, als es der Einkäufer zu der Organisation des Verkäufers jemals haben wird • Konkurrierende Verkäufer finden es schwieriger, die Organisation des Käufers (und derer, die Entscheidungen treffen) zu durchdringen. Sie opfern jedoch für den Kunden, den sie fest im Griff haben, weniger Zeit als für einen neuen Kunden • Mitarbeiter des Käufer werden lethargisch. Sie warten länger mit der Definition ihrer Erfordernisse, dadurch bleibt weniger Zeit, einen Wettbewerb zu entwickeln

Nachteilsausgleich durch KÄUFER
• Auswechseln (Rotation) der Einkäufer nach einigen Jahren • Systematische Erweiterung der Wettbewerbsbasis; Vermeidung von automatischer Vertragsverlängerung • Bildung eines Beschaffungssteuerkreises, die von Zeit zu Zeit langfristige Geschäftsbeziehungen untersucht • Entwicklung von Vorgehensweisen, die neue Anbieter ermutigt ihre Leistungsfähigkeit den Entscheidungsträgern darzustellen • Involvierung in den technischen bzw. Herstellungsprozess des Verkäufers inkl. einer Kontinuierlichen Verbesserung

Abbildung 43:   Vorteile langfristiger Geschäftsbeziehungen und Schutz vor den Gefahren

Leider sehen wir die Vorteile von langfristigen Geschäftsbeziehungen lieber als die Nachteile. Die Erfahrung zeigt, dass bei einer langfristigen Geschäftsbeziehung einer der beiden Geschäftspartner mehr gewinnt als der andere. Dies gilt vor allem dann, wenn man nach einer Make-or-Buy-Analyse ein Outsourcing betrieben hat, aber den Partner nicht richtig „gemanagt" hat.

2.10.2 Motivation – Was der andere wirklich möchte

Buchhalter definieren den Gewinn in Euro. Für sie ist der Gewinn die Differenz zwischen dem Verkaufspreis und dem Herstellungspreis. Die Herstellungskosten betragen 25 € und der

Verkaufspreis 30 €, so beträgt der Gewinn 5 €. Diese Definition ist zu eng, um den Erfolg einer Verhandlung zu messen. Der Gewinn ist hier nicht der Unterschied zwischen den Kosten und dem Verkaufspreis.

 **Besonders wichtig**

Gewinn in einer Verhandlung ist die Vergrößerung der persönlichen Zufriedenheit (für Einkäufer und Verkäufer). Was heißt dies? Je höher die Zufriedenheit des Verhandlungspartners ist, desto höher ist seine Bereitschaft, nur ein bestimmtes Produkt (mein Produkt) zu kaufen, sozusagen der Gewinn der Verhandlung.

Diese Aussage hat einen weitreichenden Einfluss auf den Verhandlungsführer. Sie besagt, was Geschäftsleute schon immer wussten. Man kann Geld bei einem speziellen Projekt verlieren und immer noch Gewinn machen. Unter den folgenden Umständen ist es möglich, ein Produkt für 100 € zu verkaufen, welches in der Herstellung 120 € kostet:

– Kunden an sich binden bzw. behalten oder einfach nur Wettbewerb erzeugen

– In einen neuen Absatzmarkt vordringen und/oder andere Produkte verkaufen

– Entwicklung eines neuen Produktes oder lernen, wie man eine (neue) Tätigkeit ausführt

– Herausfinden, wer der Entscheidungsträger ist

– Produktverkauf in einem Markt, wo der Gewinn aber erst später gemacht wird (z. B. durch Ersatzteile oder Verbrauchsmaterialien)

– Gedeckte Fixkosten oder Erreichen des „Break Even Point", ab dem das Geschäft einen kommerziellen Gewinn bringt

Was sind die Erfolgsfaktoren, nach denen Menschen in einer Verhandlung suchen? Sicher will man einen guten Beitrag zur Tagesordnung, zum Wettbewerbsvorteil des eigenen Unternehmens und zu den zu erbringenden Leistungen erreichen. Wie auch immer, die Wahrheit ist schwieriger, denn jeder Verhandlungsführer (und in einem gewissen Maße auch jeder Verhandlungsteilnehmer):

– will sich selbst gut fühlen und vermeiden, dass er in eine Ecke hineingedrückt wird, und will zukünftige Probleme und Risiken vermeiden,

– will von seinem Vorgesetzten und seiner Organisation als jemand gesehen werden, der ein gutes Urteilsvermögen hat, und will seinen Arbeitsplatz sichern und befördert werden,

– will an Wissen dazugewinnen und sich die Arbeit einfacher gestalten und nicht schwerer, aber auch seine persönlichen Ziele und Bedürfnisse erfüllen, ohne an Integrität zu verlieren,

– will die Ungewissheit verhindern, die durch Überraschungen und Veränderungen kommt,

– will, dass man ihm zuhört, will gut und nett behandelt werden und will gemocht werden, will eine gute Erklärung liefern und will die Wahrheit wissen,

– will die Verhandlung beenden und mit anderen Dingen weitermachen,

– will als ehrlicher, gerechter, freundlicher und verantwortungsbewusster Verhandlungsführer gesehen werden, aber will auch Macht.

Haben Sie schon einmal einen dieser Punkte auf einem Einkaufsantrag oder einem Angebot gesehen? Sicherlich nicht!

2.10.3 Festlegen von besseren Zielen

Zu Beginn dieses Kapitels wurde als ein Verhandlungsprinzip vorgestellt, dass Menschen, die auf einen besseren Abschluss zielen, auch einen besseren erreichen. Das eigene Ziel des Abmachungsspielraumes beinhaltet zwei wichtige Aspekte. Zum einen verkörpert es die Selbstverpflichtung, erfolgreich abzuschließen; zum anderen bedeutet Versagen aber auch einen Verlust des Selbstwertgefühles.

– **Wie sind Menschen durch Erfolg oder Versagen beeinflussbar?** Alles, was am Verhandlungstisch stattfindet, führt zu einer Rückkopplung. Diese Rückkopplung sorgt dafür, dass Vorstellungen/Abmachungsspielräume verändert werden:

  • „Normale" Menschen erhöhen ihre Erwartungen nach einem Erfolg und reduzieren sie nach einem Versagen.

  • Diejenigen, die Gewinn oder Versagen mit ihrem eigenen Verhalten in Verbindung bringen, reagieren noch stärker als gerade beschrieben.

- Ein sehr großer Erfolg verleitet dazu, seine Erwartung sehr stark hochzuschrauben, ein sehr starkes Versagen mündet in einem tiefen Fall.

- Ein geringerer Erfolg verleitet zu einer geringen Erhöhung der Erwartungen.

- Kleine Fehler verleiten zu einer geringen Reduzierung der Erwartungen. Menschen haben eine höhere Widerstandskraft, wenn es darum geht, ihre Erwartungen bei Versagen zu reduzieren. Es erfordert häufig eine Serie von Fehlschlägen, ehe die Erwartungen reduziert werden.

- Weder der Erfolg noch das Versagen ist in der Lage, die Vorstellungen zu verändern, wenn die Ziele einfach zu erreichen oder schwierig zu erreichen sind.

– **Menschen, die mehr wollen und Risiko übernehmen.** Unabhängig vom politischen System oder vom Umfeld können Menschen, die viel erreichen, in etwa gleich beschrieben werden:

- Sie arbeiten hart.

- Sie bevorzugen Aufgaben, die ihren Fähigkeiten entsprechen.

- Sie verlangen nach einem kurzfristigen Feedback (über ihre Leistung oder Arbeit).

- Sie sind optimistisch.

- Sie planen besser und können sich Sachen in der Zukunft besser vorstellen.

- Sie sind geduldig.

- Sie tendieren dazu, vernünftige Risiken einzugehen.

- Sie messen den Ergebnissen einen hohen Stellenwert bei.

Die Menschen, die viel erreichen wollen, erwarten mehr, machen mehr und bekommen zu guter Letzt auch mehr.

– **Ein sinnvoller Vorschlag zur Zielsetzung.** Die Firmenleitung hat häufig die Tendenz, zu ihren Einkäufern/Verhandlungsführern zu sagen: „Versuch, das beste Ergebnis für uns zu erlangen." Dies hat zur Folge, dass jeder die Situation und Fakten entsprechend der eigenen Bereitschaft, Risiko zu übernehmen, interpretiert. Dies ist kein guter Weg, Ziele zu definieren. Anstatt „Versuch, das beste Ergebnis für uns zu erlangen" sind nachstehend 6 Fragen aufgeführt, die den Zielsetzungsprozess überprüfen:

- Führt die Art, wie die Ziele in Ihrer Firma gesetzt werden, zu einem besser vorbereiteten Verhandlungsführer oder -team?

- Führt die Art der Zielsetzung zu einer gründlichen internen Verhandlung? Sind alle verdeckten Bedürfnisse, Prioritäten und Ansichten ans Tageslicht befördert worden?

- Führt die Art der Zielsetzung zu schwierig zu erreichenden Zielen?

- Führt die Art der Zielsetzung zu einer starken Bereitschaft des Verhandlungsführers und seines Teams, die Verhandlung erfolgreich abzuschließen?

- Führt die Art der Zielsetzung zu einer stärkeren Einbeziehung des Managements in die Planung der Verhandlungsstrategie?

- Ist eine schriftliche Vorgehensweise vorhanden, wie eine Verhandlung zu planen ist und wie die Ziele zu setzen sind?

Falls eine oder mehrere Fragen mit Nein beantwortet wurden, sind Verhandlungsziele in Ihrem Umfeld nicht sauber definiert.

 Besonders wichtig

Hinauf mit den Erwartungen! Berücksichtigen Sie die oben aufgeführten Fragen bei der Definition Ihrer Verhandlungsziele.

 Aufgabenstellung

Versuchen Sie, sich an eine Verhandlungssituation aus der Vergangenheit zu erinnern. Wie würden Sie das Machtverhältnis in der Verhandlung heute bewerten? Nehmen Sie die folgende Tabelle gern als Hilfe dazu.

Versuchen Sie, die gleiche Betrachtung für eine Verhandlung anzuwenden, die gerade erst ansteht. Betrachten Sie Ihre Einschätzung nach der Verhandlung und überlegen sich, ob Sie die Einschätzung korrigieren wollen."

Machtquellen in Verhandlungen	Eigene Partei	Andere Partei
Gesetzliche, hierarchische oder regulatorische Rahmenbedingungen		
Macht (Wirtschaft, Ressourcen, etc.)		
Zeit (Zeitdruck ist kontraproduktiv) und Aufwand		
Kompetenz (Wissen und Beherrschung der technischen Aspekte des Verhandlungsgegenstandes)		
Einfluss (Überzeugung, Engagement und Durchsetzungsvermögen der Parteien)		
Bestehende Streitigkeiten (frühere ungelöste Fälle)		
Selbstverpflichtung und Einsatz (den man leisten kann, um nicht zu verlieren oder zu gewinnen)		
Bestrafung, Schaden und verfügbare Druckmittel (im Falle eines Scheiterns oder Widerstands)		
Erfolgsdruck und Belohnung		
Qualität der Vorbereitung und Planung der Verhandlungsteilnehmer		
Frühere erfolglose Erfahrungen der verschiedenen Parteien		
Wettbewerb und Alternativen zur Verhandlung		

Abbildung 44:   Einschätzungshilfe zur Machtsituation in Verhandlungen

Sie haben sich eine Pause verdient!

2.11 Verhandlungstaktiken

In den folgenden Abschnitten werden nun einzelne Taktiken vorgestellt, denen Sie in Verhandlungen begegnen können (Karrass, 2016). Im letzten Abschnitt finden Sie noch einmal eine detaillierte Übersicht über mögliche Verhandlungstaktiken und potenzielle Maßnahmen der Abwehr.

2.11.1 Taktik: „Entweder – oder!" – Eine Nachfrage- und Angebotstaktik

„Entweder – oder!" kommt öfters in Verhandlungssituationen vor, als man denkt. Diese Taktik hat durchaus ihren legitimen Platz am Verhandlungstisch. Wir sind umgeben von „Entweder – oder": Preisschilder an Waren, öffentliche Preislisten, Flugtickets, Standardverrechnungssätze und viele Beispiele mehr. Unter den folgenden Umständen ist die „Entweder – oder"-Taktik sinnvoll:

– wenn weiteres Feilschen unterbunden werden soll

– wenn ein Preisnachlass bei einem Kunden zu Preisnachlässen bei anderen Kunden führen könnte

– wenn eine Partei es sich nicht erlauben kann, das Angebot abzulehnen

– wenn alle Kunden daran gewöhnt sind, den angegebenen Preis zu zahlen

– wenn man es sich nicht leisten kann, einen Verlust zu machen, weil das Angebot an der Selbstkostengrenze angelangt ist

Erstaunlich viele Menschen sind über die „Entweder – oder"-Taktik froh, denn diese Taktik erspart das für viele lästige Feilschen. Zwei Dinge sind jedoch bei der Verwendung dieser Taktik zu beachten:

– Geben Sie der anderen Seite so viel Zeit wie benötigt wird, den Sachverhalt richtig zu erörtern.

– Informieren Sie Ihre Organisation darüber, dass diese Taktik angewendet werden soll. Falls das Geschäft nicht gelingt oder eine Beschwerde kommt, sollte jeder vorbereitet sein.

Nachdem wir nun die Grundsätzlichkeit dieser Taktik besprochen haben, folgen nun einige Anmerkungen dazu, wie Sie die Taktik umsetzen bzw. wie Sie sich dagegen zur Wehr setzen können:

– **Widerstand reduzieren.** Widerstand gegenüber festen Preisen kann in einer Form reduziert werden, die es dem anderen ermöglicht, sein Gesicht zu wahren. Persönliche Verhandlungen sind besser als Telefongespräche. Lange Gespräche sind besser als kurze. Der Verhandlungsteilnehmer, der durch ein „Entweder – oder" auf einen Preis festgelegt wird, braucht Zeit, seine Sicht der Dinge darzustellen. Je mehr er darüber reden kann, desto besser wird er sich fühlen. Die besten Wege, die Feindschaft zu reduzieren, sind:

  • Unterstützung des Preises durch Regeln wie fairer Handel

  • Unterstützung des Preises mit Firmenregeln oder Veröffentlichung von Preislisten

  • Standardisierte Rabattlisten

  • Die Preisschilder so anbringen, dass sie für alle sichtbar sind

- Herausgabe von Beweisen, dass der Preis für alle gleich ist

- Abgabe einer guten Erklärung

 **Besonders wichtig**

Die Einführung von Rabattsystemen (z. B. Payback) hat es dem Handel erspart, mit jedem Kunden in eine individuelle Preisverhandlung einzusteigen. Gleichzeitig ist der Kunde auch noch transparenter geworden, was sein Kaufverhalten angeht.

- **Gegenmaßnahmen.** Die beste Art, ein „Entweder – oder"-Angebot zu testen, ist, das Geschäft zu verändern: Erweiterung des Problems durch Veränderung der Anzahl (mehr oder weniger), verschiedene Qualität, mehr oder weniger Service, unterschiedliche Lieferzeit, Veränderung der Produktzusammenstellung durch Hinzufügung von neuen Teilen und Ersatzteilen, Vermischung von Teilen, die nicht „entweder – oder" sind und letztlich eine Verhandlung über die Schlusssumme. Zusätzlich können folgende Gegenmaßnahmen angewendet werden, um die Entschlossenheit desjenigen zu testen, der einen vor die „Entweder – oder"-Alternative gestellt hat:

- den Raum verlassen

- an höherer Stelle protestieren

- den Vorgesetzten der Gegenpartei dazu veranlassen, ein letztes und endgültiges Angebot schriftlich zu fixieren

- weiterreden, als ob die Bemerkung nie gesagt worden wäre

- überlegen, ob einiges selbst gemacht werden kann und dadurch der Preis reduziert werden kann

 Aufgabenstellung

Verhandeln Sie das nächste Mal, wenn Sie einen Kühlschrank kaufen. Bieten Sie an, zusammen mit dem Kühlschrank eine Waschmaschine zu kaufen. Anfragen, was das Gerät ohne Transport

(Anschluss) kostet. Fragen, wann das Gerät in den Schlussverkauf bzw. wann das Nachfolge-modell in den Handel kommt. Über Geräte in der Ausstellung verhandeln, die leichte Ge-brauchsspuren aufweisen. Auch die Preise im Warenhaus sind nicht so fest, wie allgemein an-genommen. Wer die „Entweder – oder"-Taktik auf die Probe stellen möchte, muss dem Ver-handlungspartner unbedingt einen Ausweg lassen, sich von seiner Position zurückzuziehen, ohne sein Gesicht zu verlieren.

 Besonders wichtig

Meistens werden Sie nichts verlieren, wenn Sie die „Entweder – oder"-Taktik auf die Probe stellen! Versuchen Sie es!

– **Wahl einer höheren Instanz.** Es gibt ein grundsätzliches Prinzip in Verhandlungen, das eine Menge Geld sparen kann. Immer wenn es praktisch ist, sollte eine höhere Instanz ge-wählt werden. Die meisten von uns sind durch Menschen, die einen höheren Status reprä-sentieren, eingeschüchtert. Es kann aber oft ein besserer Geschäftsabschluss mit Mitgliedern aus den „höheren Etagen" gemacht werden, denn diese Menschen neigen dazu,

- weniger Wissen über die Einzelheiten zu haben; sie sind meistens weniger vorbereitet als ihre Mitarbeiter,

- zeigen zu wollen, wie wichtig sie sind,

- mehr Spielraum bei der Interpretation und bei Zugeständnissen zu haben,

- sich über die Zeitverschwendung zu ärgern, wenn sie sich mit solch „nichtigen Proble-men" beschäftigen müssen,

- mehr politisch orientiert zu sein.

Beißen Sie die Zähne zusammen und nehmen Sie eine höhere Instanz. Falls die Verhandlung gut vorbereitet und durchgeführt wird, kann es eine angenehme Überraschung geben.

 **Tipps und Tricks**

Möchte Ihr Vorgesetzter oder Geschäftsführer an einer Verhandlung teilnehmen oder wird er zur Teilnahme gezwungen, so sorgen Sie als Einkäufer dafür, dass er ein hervorragendes Briefing erhält (und hoffen Sie, dass er kein allzu großes Ego hat). Es ist Ihre Aufgabe als Einkäufer, dafür zu sorgen, dass die Wahl einer höheren Instanz Ihrem Unternehmen nicht zum Nachteil gereicht, denn Sie sind als Einkäufer der Verhandlungsprofi.

2.11.2 Taktik: Die Limit-Taktik

Die Limit-Taktik ist eine der effektivsten Taktiken im Arsenal der Verhandlungstaktiken. Sie ist einfach, wirkungsvoll und moralisch einwandfrei. Sie funktioniert so: Ein Hausbesitzer möchte seinen Garten mit einem Zaun begrenzen. Von einem ortsansässigen Unternehmer bekommt er ein Angebot für 6.800 €. Dies ist nicht das teuerste, aber auch nicht das billigste Angebot, aber es sieht sehr erfolgversprechend aus und entspricht genau den Vorstellungen des Hausbesitzers. Nur – der Käufer will höchstens 5.000 € ausgeben, nicht aber 6.800 €. „Mir gefällt Ihr Angebot", sagt der Käufer, „aber ich kann nur 5.000 € ausgeben." Er versucht, dem Bauunternehmen dieses Limit so glaubhaft wie möglich darzustellen, z. B.: „Ich habe von meinem Onkel 5.000 € geerbt – aber nicht mehr." Meistens reagiert der Verkäufer auf ein solches Limit und ändert sein Angebot oder zeigt mögliche Alternativen zur Kostenreduktion auf. Drei grundsätzliche Verhandlungsprinzipien sind beteiligt:

- Immer wenn Sie das Selbstwertgefühl des anderen heben, erwarten Sie eine Gegenleistung. Sie haben auf eine feine Art und Weise um Hilfe gefragt. Im Allgemeinen werden Sie auch welche bekommen.

- Der Verkäufer weiß mehr über sein Produkt als Sie als Einkäufer. Die Limit-Taktik gibt ihm die Möglichkeit zu zeigen, was er weiß.

- Ganz sicher gibt es einen besseren Abschluss für beide Geschäftspartner, wenn sie danach suchen. Die Limit-Taktik startet die Suche.

Die Limit-Taktik muss nicht unbedingt zu einem niedrigeren Preis führen, aber sie wird auf jeden Fall ihren Nutzen haben: Man erfährt sehr viel Neues über das Produkt.

– **Spezialteams.** Sogenannte „Spezialteams" wissen mit der Limit-Taktik außerordentlich gut umzugehen. Solche Teams werden für gewöhnlich gegründet, wenn eine schwierige Aufgabe ansteht, z. B. ist ein Gewerk für 1.000.000 € angeboten worden und nun stellt man fest, dass eine erste Kostenschätzung sich bereits auf 1.500.000 € beläuft. Es wird ein Team aus Einkauf, Produktion, Entwicklung und anderen beteiligten Abteilungen gegründet, um Wege zu finden, um z. B. das Material für 500.000 € einzukaufen anstatt den ursprünglichen 700.000 €. Ein Spezialteam hat normalerweise immer Erfolg. Warum?

- Es hinterfragt die Spezifikationen und reduziert sie auf das wirklich Nötige.

- Es ermutigt den Verkäufer, wertvolle Vorschläge zu machen.

- Es diskutiert offen über Alternativen.

- Es passt die Bedürfnisse den Kosten an und wird hierdurch sehr kosteneffektiv.

- Es überprüft Zwänge, Regeln und Vorgehensweisen, die normalerweise ohne Nachdenken akzeptiert werden würden.

Das Ergebnis ist ein Einkauf, der „passt", und nicht irgendein Kauf. „Spezialteams" sind hoch effektive Organisationsgruppen.

– **Gegenmaßnahmen für den Verkäufer.** Ein Käufer kann die Limit-Taktik des Einkäufers nicht nur ausgleichen, sondern auch zu seinen Gunsten umkehren. Ein Verkäufer hat folgende Möglichkeiten:

- das Limit testen; die meisten Budgets können flexibel gehandhabt werden

- schon vor dem Verkaufsgespräch Alternativen anbieten; verschiedene Modelle, Liefer- und Zahlungsbedingungen

- feststellen, wer die endgültige Entscheidung trifft

- feststellen, ob der Partner schon genau weiß, was er will

- feststellen, wer das Geld hat und wer schließlich die Rechnung bezahlt

- den Käufer selbst Vorschläge machen lassen, wie er sich die Verwirklichung seines Limits vorstellt

- flexibel sein in Bezug auf das Zahlungsziel, vielleicht hat er zu einem späteren Zeitpunkt mehr Geld

Der Verkäufer, der auf ein Limit vorbereitet ist, kann dies in eine Chance umwandeln, wenn er ein Produkt anbieten kann, das preisgünstiger ist und doch die Kundenbedürfnisse erfüllt. Dies würde eine Erhöhung der Gewinnspanne bedeuten.

– **Limits, die der Verkäufer nutzen kann.** Der Verkäufer, der ein Limit setzt, sagt: „Ich würde diesen Verkauf gerne tätigen, kann es aber nicht, wenn wir vorher nicht ein paar Probleme lösen." Zum Beispiel:

- Mindestbestellwert 200 €

- Bei Bestellung dieser Maschine muss gleichzeitig ein 2-jähriger Wartungsvertrag abgeschlossen werden.

- Zu diesem Preis können wir erst in 6 Monaten liefern.

- Wir können die Bedingungen erfüllen, wenn Sie gleichzeitig die ganze Charge von 100 Stück bei uns fertigen lassen.

- Wir können den Auftrag erfüllen, aber das Produkt muss geändert werden, damit es in unsere Produktionslinie hineinpasst.

- Wir können den Auftrag dann ausführen, wenn eine Anzahlung von 60 % gemacht wird.

Limits haben ihre Vorteile für Käufer und Verkäufer. Dem Verkäufer können sie dazu verhelfen, einen Abschluss unter Dach und Fach zu bringen, eine größere Bestellung zu erhalten, Wettbewerb auszuschalten, eine gute Zusammenarbeit zu festigen und zu guter Letzt das Budget des Käufers auszuschöpfen.

 Sie haben sich eine Pause verdient!

2.11.3 Taktik: Ausspielen

Die Taktik, einen gegen den anderen auszuspielen, funktioniert besser, als sie soll. Der Einkäufer erhält 3 Angebote für eine absolut gleiche Ware, z. B. Stahl. Die Angebote sind 4 €, 4,20 €

und 4,40 € pro Kilogramm. Der Einkäufer fordert jeden Verkäufer auf: „Sie müssen schon bessere Konditionen anbieten." Normalerweise werden sie dies auch machen. Warum funktioniert das Ausspielen so gut? Was passiert beim Verkäufer?

- Mein angebotener Preis ist nicht hart genug kalkuliert.

- Mein Angebotskalkulator ist immer zu hoch mit seinen Preisen. Er weiß sicher nicht, wie wichtig dieser Auftrag für uns ist.

- Ich kann zu meinem Vorgesetzten gehen und ihm sagen, dass der Preis reduziert werden muss.

- Der Einkäufer muss von einem Mitbewerber ein besseres Angebot bekommen haben.

- Der Einkäufer mag mich, da er mir diesen Tipp gegeben hat.

- Der Einkäufer weiß etwas, was ich nicht weiß.

- Super, bin ich froh – beim letzten Mal habe ich einen großen Auftrag verloren und keine zweite Chance mehr bekommen!

- **Gefahren der Taktik „Gegeneinander Ausspielen".** Die Taktik des „Ausspielens" hilft dem Einkäufer, einen besseren Preis zu bekommen, auch von dem Anbieter, der bis jetzt das beste Angebot abgegeben hat. Trotz der Wahrscheinlichkeit des Erfolges besteht eine Gefahr darin, wenn man das Ausspielen übertreibt (und dies gilt für alle Taktiken). Verkäufer, die häufig der Situation ausgesetzt sind, gegeneinander ausgespielt zu werden, reagieren entsprechend:

  • Sie machen das erste Angebot „fetter".

  • Sie mindern das Produkt, ohne dass es bemerkt wird.

  • Der Service wird auf ein Mindestmaß reduziert.

  • Sie kooperieren zeitweise mit anderen Anbietern oder machen Preisabsprachen.

- **Anwendung der Taktik „Gegeneinander Ausspielen".** Man sollte genau definieren, wann diese Taktik angewendet werden darf, da sie zu viele Gefahren in sich birgt:

  • wenn alle qualifizierten Anbieter die Chance bekommen, ihr Angebot zu modifizieren,

- wenn ein strenges Budgetlimit besteht,

- wenn berechtigte Zweifel bestehen, ob die Angebote marktgerecht kalkuliert sind,

- wenn man gegenüber den ersten Angeboten feststellt, dass die Spezifikation noch nicht ganz vollständig ist.

– **Gegenmaßnahmen des Verkäufers.** Was kann ein Verkäufer machen, wenn er merkt, dass man versucht, ihn auszuspielen? Er muss:

- feststellen, was das Problem ist,

- nachfragen, ob der Wettbewerb das gleiche Produkt und Dienstleistungen für einen besseren Preis anbietet,

- den Einkäufer fragen, zu welchem Preis man anbieten muss, um den Auftrag zu bekommen,

- mit allen möglichen Maßnahmen den Preis verteidigen,

- Vorteile und Qualität betonen,

- dem Einkäufer klarmachen, dass viele etwas versprechen können, dass es aber zu dem günstigen Preis nicht möglich ist. Sammeln Sie genügend Beweise dafür.

- nicht zu schnell nachgeben.

Lassen Sie sich Zeit, falls nach all dem ein Zugeständnis nötig ist. Zuerst denken, dann handeln (Eigentlich sollte immer zuerst gedacht werden!).

 Besonders wichtig

Vielleicht ist es möglich, das Zugeständnis mit einer größeren Bestellung, einer einfacheren Anlieferung usw. zu verbinden. Vielleicht kann man noch ein anderes Produkt mitverkaufen. Jedenfalls kann ein guter Verkäufer seine Vorteile aus dieser Taktik ziehen. Ein Verkäufer sollte sich auf jeden Fall vor einer Verhandlung fragen: „Was werde ich machen, wenn mich der Einkäufer fragt: ‚Sie müssen mir schon bessere Konditionen anbieten.'?"

2.11.4 Taktik: Die „entgegengesetzte" Auktion

Umgekehrte Auktion oder: Wie bringt man einen Verkäufer dazu, die beste Arbeit für das wenigste Geld anzubieten? Dies ist die Traumtaktik vieler Einkäufer. Sie zielt darauf ab, dass sich die Verkäufer gegenseitig in ihren Angeboten unterbieten. Schon mancher Verkäufer hat sein Geschäft mit dieser Taktik ruiniert. Jedoch sind auch schon viele Einkäufer mit dieser Taktik in Schwierigkeiten geraten.

 **Beispiel**

Die entgegengesetzte Auktion funktioniert so: Nehmen wir an, Sie wollen ein Schwimmbad bauen lassen. Sie wissen, dass der Bau eines Schwimmbades nicht allzu schwer sein kann. Ihre Bedingungen sind einfach. Das Schwimmbad soll 3 x 6 m groß, mit Heizung (da auch im Feriendomizil der Sommer kühl sein kann) und Filteranlage ausgestattet sowie zum 1. Juli fertig sein. Daran ist nichts Besonderes. Drei Bauunternehmer geben ihre Angebote ab. Sie haben vor, dem billigsten den Zuschlag zu geben. Sie schauen sich die Angebote an und stellen fest, dass sie verschieden sind. Es werden verschiedene Heizungen, Filter, Formen, Rohrleitungen, Kacheln und Zahlungsbedingungen angeboten. Plötzlich wird die Entscheidung schwierig. Ein Schwimmbad kostet immerhin einen mittlernen fünfstelligen Betrag und Sie wollen lange mit ihm zufrieden sein. Fehler können kostspielig werden. Was tun? Veranstalten Sie eine entgegengesetzte Auktion. Sie laden alle 3 Unternehmer zu sich ein. Einen bestellen Sie für 9 Uhr, den nächsten für 9.15 Uhr und den letzten für 9.30 Uhr. Sie lassen alle warten. Alle 3 sitzen 30 Minuten lang zusammen. Um 10 Uhr bitten Sie den ersten in Ihr Zimmer, um den Auftrag mit ihm zu besprechen. Natürlich erzählt Ihnen dieser Anbieter (A), warum sein Schwimmbad das beste ist. Er macht auch Anspielungen auf seine Konkurrenten. Sie erfahren, dass Anbieter B einen veralteten Filter einbauen will und dass Anbieter C eine Menge leerer Baugruben in der Gegend hinterlassen hat. Damit will er andeuten, dass C kurz vor dem Bankrott steht. Dann kommt Anbieter B herein. Von ihm erfahren Sie, dass die anderen Plastikrohre verwenden, während er Kupferrohre verarbeitet. Sie sind nicht mehr allzu überrascht, als Sie später von Anbieter C erfahren, dass die anderen minderwertige Heizsysteme einbauen, nach den Arbeiten nicht richtig sauber machen und keine Verantwortung mehr übernehmen, sobald die Rechnung bezahlt ist. Sie prüfen die einzelnen Behauptungen und beginnen dann allmählich die Feinheiten und das Risiko beim Bau eines ursprünglich einfach aussehenden Schwimmbades zu verstehen. Sie kennen nun die Alternativen und können genauere Bedingungen festlegen und für eine neue Ausschreibung nutzen. Dann können die Anbieter ein neues Angebot abgeben. Der Auftrag geht schließlich an den, der viel Produkt, Qualität, Zuverlässigkeit und den besten Preis in Bezug auf diese Ziele anbietet. Mit der entgegengesetzten Auktion haben Sie zwei Ziele erreicht:

- Sie haben einiges über den Schwimmbadbau gelernt.

- Sie haben Einzelheiten zu Auswahlmöglichkeiten erfahren, von denen Sie vorher keine Ahnung hatten.

Warum funktioniert diese Taktik?

- Wettbewerb ist gefährlich. Der Käufer ist sich sicher, dass der Verkäufer ängstlich wird, wenn er seinen Wettbewerber so dicht vor den Augen hat.

- Die entgegengesetzte Auktion setzt den Anbieter unter Druck.

- Jeder Anbieter hat zum Teil eine Menge Arbeit in das Angebot gesteckt. Jeder hat das Gefühl, dass er mit etwas mehr Arbeit und ein paar Zugeständnissen den Auftrag bekommen kann.

- Der Käufer weiß, dass mehr Mut dazu gehört, ein Angebot in der Abschlussverhandlung zurückzuziehen als zu Beginn. Einige Firmen machen Zugeständnisse bei der Auktion, die sie vorher unter keinen Umständen gemacht hätten.

Die entgegengesetzte Auktion ist nicht ohne Gefahren. Selbst wenn die Verkäufer nicht sofort unter dem Druck zusammenbrechen, nehmen sie einem die Behandlung übel und suchen nach Wiedergutmachung. Ist der Vertrag erst unterschrieben, fühlen sie sich im Recht, wenn sie für die kleinste Änderung hohe Nachträge fordern. Viele Aufträge werden somit viel zu spät oder mit schlechter Qualität ausgeliefert.

- **Maßnahmen gegen die „entgegengesetzte Auktion".** Es gibt kaum eine Taktik, die für den Anbieter so schwer zu meistern ist. Der Käufer hat alle Trümpfe in seiner Hand, aber trotzdem kann der Anbieter einiges tun, um den natürlichen Vorteil des Käufers wettzumachen:

  • Seien Sie der Letzte auf der Auktion, nicht der Erste.

  • Nutzen Sie Ihre besten und erfahrensten Verhandlungsführer.

- Machen Sie keine übereilten Zugeständnisse.

- Begrenzen Sie sich selbst auf ein Niedrigstangebot. Dieses Niedrigstangebot bereiten Sie sorgfältig und in Ruhe vor.

- Experten mitbringen. Der Käufer möchte jemanden haben, dem er glauben kann.

- Bringen Sie einen neuen Ansatz vor, wenn die Sache schlecht läuft.

- Stellen Sie fest, wer die Entscheidung wirklich trifft.

- Verkaufen Sie Stärken und Nutzen.

Wer von einem Käufer zu einer entgegengesetzten Auktion eingeladen wird, muss unbedingt die Probleme erkennen, in die der Käufer hineinlaufen kann. Für umgekehrte Auktionen brauchen Sie viel Zeit. Die normale Arbeit bleibt liegen, man gerät mit seinen sonstigen Arbeiten ins Hintertreffen. Damit geht einiges an Vorsprung verloren. Mitarbeiter in der eigenen Organisation drängen. Auch sie werden von ihrer normalen Arbeit abgehalten. Nach einer gewissen Zeit weiß das Team des Käufers nicht mehr, was oder wem es glauben soll. Es bekommt mehr Angst, Fehler zu machen. Alle sind verwirrt, müde und wollen es hinter sich bringen. All dies sind Vorteile, wenn der Verkäufer dies versteht und dem Käufer hilft, eine rationale Entscheidung zu treffen. Somit wird dieser Verkäufer die besten Voraussetzungen für einen erfolgreichen Abschluss haben.

 Tipps und Tricks

Es ist auf der anderen Seite eine der Kernkompetenzen des Einkaufs, die in dem Beispiel beschriebene Grundmethodik in einer abgeschwächten Form anzuwenden, wenn etwas beschafft werden muss, dessen genaue Ausgestaltung nicht klar ist (z.B. Investitionen). Erst über technische Klärungsgespräche mit Anbietern reift die technische Spezifikation, die dann die Grundlage für eine Auftragsvergabe ist.

Tipps und Tricks

Eine Internetauktion nach dem Verfahren der „Reverse Auction" stellt eine gewisse Alternative zu diesem Verfahren dar. Wobei es sein kann, dass ein Lieferant gerade diese – noch unpersönlichere – Methode sehr negativ aufnimmt. Eine weitere Herausforderung bei einer Internetauktion besteht dann darin, dass die Spezifikation zu 100 % stimmen muss, denn eine Lieferantenauswahl findet hier nur ausschließlich anhand des Preises statt.

Sie haben sich eine Pause verdient!

2.11.5 Taktik: Knabbern

Knabbern ist eine akzeptierte Geschäftspraktik in den meisten Kulturkreisen auf der Welt. Es gibt Männer, die verhandeln beim Kauf eines Anzuges um eine kostenlose Krawatte. Meistens gibt es die Krawatte auch. Knabbern zahlt sich aus. Einkäufer knabbern an Verkäufern und Verkäufer an Einkäufern. Beide sollten wissen, wie und warum diese Taktik funktioniert. Sie funktioniert, weil die meisten Menschen ungeduldig sind. Sie möchten mit einer Verhandlung zum Abschluss kommen und sie möchten gut miteinander auskommen. Menschen möchten geliebt werden. Sie möchten zeigen, wie fair sie sind, und sie möchten gute Beziehungen für die Zukunft aufbauen. Geschäftsleute sind bereit, zum Erreichen dieser Ziele Zugeständnisse zu machen. Das Knabbern funktioniert so:

- Der Verhandlungsteilnehmer ist entschlossen, den Abschluss zu tätigen.

- Fast alle Arbeiten sind getan. Warum alles zunichtemachen?

- Der Gegenstand (der geknabbert werden soll) ist im Verhältnis zum gesamten Geschäft von untergeordneter Bedeutung.

- Die langfristige Geschäftsbeziehung wird vielleicht durch eine kleine Dreingabe verstärkt.

- Der Käufer soll im Glauben gelassen werden, er hätte einen günstigen Kauf getätigt.

- Die Krawatte (oder was auch immer) kostet den Verkäufer nur den Einkaufspreis und nicht den Verkaufspreis.

- **1.000 € Knabbereien und andere große Dinge.** Nun denken Sie vielleicht: „Na und?" Aber was ist mit Knabbereien, die den Wert von mehreren Tausend Euro haben? Wenn wir über Geschäftsabschlüsse von 1.000.000 € reden, dann sind 1.000 € vielleicht nicht viel. Wenn wir z. B. die Zahlungsbedingungen verhandeln, sind 2 % für Barkauf bei einem 100.000-€-Geschäft schon 2.000 €. Wenn Sie bei einem 500-€-Auftrag mit dem Elektriker verhandeln, doch auch noch den Herd anzuschließen, dann bedeutet das für den Handwerker nicht viel, für Sie aber ein warmes Essen!

- **Unsichtbare Knabbereien.** Knabbereien nach der Unterschrift des Vertrages sind die gefährlichsten. Wie eine Termite fressen sie die Gewinne auf. Noch schlimmer ist für den Verkäufer, dass der Käufer vergisst, sich dafür erkenntlich zu zeigen. Der Käufer knabbert durch die verspätete Zahlung der Rechnung, durch das Verlangen von speziellen kostenlosen Leistungen, die nicht vereinbart waren, wie Inbetriebnahme, Mitarbeiter-Training oder vieles mehr.

- **Verhindern von Knabbereien.** Kann ein Verkäufer dieser Knabbertechnik wirksam begegnen? Das Knabbern kann jederzeit unterbunden werden, wenn man es will. Die folgenden Gegenmaßnahmen sind dazu geeignet:

  - Dem Verkäufer keine Vollmachten für kleine Zugeständnisse geben.

  - Eine offizielle Preisliste für Extras drucken lassen und diese öffentlich im Geschäft aushängen, den Kunden bei Bedarf darauf hinweisen.

  - Der Neigung zum Nachgeben widerstehen; wenn Sie genügend Geduld haben, wird der Knabberer aufgeben – aber freundlich bleiben.

  - Dem Knabberer sagen, dass er wohl Scherze mache. Er wird sich vermutlich schämen und aufgeben.

  - Den Knabberpreis in den Verkaufspreis mit einrechnen.

  - Eine Alternative anbieten, von der auch Sie etwas haben; z.B. Rabatt nur bei der Nutzung einer Kundenkarte und Zustimmung zu Werbenachrichten.

 **Aufgabenstellung**

Versuchen Sie bei der nächsten größeren privaten Beschaffung, die Sie tätigen wollen, die Anwendung dieser Taktik. Vielleicht wird Ihnen dies im ersten Moment etwas merkwürdig vorkommen, versuchen Sie es! Sehen Sie, wie der Verkäufer reagiert. Normalerweise ist es einfacher, in Form eines Naturalrabattes zu knabbern als in der Form eines Preisnachlasses.

2.11.6 Taktik: Eskalation (Ausuferung) – 3 Arten

Die Eskalation ist eine alte Taktik. Einige Arten der Eskalation sind unethisch, andere wiederum nicht. Hauptsache ist, dass man die Taktik versteht und lernt, wie man sich ihrer bedient bzw. sich dagegen verteidigen kann.

– **Die unethische Eskalation.** Die Eskalation in der unethischen Form funktioniert so: Verkäufer und Käufer einigen sich auf einen Preis, machen jedoch keinen schriftlichen Vertrag. Am kommenden Tag erhöht der Verkäufer seinen Preis. Der Käufer ist wütend, tritt aber wieder in Verhandlungen ein. Sie kommen schließlich zu einem Kompromiss, wobei der neue Preis höher liegt als der ursprünglich ausgehandelte. Diese Taktik kann und wird häufig sowohl vom Käufer als auch vom Verkäufer angewendet.

 **Besonders wichtig**

Wie auch immer, dies ist ein schlechtes (oder bedenkliches) Geschäftsgebaren! Überlegen Sie sich gut, ob Sie eine Alternative zu dem Geschäftspartner haben. Dieses Verhalten kommt einer Form der Erpressung gleich, und man sollte sich nicht erpressen lassen (oder andere erpressen).

Aber warum funktioniert es? Die Entscheidung, eine unethische Eskalation zu akzeptieren, fällt nicht leicht. Sobald die Entscheidung aber gefallen ist, findet man Gründe, sich selbst davon zu überzeugen, dass die Entscheidung richtig war. Sie haben verhandelt, haben sich schließlich entschlossen, haben sich selbst bewiesen, dass die Entscheidung vernünftig ist, und sollen dann das Ganze noch einmal von vorne aufrollen – nein. Wenn man während des Entscheidungsprozesses auch noch andere in der Organisation informiert hat, dass das Geschäft vernünftig sei, wird es noch schwieriger, sich einer Eskalation zu widersetzen. Der Unterschied zwischen dem, was man zu erhalten glaubte, und dem, was man wirklich erklärt, wird dann verhältnismäßig unwichtig.

– **Die Eskalation durch ein zweifelhaftes Angebot.** Diese Art der Eskalation kann in einigen Fällen unethisch sein, in einigen Fällen aber auch nicht. Mit dieser Art der Eskalation kann der Verkäufer auf jeden Fall beweisen, dass der ursprünglich vorgeschlagene Preis fair ist.

 **Beispiel**

Schauen wir uns ein Beispiel an: Als Einkäufer erhalten Sie ein Angebot für 500.000 €. Nach der Analyse des Angebotes waren alle auf der Käuferseite davon überzeugt, dass das gesamte Gewerk für 440.000 € zu machen sei. Etwa einen Monat später beginnen die Verhandlungen (nach der Bindungsfrist). Sie fangen mit Schwierigkeiten an. Der Verkäufer teilt mit, dass er sich mit seinem Angebot vertan habe und dass der wirkliche Preis nun 600.000 € lauten muss. Für den Käufer ist es nicht nachvollziehbar, ob ein Fehler im Angebot vorlag oder nicht. Durch die Reduzierung des Erwartungsspielraumes ist es jedoch für den Käufer ein Erfolg, wenn nun der Vertrag für 500.000 € unterschrieben wird.

Eine solche Eskalation wird von manchen Verkäufern eingesetzt, um einen Käufer davon zu überzeugen, dass sehr knapp kalkuliert wurde. Auf diese Weise wird die Beweisführung leichter.

– **Die ethische Eskalation.** Ein Geschäftsabschluss ist nicht komplett, wenn nicht über alle Punkte entschieden wurde und ein gemeinsames Verständnis auf der Verkäufer- und Käuferseite herrscht. Falls es 5 Verhandlungspunkte gibt und wir eine Übereinkunft bei 2 Punkten haben, ist es zulässig, die Verhandlung für alle 5 Punkte wieder zu eröffnen. Es kommt vor, dass ein Fehler in einer Verhandlung gemacht wird, der schnell bemerkt wird. Hier ist es auf jeden Fall richtig, die Verhandlung wieder aufzurollen, denn es ist vollkommen falsch, einen Fehler unbehandelt zu lassen.

– **Sie sind so weit gegangen, wie Sie können.** In einer Verhandlung weiß keine Partei, wie weit sie gehen kann. Eines ist aber sicher: Je länger sich die Verhandlungen hinziehen, desto besser werden sie in der Regel für einen von beiden ausgehen. Mit einer Eskalation deutet man dem anderen an, dass er nicht weiter gehen kann. Wer dem anderen – ob als Käufer

oder Verkäufer – seine Entschlossenheit zeigen und signalisieren will, nicht mehr weiterzu-
gehen, ist die Eskalationstaktik eine ethische Möglichkeit, einen Punkt zu setzen. Diese Bot-
schaft kommt bei dem Partner eindeutig an.

– **Gegenmaßnahmen zu einer Eskalation.** Es gibt einige Gegenmaßnahmen, wie Sie einer
Eskalation begegnen können:

- Den Bluff des anderen beim Namen nennen. Vielleicht ist er genauso wenig bereit wie
Sie, von vorne zu beginnen.

- Hohe Anzahlung verlangen, um die Position zu festigen.

- Dafür sorgen, dass möglichst viele den Vertrag unterzeichnen. Je mehr Unterschriften
unter dem Vertrag stehen, desto schwieriger ist es, die Eskalation einzuleiten.

- Gegeneskalation: das eigene Angebot oder die eigene Forderung erhöhen.

- Sich zur Beratung mit dem eigenen Team zurückziehen, sich Zeit zum Nachdenken lassen.

- Den anderen vor Vertragsunterzeichnung fragen, welche Garantien es gegen Eskalation
gibt. Es werden vielleicht gute Sicherheiten geboten, wenn nur danach gefragt wird.

- Ernsthaft überlegen, ob das Geschäft nicht ganz abzulehnen ist.

 Sie haben sich eine Pause verdient!

2.11.7 Taktik: Zeit-Taktiken

Es folgen nun einige Beispiele der häufigsten Zeit-Taktiken, die in einer Verhandlungssituation
angewendet werden können:

– **Geduld.** Anderen Zeit lassen ist so einfach, dass man es (oft) vergisst. Jeder braucht Zeit,
bis er etwas Neues oder anderes akzeptiert. Die meisten Mitglieder der westlichen Indus-
trienationen sind ungeduldig. Sie tendieren dazu, Verhandlungen als eine Art Pingpong-
Spiel zu betrachten, das schnell gewonnen (bzw. zu Ende gebracht) werden soll. Geduld ist

die wirksamste Taktik bei Verhandlungen, wirksamer noch als Stillstand oder Drohungen. Was erreicht man als geduldiger Verhandlungsteilnehmer?

- Geduld führt zu einem Zugeständnis nach dem anderen.

- Neue Punkte kommen hoch.

- Ziele des Gegenübers werden im Laufe der Verhandlungen umdefiniert.

- Das Verhandlungsergebnis wird teuer.

- Dritte können als Vermittler eingeschaltet werden.

- Testet die Entschlossenheit des Gegenübers und verstärkt die eigene Entschlossenheit

- Erwartungsspielraum des anderen wird – meist nach unten – verändert.

- Separiert die Wünsche des anderen von der Realität.

- Gibt Zeit, das zu akzeptieren, was zu Beginn der Verhandlungen nie akzeptiert würde.

- Geduld ermüdet und hält von anderer Arbeit ab.

- Durch Geduld erhält man neue Informationen.

Diese Vorteile sind so umfangreich, dass sich Geduld zu einem bestimmten Grad immer in Verhandlungen auszahlt. Sie ist die stärkste Taktik in einer Verhandlung.

  Besonders wichtig

Nur mit Geduld kann die gesamte Hintergrundgeschichte erfahren und ein besserer Abschluss für beide Verhandlungspartner erreicht werden. Dieser Grundsatz gilt für den Verkauf, Kauf, Diplomatie und für das Zusammenleben zwischen Menschen.

- **Wie wird man geduldig?** Die Frage „Wie wird man geduldig in einer Welt, in der Zeitdruck immer größer wird?" ist letztendlich ein Problem der Organisation. Der Verhandlungsführer kann nicht geduldiger sein als die Organisation, deren Ziele er erfüllen muss. Die folgenden Schritte können helfen, geduldiger zu werden:

- Sicherstellen, dass in der eigenen Organisation verstanden wird, wie wertvoll es ist, geduldig zu sein.

- Gründliche Planung vor der Verhandlung.

- Kauft man Dinge in einem Monat, die man in einem Jahr braucht, kann man den Einkauf als eine „Freizeitaktivität" betrachten, die man geduldig durchführen soll.

- Entwicklung eines Einkauf- und Verkaufsplanes mit Meilensteinen.

- Sicherstellen, dass durch Geduld zu Beginn und Ende keine übereilten Abschlüsse gemacht werden.

Wie jede Taktik, so hat auch Geduld ihre Nachteile. Es sind Gefahren und Kosten beteiligt. Mit aller Geduld der Welt ist es nicht möglich, alle Ziele zu erreichen. Das ist das Risiko.

– **Gegenmaßnahmen, wenn der andere die Geduld-Taktik verwendet.** Die folgenden Gegenmaßnahmen können verwendet werden:

- Verstehen, dass es schwieriger für den anderen als für mich ist.

- Einen Stichtag setzen.

- Entspannen und es sich selbst gemütlich machen.

- Vorbereiten der eigenen Organisation auf einen langen Prozess.

- Überlegen, ob man Schritte unternehmen soll, die dem anderen klarmachen, dass er mit dieser Taktik nicht auf Wohlwollen stößt.

- Durch Eskalation die Kosten und das Risiko erhöhen.

- Überlegen, ob man die Verhandlung verlässt.

– **Schnelle Geschäfte.** Es gibt nichts Gefährlicheres in einer Verhandlung als ein schnelles Geschäft. Einige schnelle Geschäfte sind notwendig. Es gibt Umstände, die dazu zwingen, Entscheidungen sofort zu treffen. Weiterhin gibt es Umstände, in denen ein schnelles Geschäft besser für einen selbst ist als für den anderen. Wie auch immer, wenn man alle Faktoren betrachtet, ist nichts so gefährlich wie ein schnelles Geschäft. Warum haben die schnellen Geschäfte etwas Bedrohliches?

- Es ist keine Zeit vorhanden, um sich den gesamten Überblick zu verschaffen.

- Ein besserer Abschluss für beide Partner kann nicht entwickelt werden.

- Es besteht die Tendenz zu reden, bevor man alles überdacht hat.

- Teile des Abschlusses werden durch Zufall ausgelassen bzw. nicht besprochen.

- Rechenfehler schleichen sich ein.

- Die interne Koordination innerhalb der eigenen Organisation ist beschränkt, da nicht immer die Zeit dazu besteht, alle mit einzubinden.

- Beweise können nicht geführt werden.

Tatsache ist, je länger über eine Sache nachgedacht wird, desto besser ist der Gedanke bzw. das Ergebnis (dies lässt sich natürlich nicht ins Uferlose steigern). Schon in Abschnitt 2.5 und Abbildung 35 sind die Fallen der Telefonverhandlung besprochen worden. Solche Verhandlungen sind die ultimativen Schnellschüsse. All das, was am Telefon schiefgehen kann, passt zu jedem schnellen Geschäft.

 Besonders wichtig

Falls man gut vorbereitet ist und der andere nicht, kann ein schnelles Geschäft Vorteile bringen. Aber wenn nicht, ist Vorsicht geboten! Geben Sie sich selbst genug Zeit zum Nachdenken.

- **Bereiche, die man meist nicht als schnelles Geschäft erkennt.** Es gibt verschiedene Bereiche, meist nebensächlich zum Hauptgeschäft, die aber häufig als schnelle Geschäfte abgeschlossen werden. Wenn einer der folgenden Punkte zur Verhandlung ansteht, ist Vorsicht angesagt:

- Spezielle Lieferbedingungen

- Nachlässe oder andere kleine Änderungen in der Spezifikation

- Zahlungsbedingungen

- Spezielle Verpackungen und Fracht

– **Bedenkzeit.** Die folgenden Ratschläge können Ihnen in jeder Verhandlung oder Entscheidung Zeit zum Nachdenken geben:

- Unterbrechen Sie die Sitzung regelmäßig (um sich zu entspannen).

- Entwickeln Sie Regeln in Ihrem Verhandlungsteam, wie Fragen aufgezeichnet werden.

- Sind nicht immer alle Hintergrunddaten griffbereit, so sollte die Verhandlung unterbrochen werden (um die Unterlagen zu suchen).

- Tauschen Sie Verhandlungsteilnehmer im Team aus.

- Seien Sie hungrig oder durstig.

- Gehen Sie zur Toilette.

- Sorgen Sie dafür, dass der Partner seine Position darlegt, bevor Sie die Verhandlung unterbrechen.

– **Zeit, um einen Abschluss zu akzeptieren.** Das Konzept, „dem anderen die Zeit zum Akzeptieren zu lassen", ist von zentraler Bedeutung bei Verhandlungen. Keiner kann erwarten, dass seine Ideen, seien sie auch noch so brillant, sofort von dem anderen akzeptiert werden.

 **Besonders wichtig**

Menschen brauchen Zeit, um neue Ideen zu akzeptieren. Berücksichtigen Sie bei der Zeitplanung, dass die andere Partei Zeit benötigt, etwas zu akzeptieren, und dass nicht immer alles glatt über die Bühne geht.

Meine Ideen sind meine alten Freunde. Sie sind vielleicht nicht weit von dem anderen entfernt, aber sie bedeuten mir viel. Ideen in meinem Kopf sind ein Teil des Netzwerkes, das in die Vergangenheit zurückgeht und in die Zukunft hineinreicht. Nun kommt ein anderer mit einer neuen Idee. Meine erste Reaktion ist Widerstand. Man will sich schließlich nicht von seinen alten Freunden trennen, nur um die neuen Freunde des anderen kennenzulernen. Der andere Vorschlag erzeugt ein Problem bei mir. Verhandlungen scheitern, weil Menschen erwarten, dass ihre großartigen Ideen auch als solche erkannt werden. Aber dies ist nicht so. Die Zeit, die der andere braucht, um etwas zu akzeptieren, ist ein Teil des Geschäftes.

– **Tempo ändern.** Bei Verhandlungen kann es günstig sein, das Tempo zu ändern. Wichtig ist das Zeitgefühl. Einmal ist es richtig, sich zu engagieren, einmal ist es richtig, sich zurückzuhalten. Man wechselt zwischen Offenheit, Aufgeschlossenheit und Hintergründigkeit. Einmal ist es richtig zu reden, ein anderes Mal schweigt man besser. Einmal ist es angebracht zu fragen, ein anderes Mal akzeptiert man. Einmal ist man weich, einmal hart. Dies alles steckt hinter der Theorie „Tempo ändern – Taktik ändern". Der Theorie nach ist es besser, sich geduldig auf einen Abschluss hin zu bewegen und sich wieder von ihm zu entfernen, hin und zurück, immer wieder. Auf diese Weise schwankt die Gegenpartei zwischen der Freude, ihr Ziel in Reichweite zu sehen, und der Angst, das Ziel aus den Augen zu verlieren.

– **Jetzt kaufen – später verhandeln.** Diese Taktik funktioniert so: Ein Käufer muss Auftragsarbeiten durchführen lassen. Er gibt dem Verkäufer den Auftrag, auf Vorvertragsbasis sofort mit den Arbeiten zu beginnen. Dem Käufer werden Mittel zur Verfügung gestellt, sodass er die Arbeiten auf jeden Fall ausführt. Beide Parteien einigen sich darauf, den genauen Vertrag zu einem späteren Zeitpunkt abzuschließen. Solche Vereinbarungen laufen unter dem Namen Vorabvertrag, schriftliche Auftragsbestätigung oder Absichtserklärung. In der Regel zieht es ein Verkäufer vor, einen Vertrag in der Tasche zu haben, ehe er mit den Arbeiten beginnt. Es wird jedoch schwer, den Verkäufer zu wechseln, wenn man ihm erstmals den Auftrag gegeben hat, mit den Arbeiten zu beginnen. Zeitpläne, finanzielle und psychologische Zwänge verhindern die ursprüngliche Entscheidung rückgängig zu machen. Trotz der zeitlich begrenzten Verpflichtung hat der Käufer das Gefühl, in der Falle zu sitzen (in die er sich selbst hineinbewegt hat). Das Management sieht das Prinzip „Jetzt kaufen – später verhandeln" mit gemischten Gefühlen. Käufer, die solche Verträge abschließen, werden gedrängt, den endgültigen Vertrag schnell unter Dach und Fach zu bringen. Unter bestimmten Umständen kann dieses Prinzip jedoch auch für den Einkäufer wirken,

- wenn für Verhandlungen keine Zeit bleibt.

- wenn der Käufer glaubt, dass der Preis des Verkäufers mit Kosten ausgepolstert ist, die wahrscheinlich gar nicht anfallen.

- wenn der Verkäufer sich zu einem oberen Preismaximum verpflichtet.

- wenn der Käufer mehr über die zu erledigenden Arbeiten erfährt.

- wenn die Verhandlungsposition des Verkäufers zu einem späteren Zeitpunkt schlechter sein wird, da er seine Mittel schon eingesetzt und Angst hat, den Auftrag zu verlieren.

- wenn die wirklichen Kosten erst nach Teilerledigung des Auftrages genau abzuschätzen sind.

Verkäufer gehen im Allgemeinen gerne auf einen Auftrag ein, bei dem es heißt: „Jetzt kaufen – später verhandeln." Man sollte sich jedoch auch bei solch einem Angebot Bedenkzeit lassen, nicht sofort zugreifen und die Sache bis zu Ende denken. Vielleicht stellen Sie fest, dass Sie „jetzt" einen besseren Preis erzielen können als „später".

– **Stichtag (Deadline).** Ein Stichtag zwingt Menschen dazu, eine Entscheidung zu treffen. Falls sie sich dazu entscheiden, den Stichtag anzuerkennen, wird das Geschäft bis zu diesem Zeitpunkt getätigt sein. Falls sie den Stichtag jedoch nicht akzeptieren, sind die Konsequenzen unvorhersehbar. Man kann nie sicher sein, dass ein Zeitlimit bei Verhandlungen wirklich existiert. Man kann nur mit Sicherheit sagen, was die Kosten sind, wenn der Stichtag überschritten wird. Die Erfahrung zeigt, dass einige Stichtage wirklich das Ende sind, andere wiederum nicht. Einige Überschreitungen sind sehr kostenintensiv, andere belanglos. Derjenige, der einen Stichtag akzeptiert, genießt es, dass seine Zukunft mehr Gewissheit hat. Seien Sie skeptisch, wenn Sie mit Stichtagen in einer Verhandlung konfrontiert werden. Zeitliche Beschränkungen kommen und gehen. Reporter leben in einer Welt voller Stichtage. Sie sind sicherlich nicht immer in der Lage, alle verlangten Artikel zeitgerecht abzuliefern, aber bis heute ist äußerst selten eine Zeitung mit einer weißen Seite erschienen. Auf der anderen Seite ist es aber auch risikoreich, die Existenz eines Stichtags nicht zu glauben. Es gibt drei Fragen, die man sich vor jeder Verhandlung stellen sollte. Sie helfen, der Falle von zeitlichen Beschränkungen zu entgehen:

- Was sind die Stichtage, mit denen mein Verhandlungspartner leben muss? Was passiert, wenn er seinen Stichtag überschreitet?

- Welche Stichtage hat meine eigene Organisation, die mich bei meiner Effektivität behindern?

- Bin ich oder meine Organisation in der Lage, die eigenen Stichtage zu verschieben? Gibt es wirkliche Beschränkungen? Wer sagt, dass sie es sind?

Durch Experimente wurde bewiesen, dass durch ein zeitliches Limit die Verhandlungsteilnehmer genötigt werden, einen Abschluss zu erzielen. Es ist normal, mit einer Entscheidung bis zur letzten Minute zu warten. Dies gilt besonders für schwierige Entscheidungen. Die wirkungsvollsten Stichtage, die uns zu einer Entscheidung zwingen, sind die rechtmäßigen. Dazu zählt z. B. das Ende des Sommerschlussverkaufes. Ob nun ein Stichtag zutrifft oder nicht – man sollte skeptisch sein. Je mehr man über den anderen weiß, wie z. B. Organisationsaufbau, Lagerbestände, Produktionszeitplan und Cashflow, desto besser kann man abschätzen, ob der Stichtag wahr ist.

– **Verhandlungsstillstand (Deadlock).** Es sind nur wenige Verhandlungstaktiken so schwer zu handhaben wie der Verhandlungsstillstand. Die Macht des Stillstandes liegt darin, wie er auf beide Verhandlungspartner wirkt:

- Ein Verhandlungsstillstand ist ein schwerer Test für Stärke und Entschlossenheit.

- Beide Parteien sind nach einem Stillstand bestrebt, mehr Zugeständnisse zu machen.

- Ein Verhandlungsstillstand sendet das Signal zu beiden Organisationen, dass ihre Wünsche nicht mit der Realität übereinstimmen.

- Durch einen Stillstand werden die Erwartungen beider Parteien reduziert.

- Ein Verhandlungsstillstand gefährdet die Zeit- und finanzielle Pläne der Organisation.

- Stillstand treibt die Kosten und das Risiko in die Höhe.

Vielleicht wichtiger als diese Aspekte sind die persönlichen Risiken des Verhandlungsleiters, der einen Stillstand herbeiführt:

- Kritik von seiner ganzen Organisation

- Mehr Arbeit

- Gefährdung seines Arbeitsplatzes

- Ein Gefühl des Versagens

- Pure Frustration

- Möglichkeit, dass Freundschaften auseinanderbrechen

- Möglichkeit, dass sich persönliche Abneigungen entwickeln

- Möglicher Verlust des Selbstwertgefühls

- Infragestellung der Erfahrung als Einkäufer

Wenn man sich die Probleme vorstellt, die mit einem Verhandlungsstillstand kommen, dann kann man verstehen, warum die meisten Menschen einen Stillstand fürchten. Je größer und bürokratischer die Organisation, desto mehr wird ein Stillstand gefürchtet. Jedoch liegen hierin gerade Möglichkeiten. Die Organisation, die das Risiko übernimmt, dass es zu einem Stillstand kommt, vergrößert ihre Macht mit der Möglichkeit, auf verlorenes Geschäft eingerichtet zu sein. In der Verhandlungsplanung sollte berücksichtigt werden, ob es zu einem Stillstand kommen darf/soll oder nicht. Diese Entscheidung sollte von der Organisation mitgetragen werden. Als interessanter Punkt über Verhandlungsstillstände ist es in den meisten Fällen möglich, an den Verhandlungstisch zurückzukehren. Beide Verhandlungsleiter und ihre Organisationen sind umso eher zu einem Wiederaufleben der Gespräche bereit, wenn sie schon sehr viel Arbeit investiert haben.

- **Wie man den toten Punkt überwindet.** Zu viele Verhandlungen müssen aus falschen Gründen abgebrochen werden. Ein toter Punkt als solcher ist nichts Gravierendes. Ein Verkäufer hat das Recht zu sagen, dass er lieber gar nicht verkauft als zu einem zu niedrigen Preis. Der Käufer lässt die Verhandlungen vielleicht absichtlich in eine Sackgasse laufen, um sein Ziel leichter erreichen zu können. Wichtig ist hier, wie man einen ungewollten toten Punkt überwindet. Die folgenden Punkte sind von Nutzen, wenn ein toter Punkt abgewendet oder überwunden werden soll:

- Andere Zahlungsweise anbieten – größere Vorauszahlung, kürzeres Zahlungsziel usw. können Wunder wirken, selbst wenn die Gesamtsumme unverändert bleibt.

- Verhandlungsleiter oder Teammitglied auswechseln.

- Schwierige Teile ausklammern und Neuverhandlung dieser Teile, wenn mehr Informationen vorliegen.

- Vorschlagen, das Risiko zu teilen – Die Bereitschaft, unbekannte Verluste oder Gewinne zu teilen, kann eine festgefahrene Verhandlung wieder in Gang bringen.

- Zeitplan für die Leistungen ändern.

- Form der zukünftigen Zufriedenheit ändern, indem man sich auf ein Verfahren einigt, wie mit Beschwerden oder Garantien umgegangen werden soll.

- Schwerpunkt der Verhandlungen verlagern – Weg vom Konkurrenzkampf hin zu kooperativer Problemlösung. Verhandlung von Techniker zu Techniker, Produktionsmitarbeiter zu Produktionsmitarbeiter, Chef zu Chef.

- Art des Vertrages ändern.

- Wenn Leistungen oder Geldbeträge in Prozent von einer Grundsumme berechnet werden, kann die Variation der Prozentzahl oder der Grundsumme Wunder bewirken.

- Vermittler bestellen.

- Gipfeltreffen arrangieren oder über den „heißen Draht" telefonieren.

- Tatsächliche oder scheinbare Optionen hinzufügen. – Mit Optionen, die wahrscheinlich nicht angenommen werden, kann man einen ansonsten fragwürdigen Abschluss versüßen.

- Spezifikationen oder Bedingungen ändern.

- Einen gemeinsamen Untersuchungsausschuss einsetzen.

- Eine lustige Geschichte erzählen.

Solche Taktiken zur Überwindung des toten Punktes funktionieren, weil der Gegner wieder mit seinem Team oder seiner Organisation verhandeln muss. Das Eis wird gebrochen. Es entsteht eine Atmosphäre, in der neue Alternativen entwickelt werden können. Erstaunlicherweise sehen alte Vorschläge nach der Einbringung neuer Alternativen oft besser aus als vorher.

– **Austauschen des Verhandlungsführers.** Ein guter Weg, Verhandlungstüren wieder zu öffnen, ist der Austausch des Verhandlungsführers. Ein Verhandlungsstillstand kann durch Einbringen von neuen Ideen überwunden werden. Manchmal, wenn die Gemüter erhitzt sind, ist der Austausch des Verhandlungsführers ein sauberer Weg, die Gespräche fortzusetzen, ohne das Gesicht zu verlieren. Es ist hart, sich auf einen neuen Verhandlungsführer einstellen zu müssen. Man gewöhnt sich an seine Verhandlungspartner und es fällt schwer, mit einem Ersatzmann wieder von vorn zu beginnen. Typische Reaktion: „Das Ganze wieder von vorn!" Diese Taktik begünstigt meistens den neuen Verhandlungsführer. Er kann vorher gemachte Zugeständnisse widerrufen, neue Argumente bringen, Vereinbarungen hinauszögern oder den Schwerpunkt der Verhandlungen verlagern. Dem anderen fällt die Aufgabe zu, den „Neuen" über schon bekannte Argumente und getroffene Vereinbarungen zu unterrichten. Der Mensch ist ein Gewohnheitstier. Man gewöhnt sich an seine Feinde genauso wie an seine Freunde. Bei beiden rechnen wir mit vorhersehbaren Reaktionen. Eine Veränderung im Verhandlungsteam des Gegners bringt uns aus der Fassung. Kommt der Neue mit uns aus oder nicht? Meint er, was er sagt? Ist es besser oder schlechter? Was hat dieser Austausch zu bedeuten? Stabilität ist uns lieber, selbst bei unseren Gegnern. Was ist zu tun, wenn der Verhandlungsführer der Gegenpartei ausscheidet oder das Verhandlungsteam ausgewechselt wird?

- Strapazieren Sie sich nicht mit der Wiederholung alter Argumente.

- Seien Sie geduldig, wenn der Neue schon getroffene Vereinbarungen leugnet. Er wird vielleicht später darauf zurückkommen.

- Sie haben immer einen guten Grund, das Gespräch abzubrechen, solange der ursprüngliche Verhandlungsführer nicht greifbar ist.

- Im Voraus überlegen, wie man sich bei einem Wechsel des Verhandlungsteams verhalten will.

- Keine Angst haben, die eigene Position zu ändern, wenn er seine ändert.

- Änderungen deuten auf Schwäche hin. Nach einem neuen Angebot oder neuem Zugeständnis fragen.

- Mit dem „Neuen" unter vier Augen reden.

 Sie haben sich eine Pause verdient!

2.11.8 Taktik: Autoritätstaktik (Verhandlungsvollmachten)

In den folgenden Ausführungen werden die unterschiedlichen Autoritätstaktiken behandelt:

- **Sich steigernde Autorität oder Höherschrauben der Autoritätsebene.** Die sich steigernde Autorität ist ein Trick, der von skrupellosen Autoverkäufern verwendet wird.

Zusammenfassend funktioniert dieser Trick so: Der Autoverkäufer macht den Vertrag nach langen und zähen Verhandlungen, muss ihn jedoch vorher noch von seinem Vorgesetzten autorisieren lassen. Der Vorgesetzte stimmt aber erst zu, wenn das Angebot um 300 € erhöht wird. Gemeinsam haben sie meistens Erfolg und gewinnen das Zugeständnis des Käufers. Was wird durch Höherschrauben der Autoritätsebene erreicht?

- Reduzierung der Erwartungen des anderen.

- Bringt die Argumente des anderen vorher zum Vorschein.

- Erzeugt Meinungsverschiedenheit in der anderen Organisation.

- Verleitet die andere Person dazu, ihre Bedürfnisse vorschnell offenzulegen.

- Reduziert die Selbstzufriedenheit des anderen.

- Ermüdet den anderen vor der eigentlichen Verhandlung.

- Vernichtet die Zeit des anderen.

– **Was sind die Gegenmaßnahmen?**

- Beantwortung der Eskalation durch eine Gegeneskalation, Einbringung der gleichen Autoritätsebene, z. B. Geschäftsführer

- Sich darauf vorbereiten, den Verhandlungstisch zu verlassen

- Direkt an die Firmenspitze des Verhandlungspartners gehen

- Vorsichtig sein, z. B. Hoffnungen der eigenen Organisation nicht zu früh wecken

- Eigene Organisation darüber informieren, dass eine höhere Autorität eingesetzt wird, um die Vorstellung zu zerschlagen

- Nicht die gleichen Argumente auf jeder Ebene wiederholen, sich zurücklehnen und abwarten

– **Begrenzte Autorität.** Die begrenzte Autorität ist keine schlechte Position, von der man eine Verhandlung beginnen soll. Sie bietet folgende Möglichkeiten:

- Ohne Gesichtsverlust Nein sagen können.

- Wertet die eigene Position auf.

- Eröffnet die Möglichkeit, den Sachverhalt von Experten überprüfen zu lassen.

- Überprüfung von Beweisen.

- Fehler können korrigiert werden.

- Der erste Vertragsentwurf kann in Ruhe durchgelesen werden.

- Neue Fragen können leicht eingebracht werden.

- Die Entscheidungen können koordiniert werden.

- Gibt der eigenen Organisation Zeit, um die Entscheidung zu treffen.

Begrenzte Vollmachten können sich auch zum eigenen Vorteil auswirken. Es gibt eine Vielzahl von Autoritätsgrenzen, wie Abbildung 45 zeigt.

Verhandlungsgrenzen						
Geldgrenzen	**Lieferung/ Zahlung**	**Unterneh- menspolitik**	**Juristische Grenzen**	**Technische Grenzen**	**Ausschuss- grenzen**	**Sonstige Grenzen**
• Verhältnis von Investition zu Kosten • Einkäufe nur bis zu einer definierten Höhe • Portokassen- ausgaben sind begrenzt • Bestellung muss gegengezeichnet werden • Genehmigung ist erforderlich • Begrenztes Budget • Maximu- Minimum- Preisgrenze	• Kreditsumme begrenzt • Kreditlaufzeit begrenzt • Vorauszahlungs- höhe begrenzt • Definierter für Mengenrabatt • Produkthaftung ist begrenzt • Großhandels- und Barzahlungsrabatt sind begrenzt	• Art des Vertrages • Schätzung und Preiskalkulation • Gemeinkosten- sätze • Verfahren zur Genehmigung von Änderungen • Interne Verrechnung • Offenlegung von Information • Abwicklung von Zahlungen • Kündigungen • Nachweis von Arbeits- und Zahlungsweisen • Maximaler Stundensatz	• Standardbe- dingungen des Unternehmens • Datenrechte • Notwendiger Mindestversich- erungsschutz • Behördliche Auflagen • Haftungsgrenzen • Haftung gegenüber Dritten • Zollverschluss Vorschriften • Gesetze gegen unlauteren Wettbewerb	• Grenze bei Änderung der Spezifikation • Änderung des Gesammtauf- tragsvolumens • Begrenzte Haltbarkeit • Aufdeckung von Produktions- geheimnissen	• Einkaufs- ausschuss • Normen- ausschuss • Finanzausschuss • Ausschuss für technische Bewertung • Materialüber- prüfungsgruppe • Ausschuss „Make or Buy" (selbst herstellen oder Zukauf) • Verhandlungs- ausschuss	• Preiserhöhungs- möglichkeiten begrenzt • Schadensersatz- forderungen begrenzt • Gutschriftengren- zen für fehlerhafte Teile, zu viel gelieferte Ware, verspätete Lieferung • Zeitgrenzen aller Art • Grenzen in Bezug auf Produktions- pläne

Abbildung 45:   Verhandlungsgrenzen zur Limitierung der Autorität

- **Keine Autorität.** Kann eine Person, die keine Verhandlungsvollmachten hat, eine Verhandlung führen? Die Antwort ist ein eindeutiges Ja und dies sogar sehr effektiv. In der Tat ist es höchst erstaunlich, wie viele Informationen auch ohne Autorität gesammelt werden können. Eine Person ohne Autorität wird definiert als jemand, der keine Zugeständnisse in

Verhandlungen machen darf. Mit dieser Art der Definition hat eine Person ohne Verhandlungsautorität jedoch andere Autoritäten:

- Sie kann den Standpunkt des Verhandlungspartners der eigenen Organisation vorstellen.

- Sie kann sich an einer „Beide gewinnen"-Verhandlung beteiligen.

- Sie kann helfen, Unterstützung und den Wunsch zum Abschluss zu etablieren.

- Sie kann mit den Organisationsmitgliedern als Spezialist oder als Verhandlungsteammitglied sprechen.

- Sie kann auf der persönlichen Ebene mit der anderen Organisation umgehen.

Es ist gut zu wissen, dass sie alles machen kann, außer das Geschäft aus der Hand zu geben (in einer konkurrierenden Art der Verhandlung). Somit ist sie in der Lage, Informationen zu sammeln, und, wenn alles gut geht, auch schon ein paar Zugeständnisse der anderen Partei zu erhalten.

- **Gefahren der vollen Autorität.** Schon vor langer Zeit wurde der Rat erteilt, dass Staatsoberhäupter besser über Unterhändler verhandeln sollten als von Angesicht zu Angesicht. Und dieser Rat hat seine guten Gründe:

  - Sich gegenübersitzende Firmenleiter haben nie die gleiche Autorität, außer dass sie bindend für ihre Organisation sprechen.

  - Sie unterscheiden sich in ihren körperlichen Eigenschaften (Gesundheit, Stimmung, usw.) und in ihrem Durchhaltevermögen.

  - Sie sind vielleicht nicht gleich gut vorbereitet.

  - Sie spielen ihre Rolle vielleicht nicht beide gleich gut.

  - Einer fühlt sich vielleicht sicherer als der andere.

  - Einer ist vielleicht beschäftigter oder überarbeiteter als der andere.

  - Einer kann vielleicht verschuldet sein und der andere vielleicht reich.

- Sie sind vielleicht aus verschiedenen Statusgruppen (einer hat studiert und der andere nicht).

- Einer ist persönlich mehr betroffen als der andere.

- Einer kann ein junger, aufstrebender Chef sein, der bereit ist, ein hohes Risiko einzugehen, während der andere kurz vor der Rente steht.

- Einer hat hervorragende Unterstützung durch seine eigene Organisation, der andere nicht.

Die Aussage „volle Autorität" bedeutet eigentlich nur, dass die Organisation bindend zu der Entscheidung verpflichtet ist. Volle Autorität bedeutet nicht eine Ausgeglichenheit auf den anderen Gebieten. Chefs mit der vollen Autorität tun besser daran, ihre Mitarbeiter mit Autoritätsbeschränkungen verhandeln zu lassen.

Wie entgeht man dem Druck, eine Entscheidung treffen zu müssen, wenn man die volle Autorität hat? Ein Mensch mit voller Autorität – wie eigentlich jeder – braucht manchmal einen Ausweg in einer Verhandlung, wenn er kein Zugeständnis machen will oder sollte. Einige der folgenden Beispiele können dazu genutzt werden:

- Der genaue Produktionsablauf ist nicht bekannt.

- Es muss zuerst mit dem Aufsichtsrat gesprochen werden.

- Es besteht ein gesetzliches Problem.

- Es muss zuerst mit der Bezirksverwaltung abgestimmt werden.

- Es kann zu einem Vertrauensverlust kommen.

- Das Geschäft hängt von einem anderen Abschluss ab, der noch nicht getätigt ist.

- Dies muss zuerst mit dem Geschäftspartner abgestimmt werden.

Einer der besten Wege ist jedoch immer ein einfaches „Ich weiß es nicht" oder „Ich brauche noch etwas Zeit, um darüber nachzudenken". Das Problem bei der Sache ist jedoch, dass es schwieriger für eine Person aus der Firmenleitung ist, dies zu sagen, als für einen aus der unteren Hierarchie.

2.11.9 Taktik: Guter Kerl – böser Kerl (Lockvogel-Taktik)

Wie funktioniert diese Taktik in einer Verhandlungssituation? Einer spielt den Harten und Un-
erbittlichen. Er stellt hohe und unverschämte Forderungen. Neben ihm sitzt der freundliche
Lächler, der fast nichts sagt. Nach einer Weile ist der Böse still und der Gute übernimmt das
Gespräch. Er stellt seine Forderungen. Im Vergleich zu den Forderungen des Bösen erscheinen
sie vernünftig. Warum? Es ist eine Freude, nach dem gemeinen Kerl mit einem solch netten
Mann verhandeln zu dürfen. Man kommt nicht umhin zu denken: „Es hätte schlimmer kommen
können." Die Bösewichte kommen in vielen Formen. Es kann sich um Personen oder Nichtpersonen handeln, sie können wirklich oder nur vorgetäuscht sein. Kostenrechner, Juristen, Buchhalter, ja sogar Chefs können gute Bösewichte sein. Sie sind sehr glaubwürdig. Ausschüsse,
gesetzgebende Körperschaften und Banken übernehmen oft die Rolle als Verfolger des harten
Kurses. Nichtpersonen sind Firmenpolitik, Standardbedingungen, Kreditregelungen, und alle
möglichen Arten von Vorschriften. Mit wem kann man schon reden, wenn die Firmenpolitik
als Argument vorgebracht wird? Wer mit einem Bösewicht zu tun hat, kann eine Reihe guter
Gegenmaßnahmen ergreifen:

- Den Bösen reden lassen. Oft sind es die eigenen Leute, die als Erste genug von ihm haben.

- An höherer Stelle protestieren.

- Hinausgehen.

- Den anderen in der Öffentlichkeit blamieren.

- Selbst einen Bösen einsetzen.

- Schon vor der Verhandlung voraussagen, dass der Böse bald seine Rolle spielen wird.
  Damit kann man ihn wahrscheinlich neutralisieren.

- Sich zu einer Beratung mit dem eigenen Verhandlungsteam zurückziehen.

Am besten kann man sich schützen, wenn erkannt wird, dass der Bösewicht mit dem Guten an
einem Strang zieht. Sie wollen beide gemeinsam möglichst viel erreichen, und zwar in verschiedenen Rollen.

Nachdem nun einige der wichtigsten Verhandlungstaktiken, ihre Anwendung und mögliche
Gegenmaßnahmen erklärt wurden, führt Sie der kommende Abschnitt in die Thematik des

Verhandlungsablaufes und die Thematik von Daten, Fakten und Annahmen in Verhandlungssituationen ein.

 Sie haben sich eine Pause verdient!

2.12 Zugeständnisse und Erfolgsrezepte

Es folgen einige allgemeine Hinweise zu einigen weiteren wichtigen Themen in einer Verhandlung.

2.12.1 Fakten, Durchschnittswerte und Statistiken

Fakten, Durchschnittswerte und Statistiken sind immer verhandelbar. Auch wenn wir übereinstimmen, dass bestimmte Fakten richtig sind, sind doch ein paar berechtigte Fragen offen. Hinter allen Fakten, Durchschnittswerten und Statistiken stehen Variablen wie:

- wer die Daten zusammengetragen hat,

- woher die Daten kommen,

- Methoden, die benutzt wurden, um die Daten zu sammeln,

- Annahmen, die getroffen wurden,

- Beweggründe, die zur Datensammlung geführt haben,

- Einschätzungen und Vorurteile, die die Daten beeinflusst haben,

- versteckte Werte.

Die Wahrheit in Verhandlungen lässt viel Verhandlungsspielraum. Über Tatsachen kann man verhandeln, weil immer eine ganze Geschichte dahintersteht. Die Vorstellungen über die Annahmen können sich sehr stark voneinander unterscheiden. Selbst wenn man es schafft, die Geschichte herauszufiltern und nur die „reinen" Tatsachen übrigbleiben, bleibt immer noch die Ungewissheit zurück. Tatsachen sind immer vergangenheitsorientiert, Verhandlungen immer zukunftsorientiert. Die Einschätzung der Zukunft ist immer ein Verhandlungsgegenstand. Es gibt ein paar spezielle Gründe, warum Durchschnitte und Statistiken zu Trugschlüssen führen.

Statistische Durchschnitte entsprechen dem Durchschnitt aller, aber wie groß ist die Wahrscheinlichkeit, dass man gerade in diesem speziellen Verhandlungsfall dem Durchschnitt entspricht?

- Unsere Rechnungen werden immer pünktlich bezahlt.

- Wir kaufen mehr als der Durchschnitt.

- Unsere speziellen Bedürfnisse unterscheiden sich.

- Wir benötigen nicht das ganze Angebotsspektrum.

- Unser Geschäftsbereich befindet sich im Wachstum.

- Wir sind der Vorreiter im Markt.

- Wir sind bereit, mehr dafür zu tun.

Diese Liste lässt sich beliebig fortsetzen. Die beste Art und Weise, Statistiken zu betrachten, ist die folgende Frage: Auch wenn die Lebenshaltungskosten im letzten Jahr um 5 % gestiegen sind, sind dann auch Ihre speziellen Kosten zur Herstellung des Produktes um 5 % gestiegen?

 Besonders wichtig

Sind Sie skeptisch, was Statistiken und Durchschnittswerte betrifft. Sie passen nie auf den speziellen Fall. Als ein Hinweis geht der folgende Abschnitt noch einmal zusammenfassend darauf ein, wie Sie in einer Verhandlung Zugeständnisse machen sollten.

2.12.2 Wie macht man Zugeständnisse?

Da eine Verhandlung ein Interessenausgleich zwischen Verkäufer und Einkäufer ist, werden beide Seiten immer Zugeständnisse von Ihren Idealvorstellungen machen müssen, wenn sie zu einem Abschluss gelangen wollen:

- Lassen Sie sich selbst genug Verhandlungsspielraum. Für Verkäufer: oben anfangen. Für Käufer: unten anfangen. Der Startpunkt muss jedoch gründlich begründet sein. Nie bei zu unrealistischen Punkten starten, sodass vom Beginn an Widerstand oder Unglaubwürdigkeit erzeugt wird.

– Den anderen dazu bringen, das erste Angebot zu machen. Er soll alle Forderungen auf den Tisch legen, sich selbst aber bedeckt halten.

– Den anderen das erste Zugeständnis zu wichtigen Punkten machen lassen. Wenn man will, kann man zuerst Zugeständnisse zu unwichtigen Punkten machen.

– Den anderen für das, was er haben will, arbeiten lassen. Was es umsonst gibt, wird nicht geschätzt.

– Mögliche Zugeständnisse in der Hinterhand halten. Später ist besser als sofort. Je länger er warten muss, desto mehr wird er die Zugeständnisse zu schätzen wissen.

– Gleiche Zugeständnisse auf beiden Seiten sind unter keinen Umständen nötig. Wenn die andere Verhandlungspartei 60 Punkte zugesteht, gehen sie auf 40. Wenn er sagt: „Teilen wir uns die Differenz", sagen Sie: „Das kann ich mir nicht leisten."

– Für jedes Zugeständnis, das Sie machen, etwas als Gegenleistung vom anderen verlangen und Zugeständnisse machen, mit denen man nichts weggibt.

– Daran denken: „Das werde ich mir überlegen" ist eigentlich schon ein Zugeständnis.

– Wenn Sie keine Einladung zum Abendessen bekommen können, lassen Sie sich wenigstens ein Butterbrot geben. Wenn Sie kein Butterbrot bekommen können, lassen Sie sich wenigstens ein Versprechen geben. Ein Versprechen ist ein Zugeständnis mit Rabatt.

– Nicht um Spielgeld verhandeln. Bei jedem Zugeständnis an den tatsächlichen Geldwert denken.

– Keine Angst haben, „Nein" zu sagen. Wer oft genug „Nein" sagt, dem glaubt man auch, dass er „Nein2 meint, hartnäckig bleiben.

– Nicht den Überblick über die Zugeständnisse verlieren, genau notieren, wer welche Zugeständnisse gemacht hat.

– Einmal gemachte Zugeständnisse wieder zurücknehmen – warum nicht? Dafür braucht man sich nicht zu schämen. Erst die Unterschrift am Schluss besiegelt das Abkommen, nicht irgendwelche Vereinbarungen im Laufe der Verhandlung.

– Den Erwartungshorizont des anderen nicht höherschrauben, indem man zu viel oder zu schnell nachgibt, auf Menge, Tempo und Tempoänderung bei Zugeständnissen genau aufpassen.

2.12.3 Rezepte für den Erfolg

Dieser Abschnitt ist eine Sammlung von wirkungsvollen Tipps und Tricks im Zusammenhang mit Verhandlungen.

 Tipps und Tricks

– Eine Verhandlung ist kein Wettbewerb, in dem es um Sieg oder Niederlage geht. Mit ein wenig Mühe lässt sich für beide Seiten ein besserer Abschluss erzielen.

– Die eigene Macht nicht unterschätzen. Die meisten haben mehr Macht, als sie denken. Konzentrieren Sie sich lieber auf die Schwächen des Gegners.

– Nie in eine Verhandlung hineingehen, ohne vorher einen genauen Plan erstellt zu haben

– Niemals vor Verhandlungen Angst haben – und sind die Differenzen auch noch so groß.

– Niemals mit dem eigenen Team von zweitbesten Verhandlungsteilnehmern in eine Verhandlung hineingehen. Dafür steht zu viel auf dem Spiel. Ebenfalls nie in eine wichtige Verhandlung hineingehen, ohne das eigene Team richtig vorbereitet zu haben.

– Sich nicht durch einen Status einschüchtern lassen. Ein Minderwertigkeitsgefühl ist genauso gefährlich wie Überheblichkeit.

– Sich nicht durch Statistiken, Präzedenzfälle, Prinzipien oder Verordnungen einschüchtern lassen.

– Nicht die eigenen Probleme betonen, wenn sich eine Verhandlung festfährt. Der Gegner steht mit seiner Handlungsweise wahrscheinlich unter ähnlichen Zwängen wie Sie.

- Sich durch das letzte und endgültige Angebot seines Gegners nicht einschüchtern lassen. Er wird wahrscheinlich wiederkommen. Sorgen Sie dafür, dass er sein Gesicht wahren kann, wenn er wiederkommt.

- Nicht immer bis zum allerletzten gehen. Der andere kann nicht Ja sagen, wenn er kein Ja von seiner Organisation bekommt. Helfen Sie ihm dabei.

- Sich nicht ausschließlich auf die Kostenanalyse konzentrieren, Wertanalyse ist wichtiger.

- Lernen, den Verhandlungstisch zu verlassen und später wieder zurückzukehren

- Eine harte Verhandlung beinhaltet Konflikte. Ein Mensch, der Wert darauflegt, geliebt zu werden, muss zu viel dafür in einer Verhandlung aufgeben.

- Falls Sie in einer Verhandlung den anderen zu sehr in eine Ecke gedrängt haben, scheuen Sie sich nicht, den Verhandlungspunkt noch einmal zu besprechen. Stellen Sie sicher, dass Sie zum Schluss aufmerksam zuhören.

- Lernen Sie so viel, wie Sie können, über Verhandlungsstrategien und -taktiken. Je mehr Sie wissen, desto besser werden Sie abschließen.

- Setzen Sie Ihre Verhandlungsziele höher. Seien Sie darauf vorbereitet, das Risiko zu übernehmen, dass sich durch höhere Ziele ergibt. Seien Sie ebenso darauf vorbereit, hart zu arbeiten und geduldig zu sein. Testen Sie Ihren Gegner. Sie wissen niemals, wobei er nachgeben wird (teilweise weiß er es selbst nicht). Nehmen Sie sich Zeit und zeigen Sie Ausdauer.

 Sie haben sich eine Pause verdient!

2.13 Konflikte in Verhandlungen

Ein Konflikt ist eine Situation, in der ein Akteur eine Bedrohung seiner Interessen, Bedürfnisse oder Anliegen erlebt, die er auf das Verhalten eines anderen Akteurs zurückführt, weil beide unterschiedliche Wahrnehmungen, Interessen und Gefühle haben. Alle Verhandlungen beruhen auf einer Meinungsverschiedenheit – dem Vorhandensein divergierender Interessen. Eine Verhandlung wird zu einem Konflikt, wenn die Folgen der Uneinigkeit (divergierende Interessen) als bedrohlich empfunden werden. Ein Konflikt kann konstruktiv oder destruktiv sein.

2.13.1 Quellen von Konflikten in Verhandlungen

Die häufigsten Quellen für Konflikte in Einkaufsverhandlungen liegen neben einen unterschiedlichen Rollenverständnis von Einkauf und Verkauf auch in unterschiedlichen Ansichten, Glaubengrundsätzen, Werten, Unterschieden im Charakter und in der Persönlichkeit. Weiterhin können es auch Unterschiede in der Wahrnehmung aufgrund von Kultur, Alter, Bildung, Geschlecht, Status oder Hierarchiestufe sein.

Friedrich Glasl (Glasl, 2020) bietet ein nützliches Diagnoseinstrument, das die Konflikteskalation als vorhersehbare Abfolge von neun Stufen beschreibt, wie in Abbildung 46 dargestellt.

Eine Eskalation stellt somit eine qualitative Veränderung der Art, der Intensität und des Ausmaßes des Konflikts dar. Die Anwendung des Modells ermöglicht es, die Art der Intervention (A bis F) zu verstehen, die für einen bestimmten Eskalationsgrad (1 bis 9) wirksam wird. Je früher im Konflikt interveniert wird, desto einfacher ist es, ihn bilateral zu lösen. In einem konstruktiven Konflikt gibt es verschiedene Optionen, wie er gelöst werden könnte.

Abbildung 46:   Die neun Stufen der Eskalation nach Glasls Phasenmodell und die
                 möglichen Interventionsarten

 **Besonders wichtig**

Bei destruktiven Konflikten gibt es die folgenden Möglichkeiten: (I) den anderen ändern, was unwahrscheinlich ist, (II) die Situation verändern, oder (III) sich selbst ändern.

2.13.2 Kommunikationsfähigkeit und Werkzeuge bei Konflikten

Bei Konflikten kann es leicht passieren, dass Menschen in ihren Positionen verharren, dass sich die Gemüter erhitzen, die Stimmen lauter werden und die Körpersprache defensiv oder aggressiv wird. Eine Möglichkeit, dies alles zu vermeiden, ist die Anwendung des interessenbasierten Ansatzes (Fisher, Ury, & Patton, 2015). Die Grundidee ist, dass sich Konflikte lösen lassen, indem man die Menschen und ihre Gefühle vom Problem trennt. Der Ansatz konzentriert sich dabei auch auf den Aufbau von gegenseitigem Respekt und Verständnis. Weiterhin ermutigt der Ansatz die Beteiligten, Konflikte auf eine gemeinsame und kooperative Weise zu lösen. Die Priorität ist es, jeder Seite zu helfen, ein Verständnis für den Standpunkt der anderen Seite zu entwickeln und beide zu ermutigen, einen Konsens zu erreichen – auch wenn das bedeutet, sich darauf zu einigen, nicht einer Meinung zu sein. Abbildung 47 zeigt die verschiedenen Schritte einer konstruktiven Konfliktlösung nach dem interessenbasierten Ansatz.

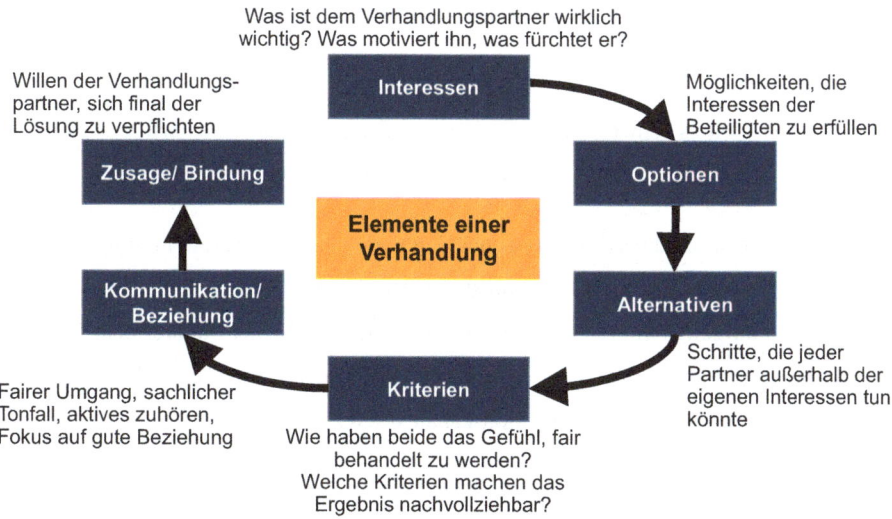

Abbildung 47:   Konstruktive Konfliktlösung nach dem interessenbasierten Ansatz

Die folgenden sechs Punkte gehen noch einmal etwas detaillierter auf die Vorgehensweise ein:

1. Stellen Sie sicher, dass eine gute Beziehung eine Priorität ist. Behandeln Sie die andere Partei mit Respekt. Tun Sie Ihr Bestes, um höflich zu sein und die Dinge konstruktiv zu diskutieren.

2. Trennen Sie Menschen von Problemen. Erkennen Sie an, dass die andere Person in vielen Fällen nicht „schwierig" ist, denn hinter widersprüchlichen Positionen können echte und berechtigte Differenzen stecken. Indem Sie das Problem von der Person trennen, können Sie Themen diskutieren, ohne die Beziehung zu beschädigen.

3. Konzentrieren Sie sich auf die unterschiedlichen Interessen, nicht auf die Positionen. Sie werden besser verstehen, warum jemand seine Position eingenommen hat, wenn Sie versuchen zu verstehen, was seinem Standpunkt zugrunde liegt.

4. Erst zuhören, dann reden, wie in den Grundregeln des aktiven Zuhörens in Abbildung 48 dargestellt. Sie sollten erst zuhören, was Ihr Gegenüber sagt, bevor Sie Ihren eigenen Standpunkt verteidigen. Vielleicht sagt er etwas, das Ihre Meinung ändert.

5. Legen Sie die „Fakten" fest. Legen Sie gemeinsam die beobachtbaren Fakten und objektiven Kriterien fest, die Ihre Entscheidung beeinflussen könnten.

6. Erfinden Sie gemeinsam Optionen. Seien Sie offen für die Idee, die weitere Lösungsoptionen ergeben und dass Sie diese gemeinsam erreichen könnten.

Vielen Menschen fällt es schwer, aktiv zuzuhören. Aber gerade für einen erfolgreichen Verhandler ist es wichtig, das Angebot der anderen Partei vollumfänglich zu verstehen.

Aktives Zuhören erfordert die volle Präsenz des Zuhörers und die Fähigkeit, in Situationen, die oft von starken Emotionen geprägt sind, objektiv und sachlich zu bleiben. Die Anwendung der in Abbildung 48 aufgeführten Techniken bedeutet nicht, dass Sie als Zuhörer dem Gesagten zustimmen oder nicht zustimmen, oder dass Sie zu sanft rüberkommen. Es bedeutet, dass Sie sich bemühen, verschiedene Kommunikationskanäle offen zu halten.

Technik	Zweck	Verhalten	Beispiel
Ermuntern	• Interesse zeigen und die andere Person zum Weiterreden ermutigen.	• Nicht zustimmen noch widersprechen. • Neutrale Ausdrücke nutzen. • Offene Körpersprache. • Ausgeglichener Tonfall.	• „Können Sie mir bitte mehr dazu sagen?"
Klären	• Helfen, Klarheit bezüglich der Aussagen des anderen zu erhalten.	• Fragen stellen (in angemessener Weise). • Falsch verstandene Interpretationen wiederholen, um den Sprecher zu weiteren Erklärungen zu ermutigen.	• „Mir ist noch nicht ganz klar, was Sie damit meinen…" • „Habe ich Ihre Aussage so richtig verstanden?"
Umschreibung	• Dem anderen zeigen, dass man zuhört und versteht, was gesagt wurde.	• Aussagen und Fakten mit eigenen Worten wiederholen. • Durch eine Wiederholung mit eigenen Worten der anderen Partei die Möglichkeit geben bei einer falschen Wiedergabe einzugreifen.	• „Geben Sie mir die Möglichkeit zu klären, dass ich Sie richtig verstanden habe. Sie sind der Meinung, dass …" • „Was Sie mir sagen, ist …"
Reflektion	• Dem Anderen zeigen, dass man verstehen, wie sie er sich fühlt. • Dem anderen die Möglichkeit einer Bewertung geben, nachdem jemand seine Gefühle beschrieben hat.	• Wiederholung der Hauptideen und Gefühle, die zum Ausdrucke gekommen sind.	• „Lassen Sie uns mal sehen, wie weit wir gekommen sind" • „Dies sind die zentralen Ideen, die Sie bis jetzt eingebracht haben, …" • „Bisher haben Sie über A und B gesprochen. Können Sie mir noch etwas zu C sagen?"
Bestätigung	• Den Wert der anderen Person anerkennen.	• Den Wert und die Wichtigkeit der Probleme und Gefühle anerkennen. • Wertschätzung für die Bemühungen und Handlungen der anderen Person zeigen.	• Ich schätze ausdrücklich Ihre Bemühungen dieses Problem gemeinsam zu lösen." • Ich habe wirklich hart daran gearbeitet, dass es funktionieren kann"

Abbildung 48:   Grundregeln des aktiven Zuhörens

Auf der anderen Seite hat der interessenbasierte Ansatz auch seine Grenzen und ist nicht für alle Situationen geeignet. Zum Beispiel kann es sein, dass Sie nicht in der Lage sind, Differenzen auf diese Weise einvernehmlich und in Kooperation zu lösen, wenn sich Ihre Organisation in einer Krise befindet und schnelle Entscheidungen getroffen werden müssen. In solchen Fällen müssen Sie vielleicht die Geschäftsleitung einbeziehen, damit schnelle Entscheidungen über Streitigkeiten getroffen werden.

2.13.3 Umgang mit einem Verhandlungsstillstand

Wenn Sie während der gesamten Verhandlung auf die Beziehungsebene zu Ihrem Verhandlungspartner geachtet haben, können Sie eigentlich davon ausgehen, dass es unwahrscheinlich ist, dass die Situation in einer Sackgasse endet. Allerdings kann ein möglicher Interessenkonflikt zu einem Zeitpunkt aufgetreten sein, als Sie sich eher auf die Probleme als auf den Prozess konzentriert haben. Aber auch ein unerwartetes Ereignis kann das Kräfteverhältnis verändert haben. Manchmal kann es auch Taktik sein, dass eine der Parteien möchte, dass die Verhandlung abgebrochen wird oder scheitert, obwohl sie bisher zum Erfolg bereit schien. Eine solche Situation sollte zunächst auf der Prozess- und Beziehungsebene behandelt werden, bevor sie auf der Sachebene behandelt wird. Dazu müssen wir zuerst einmal die Frage klären, was unter „Behandlung auf der Prozessebene" zu verstehen ist. Es bedeutet, dass das Hauptziel nicht darin bestehen sollte, um jeden Preis zu versuchen, weiterzukommen. Es geht vor allem darum, herauszufinden, was die Verhandlung ins Stocken gebracht hat.

 **Besonders wichtig**

Neben den oben genannten möglichen Faktoren können auch folgende Gründe eine Blockade verursachen:

– Eine Partei will sich revanchieren, da sie vielleicht zu einem früheren Zeitpunkt ein Zugeständnis gemacht hat, ohne dass eine entsprechende Gegenleistung erbracht wurde.

– Ein Kompromiss wurde mit Gewalt oder auf verdeckte Weise erreicht, wodurch allmählich eine Atmosphäre des Misstrauens entstand, die sich plötzlich herauskristallisiert.

– Die Kommunikation zwischen den Parteien verschlechtert sich immer mehr und irgendwann hält eine der Parteien die völlige Abwesenheit von Kommunikation für besser als ein Missverständnis nach dem anderen.

– Eine der Parteien kann bluffen, indem sie damit droht, die Verhandlung ganz abzubrechen (z. B. wenn wiederholte Eröffnungen mit Schweigen beantwortet wurden).

Alle beteiligten Parteien sollten gemeinsam analysieren, wie es zu dem Stillstand gekommen ist und was geschehen ist. Auch wenn sie keine großen Fortschritte bei der Erreichung des Ziels machen, ist es dadurch möglich, den Verhandlungsprozess wieder in Gang zu bringen. Dies trägt dazu bei, die Wertschätzung der Partnerschaft zu bekräftigen und schafft eine neue Grundlage für Vertrauen und Respekt. Die folgende Vorgehensweise kann Ihnen einen Weg aufzeigen, einen Stillstand zu überwinden:

– Schaffen Sie ein klares Einvernehmen darüber, welcher Grad an Übereinstimmung bereits erreicht wurde. Dies können Sie im Allgemeinen sehr gut durch geschlossene Fragen erreichen.

– Verwenden Sie eingrenzende Fragen, um nach möglichen Gründen für den Abbruch der Verhandlung zu suchen. Verwenden Sie Umschreibungen, wie „Wenn ich Sie richtig verstehe, finden Sie die Tatsache, dass…, inakzeptabel." Dies sollte den Verhandlungspartner in die Realität der anderen Partei zurückbringen.

- Phrasen wie: „Ich verstehe Ihre Sorge um …" ermöglichen es Ihnen, das Gespräch wieder aufzunehmen.

- Vereinbaren oder definieren Sie die Ziele erneut, damit beide Parteien die Ziele noch klarer vor Augen haben: „Ich habe das Gefühl, dass wir irgendwie unsere Ziele aus dem Auge verloren haben; wie wäre es, sie erneut zusammenzufassen?"

- Wenn Sie genügend Zeit haben, dann kann es sehr angebracht sein, eine Pause vorzuschlagen. Sie können die Pause nutzen, um sich bei einem Verhandlungsteam noch einmal abzustimmen, oder etwas unverfänglichen Small Talk mit der anderen Partei zu machen.

- Seien Sie kreativ mit Ihren Problemlösungsansätzen: „Was wäre, wenn wir versuchen würden, das Problem von einer ganz anderen Seite zu betrachten?"

Lassen Sie die Parteien immer von ihren Bedürfnissen sprechen und nicht davon, was die andere Partei falsch macht. Als Verhandlungsleiter liegt es in Ihrer Verantwortung, die Parteien dazu zu bringen, sich gegenseitig zuzuhören. Manchmal kann es sinnvoll sein, sie zu bitten, das Gesagte der anderen Partei zusammenzufassen, dann so können Sie überprüfen, was bei der anderen Partei wirklich angekommen ist. Planen Sie während der Gespräche eine gewisse Zeit der Stille ein. Dies wird den Parteien helfen, einander zuzuhören.

 Aufgabenstellung

Stellen Sie sich vor, Sie sind verantwortlicher Einkaufsmanager für einen Ihrer Schlüssellieferanten der für Ihre Anforderungen seine Produktion entsprechend umgebaut hat. Leider hat sich Ihr Absatz jetzt nicht so entwickelt, wie die Grundlagen für die Vereinbarungen mit dem Schlüssellieferanten waren. Die Produktion Ihres Lieferanten ist somit schlecht ausgelastet und er ist nicht in der Lage, dies mit Aufträgen anderer Kunden zu füllen. Auf der anderen Seite ist Ihre eigene Profitabilität durch den mangelnden Umsatz auch so schlecht, dass Sie keine Zusagen an den Lieferanten machen können. Dies führt zu massiven Spannungen und Konflikten in den Gesprächen zwischen Ihnen und Ihrem Schlüssellieferanten. Wie würden Sie die oben aufgeführten 6 Schritte zur Lösung dieses Konflikts anwenden?

 Sie haben sich eine Pause verdient!

2.14 Verhandlungsnachbereitung

Jede Verhandlung sollte entsprechend nachbereitet werden. Dazu zählt nicht nur die Ausfertigung eines Vertrages, sondern es beinhaltet auch ein Gesprächsprotokoll und eventuell zusätzliche Dokumente auszufertigen. Die Fähigkeit, sich auf dem Papier klar auszudrücken und effiziente Schriftstücke zu erstellen, gehört auch zu den Aufgaben eines Einkaufsmitarbeiters. Hiermit sind alle Schriftstücke gemeint, wie z.B. ein Gesprächsprotokoll, eine interne Mitteilung, eine Aktennotiz oder eine Vergabeempfehlung. Ziel dieses Abschnitts über das Erstellen von Dokumenten ist es, die Effizienz des Einkaufes zu steigern. Hierzu gehört, dass man klare Berichte in einer angemessenen Zeit erstellen kann. Effektive schriftliche Kommunikation:

– ist der effektivste Weg der Kommunikation,

– erfordert (und lehrt) klares und strukturiertes Denken,

– ist auch eine gute Methode, sich innerhalb des Unternehmens im positiven Sinne bekannt zu machen,

– demonstriert unternehmerisches Denken und entspricht dem Denken des Managements.

Bei der Erstellung von Schriftstücken sind jedoch einige Grundregeln zu beachten, auf die im Folgenden näher eingegangen wird.

2.14.1 Klare Trennung vom WAS und WIE

Bei der schriftlichen Kommunikation ist es wichtig, dass man zwischen dem WAS (Inhalt der Information) und dem WIE (Form der Kommunikation) unterscheidet, wie in Abbildung 49 dargestellt. Im Speziellen, da viele Menschen dazu neigen, den Inhalt einfach runterzuschreiben und die Gefahr gegeben ist, dass man sich nicht immer über das Ziel des Dokumentes im Klaren ist.

WAS Sie schreiben	• Ihre Ideen • Ihre Argumente • Ihre Empfehlung • Ihre Strategie	• Ihre Logik • Ihre Schlussfolgerungen • Ihre Daten und Fakten • Ihre Ziele

WAS und WIE sollten voneinander getrennt werden

WIE Sie schreiben	• Die Klarheit Ihrer Ausführungen • Die Geschwindigkeit • Der Style • Das optische Erscheinungsbild	• Die Satzkonstruktion • Die Wortwahl • Die Struktur • Die Gliederung • Die Verwendung von Überschriften

Abbildung 49:   Grundregeln der schriftlichen Kommunikation

WAS: Vor der Erstellung eines Schriftstückes ist es entscheidend, dass man sich darüber im Klaren ist, welche Nachricht man vermitteln will bzw. welche Verhaltensänderung oder Entscheidung mit dem Dokument erreicht werden soll. Nur wenn dies vor der Erstellung klar und bewusst ist, kann man das fertige Schriftstück daraufhin überprüfen. Was sind die Ideen, die man vermitteln will? Was sind die Ideen, für dessen Umsetzung man die Unterstützung der Organisation braucht?

WIE: Für viele stellt das Schreiben und das effektive Erstellen von Dokumenten eine große Hürde dar. Folgende Fragen stellen sich: Welche Worte soll man wählen, um seine Idee (das WAS) klar darzustellen? Wann soll man Zusammenfassungen, Überschriften, Zahlen oder Unterstreichungen verwenden?

Um einen klaren Schreibstil zu erlangen, sollte man sich der folgenden Prinzipien immer bewusst sein: kurze, bekannte Wörter benutzen, in kurzen und einfachen Sätzen schreiben, aktive Sprache benutzen, Namen verwenden, persönlich sein und Kernaussagen wiederholen. Eine Methode, wie man zu einem Schreibstil gelangt, ist die umgekehrte Pyramide.

2.14.2 Die umgekehrte Pyramide

Dies bedeutet, dass man mit der Schlussfolgerung, der Zusammenfassung des Dokuments beginnt und dann erst die Hintergründe, die zu dieser Folgerung folgen dazu aufführt, wie in Abbildung 50 dargestellt. Hiermit wird sichergestellt, dass der Leser mit der gewünschten

Erkenntnis im Kopf die weiteren Hintergrundinformationen liest. Unabhängige Untersuchungen haben ergeben, dass ein Leser einen Text besser versteht und mehr von seinem Inhalt behält, wenn er vorher weiß, welche Informationen ihm präsentiert werden.

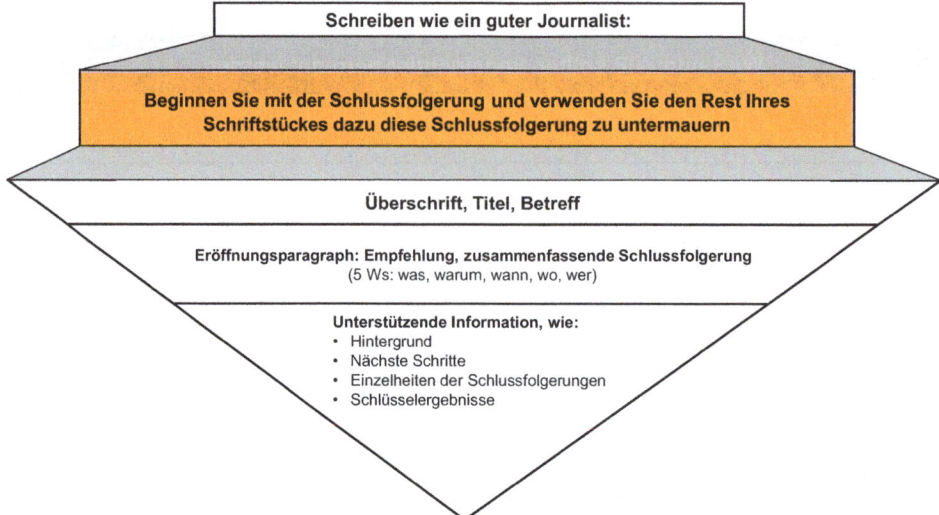

Abbildung 50:   Methode der umgekehrten Pyramide zur schriftlichen Kommunikation

Diese allgemeinen Hinweise zum Aufbau eines wirkungsvollen Schriftstücks finden auch bei den folgenden zwei Dokumenten ihre Anwendung.

2.14.3 Vergabeempfehlung

Ein wichtiges Dokument zum Abschluss einer (komplexen) Verhandlung ist die „Empfehlung zur Auftragsvergabe", wie in Abbildung 52 dargestellt. Hiermit wird dokumentiert, warum ein Vertrag bzw. Auftrag an einen Lieferanten vergeben werden soll. Der hier vorgestellte Vordruck stellt sicherlich die Maximalforderung für eine Empfehlung dar. In der betrieblichen Praxis kann bei kleineren Beschaffungen auch eine vereinfachte Form oder sogar ein Freitext verwendet werden. Es ist aber auf jeden Fall wichtig, eine Dokumentation der Auftragsvergabe zu haben, nicht nur, damit die Vorgänge „revisionssicher" sind.

Nach der Angebotspräsentation, bei der noch einmal alle Angebote angemessen berücksichtigt und bewertet wurden, spricht der strategische Einkäufer in Abstimmung mit der Fachabteilung eine Empfehlung aus, welchem Anbieter der Auftrag erteilt werden soll. Wichtig ist, dass Sie immer genügend Zeit für die Entscheidungsfindung, die Empfehlung und für die Prüfung durch das Management einplanen.

- Begründung der Entscheidung – Grundlegend ist, dass die Entscheidung, wie man zu der Empfehlung gekommen ist, immer gut begründet ist. Es muss immer nachvollziehbar sein, welche Kriterien ausschlaggebend waren. Die Begründung sollte deshalb schriftlich fixiert werden. Ein Bestandteil der Begründung muss der Angebotsvergleich sein.

- Kostenbewusstes Handeln – Immer wieder ist in der betrieblichen Praxis zu beobachten, dass bei Anfragen über kleinere Summen viel Aufwand betrieben wird, um den günstigsten Anbieter zu ermitteln und beauftragen zu können. Aufträge über größere und große Summe werden dagegen vergeben, ohne dass ausreichend Angebote eingeholt und miteinander verglichen wurden, weil häufig Zeitdruck besteht oder die Geschäftsleitung (im negativen Sinne) selbst beteiligt ist. Ziel muss es sein, dass bei allen und ganz besonders bei den großen, möglicherweise komplizierten und komplexen Aufträgen ein kostenbewusstes Vorgehen an den Tag gelegt wird. Gerade hier muss sich die Mühe gemacht werden, ausreichend Angebote einzuholen, um tatsächlich die für das eigene Unternehmen beste Realisierung zu ermitteln und eine fundierte Empfehlung aussprechen zu können. Das Motto muss sein: „Wer den Pfennig nicht ehrt, ist des Talers nicht wert".

2.14.4 Gesprächs- und Verhandlungsprotokoll

Innerhalb weniger Tage nach einer Lieferantenbesprechung ist ein Gesprächsprotokoll (Meeting Minutes) zu erstellen. Ein Gesprächsprotokoll gliedern sich dabei immer in zwei Teile: (I) der erste Teil ist die Zusammenfassung für die Teilnehmer des eigenen Unternehmens und (II) der zweite Teil ist die gemeinsame Aktionsliste / Vereinbarung mit dem Lieferanten, die im Normalfall an den Lieferanten geschickt wird, um Einigkeit zu erzielen:

- Lieferantenname, Datum, Ort

- Teilnehmer des Meetings mit Namen und Funktion

- Verteilerliste der Meeting Minutes

- Zweck des Meetings

- Tagesordnungspunkte, die besprochen wurden. Die Hauptargumente sind zuerst zu bringen.

- Datum, Zeitpunkt und Ort des nächsten Meetings, falls eines stattfindet

- Entscheidungen, die getroffen wurden, inkl. der Arbeitsliste als Anhang (Teil II)

Tipps und Tricks

Bei einem im Nachgang zu einem Gespräch verfassten Protokoll besteht immer die Gefahr, dass beide Parteien (leicht) unterschiedliche Auffassungen zum gesprochenen Wort haben. Es hat sich als sehr brauchbar erwiesen, die Arbeitsliste für alle sichtbar auf ein Flipchart zu schreiben oder eine handgeschriebene Kopie zum Ende des Meetings zu verteilen und kurz durchzusprechen.

An dieser Stelle haben Sie die eigentliche Selbstlernunterlage fertig durchgearbeitet.

  Sie haben sich eine Pause verdient!

Der folgende Abschnitt gibt noch einmal eine Zusammenfassung der Hilfsmittel zu möglichen Verhandlungstaktiken und macht Vorschläge zur Abwehr der jeweiligen Taktik.

2.15 Zusammenfassung der möglichen Verhandlungstaktiken

Die folgende Übersicht stellt eine kurze Zusammenfassung der möglichen Taktiken dar, die eine andere Partei in einer Verhandlung anwenden könnte, und wie Sie diese Taktik abwehren. A-Taktiken können Sie zum Verhandlungsanfang nutzen und W-Taktiken während der Verhandlung.

 **Aufgabenstellung**

Ergänzen Sie diese Liste aus Ihrer eigenen Verhandlungspraxis, denn so gelangen Sie zu einem wirkungsvollen Rüstzeug für Ihre Verhandlungen.

Tabelle 1: Mögliche Verhandlungstaktiken

Nr.	A/ W	Bezeichnung der Taktik	Wie die Taktik angewendet wird	Vorschläge zur Abwehr/Gegenmaßnahmen bei Anwendung durch andere Partei
1	A	Präventivschlag/Eröffnungsangebot	Machen Sie ein Eröffnungsangebot, um die andere Partei stark zu beeinflussen/ermutigen, das Angebot anzunehmen oder wenigstens deren Erwartungen zu senken.	**Taktik:** Zurückweichen; Fragen, warum; Zweifel anmelden, Stille Zeigen Sie, dass Sie nicht beeinflusst sind; fordern Sie die Schwächen in deren Position heraus.
2	A	Bausteine/Stück für Stück/Aufschlüsselung	Arbeiten Sie mit Teilen oder Elementen des Ganzen (z. B. Preis, Volumen, Lagerbestand, Vorlaufzeit, Produkteinführung etc.).	**Taktik:** Verbinden von mehreren Sachverhalten Überzeugen Sie die andere Partei, dass alle Zugeständnisse vom Endergebnis abhängen.
3	A	Rückwärtsgerichte Verhandlung	Starten Sie die Verhandlung von Ihrem erwünschten Endergebnis oder Ziel aus.	**Taktik:** Bausteine, Stück für Stück, Aufschlüsselung; „Alles, was ich mir leisten kann" Konzentrieren Sie sich auf Ihren Startpunkt.

Nr.	A/ W	Bezeichnung der Taktik	Wie die Taktik angewendet wird	Vorschläge zur Abwehr/Gegenmaßnahmen bei Anwendung durch andere Partei
4	A, W	Verbinden von mehreren Sachverhalten	Verbinden Sie unter Vorbehalt 2 oder mehrere Sachverhalte/Ergebnisse miteinander.	**Taktik:** Bausteine, Stück für Stück, Aufschlüsselung Verhandeln Sie jeden Sachverhalt separat.
5	A, W	Bote	Spielen Sie die Rolle einer 3. Partei, die eine Anfrage/Bedingung einer anderen Partei überbringt (besonders hilfreich, um negative Gefühle umzuleiten).	**Taktik:** Gefühle, alle Ebenen „Das ist sehr frustrierend, ich möchte mit demjenigen sprechen, der hier entscheiden darf."
6	A, W	Stille	Bleiben Sie ruhig, um die andere Partei zum Sprechen zu bringen, oder seien Sie über etwas, das Sie gesagt/getan haben aufgebracht.	**Taktik:** Stille; oder Gefühle; Vertagung/Hinausgehen; physische Unberechenbarkeit „Wenn Sie nichts mehr zu sagen haben, meine ich, sollten wir unsere Verhandlung beenden."
7	A, W	Deadlines	Setzen Sie künstliche oder echte Deadlines, um schnelles Handeln zu motivieren.	**Taktik:** Fragen, warum; Was-wäre-wenn-…-/Angenommen-…-Fragen „Warum ist das wichtig? Wer bestimmt das?"
8	A, W	Was, wenn .../Angenommen ..., Fragen	Stellen Sie hypothetische Fragen, unverbindlich und ohne Richtung, um auf mögliche Optionen/Alternativen zu kommen.	**Taktik:** Fragen, warum; Deadlines „Warum ist das wichtig?" oder „Bitte machen Sie konkrete Angebote, wir sind bereits über der Zeit."

Nr.	A/ W	Bezeichnung der Taktik	Wie die Taktik angewendet wird	Vorschläge zur Abwehr/Gegenmaßnahmen bei Anwendung durch andere Partei
9	A, W	Vorverhandlung/ -treffen	Machen Sie ein informelles Treffen/Kontakt, um die verschiedenen Sichtweisen, Vorschläge, Standpunkte, Empfindlichkeiten etc. herauszufinden.	**Taktik:** Vertraulichkeit; Fragen, warum; Was-wäre-wenn-...-/Angenommen-...-Fragen Ist die andere Partei unfreundlich, fragen Sie, warum/teilen Sie sich ihr nicht offen mit. Ist sie freundlich, bringen Sie sie dazu, sich mitzuteilen und offener zu sein als Sie selbst.
10	A, W	Held	Betonen Sie, wie gut es für die andere Partei wäre, Ihrem Vorschlag zuzustimmen oder Ihr Problem zu lösen.	**Taktik:** Problemtransfer; schwafeln; warmhalten; höhere, keine, begrenzte, volle Befugnis „Ich möchte Ihnen sehr gerne helfen, aber ich muss erst mein eigenes Problem lösen. Helfen Sie mir dabei?"
11	A, W	Guter Kerl – schlechter Kerl	Um die andere Partei dazu zu bringen, gute Angebote als eine bessere Alternative als ihr eigenes anzunehmen, weisen Sie allen Teammitgliedern Rollen zu: gut (freundlich/hilfsbereit) und schlecht (gemein/verletzend).	**Taktik:** Gefühle; Sprung in der Platte; vertagen/hinausgehen; schwafeln Werden Sie gegenüber dem schlechten Kerl emotional; benennen Sie das schlechte Verhalten. Werden Sie unentschlossen, verschieben Sie oder beenden Sie den Verhandlungsprozess.

Nr.	A/ W	Bezeichnung der Taktik	Wie die Taktik angewendet wird	Vorschläge zur Abwehr/ Gegenmaßnahmen bei Anwendung durch andere Partei
12	A, W	Volle Offenlegung	Teilen Sie sich der anderen Partei ganz offen mit, um sie dazu zu bringen, sich auch Ihnen ganz offen mitzuteilen; Vertrauen wird gebraucht.	**Taktik:** Vertraulichkeit; Fragen, warum; oder volle Offenlegung; Was-wäre-wenn-…-/Angenommen-…-Fragen Ist die andere Partei unfreundlich, fragen Sie sie, warum/teilen Sie sich ihr nicht offen mit. Falls die andere Partei freundlich ist, bringen Sie sie dazu, sich zuerst mitzuteilen und mehr als Sie.
13	A, W	„Alles, was ich mir leisten kann"	Etablieren Sie ein Limit/Ziel – künstlich oder echt (z. B. eine Gewinnprognose) –, um das Limit nicht zu überschreiten.	**Taktik:** Was-wäre-wenn-…-/Angenommen-…-Fragen; Fragen, warum oder „Alles, was ich mir leisten kann" Zweifeln Sie deren Limit an oder führen Sie Ihr eigenes Limit ein.
14	A, W	Hochhandeln	Geben Sie bei einem weniger wichtigen Sachverhalt nach, um die andere Partei dazu zu bringen, bei einem (für Sie) sehr wichtigen Sachverhalt nachzugeben.	**Taktik:** warmhalten; Sprung in der Platte Identifizieren Sie den Sachverhalt als unwichtig, lenken Sie die Diskussion wieder auf die wichtigen Sachverhalte.
15	A, W	Problemtransfer	Geben Sie der anderen Partei Ihr Problem, um es für sie zu lösen.	**Taktik:** Problemtransfer; schwafeln; warmhalten; höhere, keine, begrenzte, volle Befugnis „Ich möchte Ihnen sehr gerne helfen, aber ich muss erst mein eigenes Problem lösen. Helfen Sie mir dabei?"

Nr.	A/ W	Bezeichnung der Taktik	Wie die Taktik angewendet wird	Vorschläge zur Abwehr/Gegenmaßnahmen bei Anwendung durch andere Partei
16	A, W	Schriftlich	Machen Sie Ihr Angebot schriftlich, um zu zeigen, dass es Ihnen ernst ist.	**Taktik:** Vorverhandlung; Was-wäre-wenn-…-/Angenommen-…-Fragen; Fragen, warum Überprüfen Sie, ob es der anderen Partei tatsächlich ernst ist, und bauen Sie darauf auf.
17	A, W	Test & Switch	Bringen Sie die andere Partei dazu, gegenseitige Zugeständnisse auszutauschen; bitten Sie sie dann, einem Zugeständnis zuzustimmen, das im Gegenzug nur ein kleines Zugeständnis Ihrerseits enthält.	**Taktik:** vertagen/hinausgehen Nutzen Sie Gefühle, benennen Sie schlechtes Verhalten und drohen Sie damit, die Verhandlung zu verlassen, wenn die andere Partei nicht mit gutem Willen arbeitet.
18	A, W	Aufhalten	Fordern Sie die andere Partei auf, Ihnen ein besseres Angebot zu machen, damit Sie sich nicht aus der Verhandlung zurückziehen.	**Taktik:** Was-wäre-wenn-…-/Angenommen-…-Fragen; Fragen, warum; „Alles, was ich mir leisten kann" Finden Sie andere Wege, deren Bedürfnisse zu befriedigen. Oder führen Sie Ihre eigenen Limits ein, um zu testen, ob sie blufft.
19	W	Vereinte Front	Sagen Sie der anderen Partei, dass keine Einigung über (eine) bestimmte Bedingung(en) alle anderen bereits getroffenen Vereinbarungen wieder infrage stellt und diese neu verhandelt werden müssen.	**Taktik:** Was-wäre-wenn-…-/Angenommen-…-Fragen; Fragen. warum; „Alles, was ich mir leisten kann" Finden Sie andere Optionen, um zu testen, ob die andere Partei blufft. Oder führen Sie eigene Limits ein.

Nr.	A/ W	Bezeichnung der Taktik	Wie die Taktik angewendet wird	Vorschläge zur Abwehr/Gegen- maßnahmen bei Anwendung durch andere Partei
20	W	Warm halten	Schieben Sie die Diskussion eines bestimmten Punktes auf bzw. verta- gen Sie sie.	**Taktik:** Deadlines; vereinte Front Überzeugen Sie die andere Partei, dass dieser Punkt jetzt beschlossen werden muss.
21	W	Sprung in der Platte	Wiederholen Sie eine Anfrage oder Bedingung kontinuierlich, um sie zu betonen.	**Taktik:** „Alles, was ich mir leisten kann"; Fragen, warum; Was-wäre- wenn-...-/Angenommen-...-Fragen Setzen Sie Grenzen; untersuchen Sie Optionen.
22	W	Gefühle	Benutzen Sie Ihren Ärger, um die andere Partei dazu zu bringen, ihre Taktik zu ändern.	**Taktik:** Stille; vertagen/ hinausge- hen; Gefühle Beenden Sie die Verhandlung, bis sich alle beruhigt haben.
23	W	Alle (Hierarchie-) Ebenen	Benutzen Sie alle Managementebe- nen des eigenen Unternehmens, um über einen Sachverhalt zusätzliche Informationen zu erhalten oder Ent- scheidungsträger auf allen (Hierar- chie-)Ebenen der anderen Partei zu beeinflussen.	**Taktik:** persönliche Verpflichtun- gen; Gefühle Richten Sie die Verhandlung auf Ihre Beziehung zueinander. Halten Sie die internen Hierarchiestufen informiert/heraus. Benennen Sie schlechtes Verhalten.
24	W	Physische Unbere- chenbarkeit	Bemühen Sie sich, die andere Partei zu stören, z. B. verändern Sie die Sitzverteilung, verbieten Sie das Rauchen etc.	**Taktik:** Gefühle, vertagen/hinaus- gehen; physische Unberechenbar- keit „Ich fühle mich in dieser Verhand- lungsumgebung nicht wohl"; „Las- sen Sie es uns auf diese Weise än- dern ..."

Nr.	A/W	Bezeichnung der Taktik	Wie die Taktik angewendet wird	Vorschläge zur Abwehr/Gegenmaßnahmen bei Anwendung durch andere Partei
25	W	Vertagen/ Hinausgehen	Brechen Sie die Verhandlung ab/gehen Sie aus der Verhandlung hinaus, um ihr einen neuen Impuls zu geben.	**Taktik:** Deadlines „Wir sind über der Zeit, wir müssen die Verhandlung am Laufen halten."
26	W	Fragen, warum	Benutzen Sie die Frage, nach dem Warum zur Vergewisserung, dass Sie richtig verstanden haben oder um die andere Partei herauszufordern.	**Taktik:** Sprung in der Platte; Deadlines Konzentrieren Sie sich auf Schlüsselthemen und Deadlines.
27	W	Persönliche Verpflichtungen	Betonen Sie Ihren persönlichen Einsatz, um Abmachungen mit einer internen 3. Partei zu erreichen, um Verpflichtungen/Vertrauen aufzubauen.	**Taktik:** Problemtransfer; Held „Super! Sie haben das so gut gemacht, vielleicht könnten Sie mir auch mit diesen anderen Problemen helfen."
28	W	Zurückschrecken	Zeigen Sie eine starke negative körperliche Reaktion auf ein Angebot, um Erstaunen/Erschrecken auszudrücken.	**Taktik:** Stille; Held; Sprung in der Platte Ignorieren Sie die Reaktion, wenn sie vorgetäuscht ist.
29	W	Schuld	Lassen Sie die andere Partei sich für ein gemachtes Angebot schuldig fühlen, wenn es bereits geschlossenen Abmachungen zuwiderläuft.	**Taktik:** „Alles, was ich mir leisten kann", persönliche Verpflichtung; ursprüngliche Position; guter Kerl – schlechter Kerl „Ich habe mein Bestes getan, ich habe meine Grenzen erreicht; die Alternative ist diese … (schlechte Alternative)."

Nr.	A/ W	Bezeichnung der Taktik	Wie die Taktik angewendet wird	Vorschläge zur Abwehr/Gegenmaßnahmen bei Anwendung durch andere Partei
30	W	Zweifel anmelden	Unterminieren Sie die andere Partei, indem Sie deren Fakten attackieren und hinterfragen.	**Taktik:** Deadlines; physische Unberechenbarkeit; vertagen/hinausgehen; Gefühle Drehen Sie die Diskussion in eine andere Richtung.
31	W	Höhere, keine, begrenzte, volle Befugnis	Variieren Sie in den Autoritätsebenen, um auf die andere Partei Einfluss zu nehmen.	**Taktik:** alle Ebenen; Deadlines „Ich muss (den Entscheidungsträger) treffen, uns geht die Zeit aus, das Geschäft zu einem Ende zu bringen."
32	W	Schwafeln	Zeigen Sie Unsicherheit, um sich Zeit zu erkaufen.	**Taktik:** Deadlines; Fragen, warum „Angesichts der kurzen Zeit, warum sind Sie sich so unsicher?"
33	W	Einteilen und herrschen	Konzentrieren Sie sich auf das angenehmste Mitglied der anderen Partei.	**Taktik:** vertagen/ hinausgehen Brechen Sie die Verhandlung ab und entfernen Sie die Person.
34	W	Ablenken	Stiften Sie absichtlich Verwirrung, um Zeit zu erkaufen.	**Taktik:** Deadlines; Fragen, warum „Angesicht der kurzen Zeit, warum sind Sie so verwirrt?"
35	W	Ursprüngliche Position	Wenn die andere Partei zu sehr auf ihre Position besteht, nachdem Sie ihr Ihr Zugeständnis gemacht haben, oder wenn Sie von der anderen Partei kein bestimmtes Zugeständnis bekommen, drohen Sie, zu ihrer ursprünglichen Position zurückzukehren, wenn die andere Partei nicht von ihrer Position abweicht und ein Zugeständnis macht.	**Taktik:** Was-wäre-wenn-…-/Angenommen-…-Fragen; Fragen, warum; "Alles, was ich mir leisten kann" „Möchten Sie wirklich … (eigenes bestes Zugeständnis benennen), um in diesem einen Punkt zu gewinnen? Ich tue mein Bestes."

Nr.	A/ W	Bezeichnung der Taktik	Wie die Taktik angewendet wird	Vorschläge zur Abwehr/Gegenmaßnahmen bei Anwendung durch andere Partei
36	W	Noch eine Sache/ knabbern	Fügen Sie am Ende der Verhandlung ein kleines Zugeständnis hinzu, um einen Vorteil aus dem Wunsch der anderen Partei, die Verhandlung abzuschließen, zu ziehen.	**Taktik:** „Alles, was ich mir leisten kann" „Ich wünschte, ich könnte darauf eingehen, aber ich bin bereits an meinem Limit."
37	W	Neue Gesichter	Erweitern Sie das Verhandlungsteam um weitere Personen, um das Blickfeld zu ändern.	**Taktik:** Sprung in der Platte Konzentrieren Sie sich wieder auf die ursprünglichen Sachverhalte/Ziele.
38	W	Vertraulichkeit	Benutzen Sie: „Diese Information darf ich nicht weitergeben, sie ist vertraulich."	**Taktik:** persönliche Verpflichtungen; volle Offenlegung „Sie müssen sich schon ein wenig öffnen."
39	W	Ausschuss	Nehmen Sie sich eine Pause, um die Optionen/Angebote zu überdenken; beschaffen Sie sich mehr Daten; stören Sie den Rhythmus der anderen Partei.	**Taktik:** Präventivschlag/Eröffnungsangebot; Deadlines „Fall Sie … € sofort akzeptieren, können wir den Vertrag auf 2 Jahre schließen."

2.16 Detaillierter Verhandlungsplaner

Ein detaillierter Planer ist im „Praxishandbuch Strategischer Einkauf" (Büsch, 2013, S. 197 ff.) dargestellt. Für viele Verhandlungsvorbereitungen ist dieser Planer sicherlich zu detailliert und umfangreich. Auf der anderen Seite können so auch unerfahrene Teilnehmer in einer Verhandlung im Team vorbereitet werden.

Besonders, wenn die Verhandlung in einem Team stattfindet, ist es zwingend erforderlich, dass die Verhandlung gemeinsam vorbereitet wird und die Rollen in einer Verhandlung vorher definiert sind. Wenn jetzt auch noch der besondere Fall eintritt, dass das eigene Management mit eingebunden ist, ist eine Vorbereitung von zentraler Bedeutung.

Auch wenn Sie den Verhandlungsplaner, wie in Abbildung 51 dargestellt nicht als Vordruck verwenden, so hilft er Ihne sich die richtigen Fragen zu stellen und sich auch einen entsprechenden Gedanken über die andere Partei zu machen. Auch wenn Sie den Verhandlungsplaner nicht nutzen, so können Sie eine Verhandlung auch einfacher entsprechend der Musterlösung in Abschnitt 4.1.3 als ein Planungswerkzeug nutzen.

Besonders bei größeren Teamverhandlungen kann es zweckmäßig sein, die Vorbereitung in Power Point zu erstellen, da dies einfacher – auch digital per Videokonferenz – vorgestellt und abgestimmt werden kann.

VERHANDLUNGSPLAN für _____ - Seite 1 - _____

*** Geheim, wenn ausgefüllt ***   (Name des Beschaffungsprojektes)   (Datum)

1a. Hintergrund/Umfeldanalyse (Für vorausgehende Besprechungen ist ein extra Verzeichnis der Historie zu erstellen)

Eigene Partei (Unternehmen)		Anweisungen
Ziel(e)		Auflistung der Schlüsselziele
		(Einzelziele in Abschnitt 4)
Problem(e)		Auflistung der Schlüsselprobleme, die
		gelöst werden müssen
Zustimmungs-		Auflistung aller, die zustimmen,
team		freigeben oder informiert werden müssen
Deadlines/		Auflistung der Deadlines bzw. Milestones,
Milestones		die eingehalten werden müssen
Andere Partei (Lieferant)		**Anweisungen**
Ziel(e)		Für alle 4 Punkte gelten dieselben
		Anweisungen, wie oben beschrieben.
Problem(e)		Punkte, bei denen eine Übereinstimmung
		zwischen der eigenen und der anderen
Zustimmungs-		Partei herrscht, sind gesondert hervor-
team		zuheben, um sie in den Abschnitten
Deadlines/		3. (Stärken/Schwächen) und 4 (Ziele/
Milestones		Interessen) einzutragen.

1b. (Optional) Industrie/Marktkräfteanalyse (Auszufüllen, falls nicht vertraut mit Industrie/Markt)

Haupteinflusskräfte, -punkte und -barrieren		Anweisungen
Entscheidungs-		Schlüsselkräfte, die Entscheidungsprozess
prozess		der Verhandlungspunkte beeinflussen
Produktion		Schlüsselkräfte, die Herstellung der Güter
		beeinflussen (z.B. Lagerbestand)
Markt-		Schlüsselkräfte, die den Marktpreis
preis		bestimmen (z.B. Rivalität)
Veränderungs-		Schlüsselkräfte, die Veränderungen
barrieren		zur Zielunterstützung verhindern

2. Beziehungsanalyse

Gegenwärtig		Gewünscht		Anweisungen
Geringe Stärke Geringes Vertrauen ←┤1 Verl. - Gew. ┤2 Gew. - Verl. ┤3 Gewinn! Gew. - Gew. ┤4├→ Hohe Stärke Hohes Vertrauen				1. Markierung der „gegenwärtigen" und der „gewünschten" Beziehung auf der nebenstehenden Liste & entsprech-end den untenstehenden Fragen.
1	Verlust – Gewinn	Jetzt verlieren (TOP-Ziele aufgeben), um später zu gewinnen? Vertrauen aufbauen? Eigene Stärke gering?		
2	Gewinn – Verlust	Muss andere Partei verlieren, damit eigene gewinnt? Vertrauen/Beziehung unwichtig? Eigene Stärke mittel?		
3	Gewinn!	Kann eigene Partei unabhängig von der anderen gewinnen? Vertrauen weniger wichtig? Eigene Stärke hoch?		
4	Gewinn – Gewinn	Muss andere Partei gewinnen, damit wir gewinnen? Vertrauen wichtig & hoch? Eigene Stärke hoch & anerkannt?		
Pri	**Aktionsschritte**			2. „Brainstorm" bzw. Auflisten aller Aktivitäten die nötig sind, um die „gewünschte" Beziehung zu erlangen.
				3. Bewerten/Sortieren der Aktionen nach
				Priorität und mit Zeitplan versehen.

3. Stärken/Schwächen-Analyse

Pri	Stärken/Möglichkeiten	Vorteils-Strategien	Anweisungen
			1. Auflistung der eigenen Stärken und der Schwächen der anderen Partei & externen Möglichkeiten.
			2. Auflistung der Strategien, um Vorteile zu erlangen; Konzentration.
			3. Bewerten/Sortieren.

VERHANDLUNGSPLAN für _____   - Seite 2 -   _____
*** Geheim, wenn ausgefüllt ***   (Name des Beschaffungsprojektes)   (Datum)

Pri	Schwächen/Gefahren	Verteidigungs-Strategien	Anweisungen
			1. Auflistung der eigenen Schwächen und Stärken der anderen Partei & externen Gefahren.
			2. Auflistung der Verteidigungs-Strategien.
			3. Bewerten/Sortieren

4. Ziele/Interessen-Analyse

Pri	Eigene Partei		Ziel/Limit	Grund/Daten	Anweisungen
		Z			1. „Brainstorm", Ziele/Interessen listen
		L			2. Gewinn-Ziele listen (Wünsche)
		Z			3. Unteres Limit listen (Bedürfnisse)
		L			(Gewinn-Ziele und Untere-Limits
		Z			müssen messbar sein)
		L			4. Gründe für Ziele & Limits listen
		Z			5. Bewerten/Sortieren nach Priorität
		L			

Pri	Andere Partei		Ziel	Grund/Daten	Anweisungen
					Wiederholung der Schritte 1 bis 5 und
					6. Markierung der gemeinsamen Ziele; speziell die eigenen Ziele mit geringer Priorität, die die andere Partei mit hoher Priorität sieht. Dies sind strategische Handelsoptionen

5. Strategische Optionsanalyse

Pri	F	Optionen	Ziel erreicht	Anweisungen
				1. Brainstorm/alle Optionen zum Erreichen der eigenen Ziele listen; inkl. Alternativen der Übereinstimmung, andere Lieferquellen, Ersatzprodukte.
				2. Alle Pri (s) der erreichten Ziele listen (auch die der anderen Partei).
				3. Bewerten/Sortieren der Prioritäten
				4. Markieren der freien (F) Optionen und kombinierte Strategien zu entwickeln

6a. Frageliste

Pri	Fragen der eigenen Partei	Wer	Wann	Anweisungen
				1. Brainstorm/Fragen, die helfen/unterStützen, Optionen zu finden, um die eigenen Ziele zu erreichen.
				2. Auflisten, wer sie wann fragen wird.
				3. Bewerten/Sortieren nach Priorität
				Bemerkung: Ableitung der Antworten aus dem Verhandlungsplan, anschließend die Fragen hierzu entwerfen. Die Antworten können auch im Verhandlungslog (Abschnitt 8) festgehalten werden.

VERHANDLUNGSPLAN für _____ - Seite 3 - _____
*** Geheim, wenn ausgefüllt ***   (Name des Beschaffungsprojektes)   (Datum)

Pri	Fragen der anderen Partei	Gegenantworten	Anweisungen
			1. Brainstorm/Erwartete Fragen von der anderen Partei listen.
			2. Gegenantworten, die die eigenen Ziele unterstützen, auflisten.
			3. Bewerten/Sortieren nach Priorität.

6b. (Optional) Zusätzliche Bereiche eines Ausgleiches

	Eigene Partei	Anweisungen
Prinzipien		Auflistung der Prinzipien/Standards und Regeln, die die eigenen Ziele/Optionen mit Priorität unterstützen (z. B. sind von anderen Partei akzeptierbar).
Dritte Parteien		Auflistung der dritten Parteien, die bei den eigenen Ziele helfen können.
Andere:		Auflistung zusätzliche Bereiche, die ein Ausgleich der eigenen Ziele unterstützen.

	Andere Partei	Verteidigung	Anweisungen
Prinzipien			Für alle 3 Punkte ist analog wie oben beschrieben zu verfahren. Anschließend sind die eigenen Verteidigungsmöglichkeiten aufzulisten
Dritte Parteien			
Andere:			

6c. (Optional) Verhandlungsaktionsplan

Pri	Aktion	Zeit	Verantw.	Messgröße	Anweisungen
					1. Brainstorm/Auflistung spezifischer Aktionen, die nötig sind, um Ziele zu verhandeln
					2. Definition Zeilplan, Verantwortlichkeit, Messgrößen
					3. Bewerten/Sortieren nach Priorität

7a. Planung des Verhandlungstreffens (für ein Treffen mit: _____)

	Planung	Bemerkung	Anweisungen
Ort			Werk, andere Partei, neutraler Platz?
Wer eröffnet das Gespräch?			Eigene Partei eröffnet, falls ein großer Unterschied der bekannten Positionen herrscht, sonst die andere Partei.
Eröffnungsvorschläge/ Hauptpunkte der Agenda/ Punkte			Der Eröffnungsvorschlag und Agendaplan für jeden Punkt. Unterstützung durch Daten, die dies bestätigen, jedoch keine Beschränkungen darstellen und den Verhandlungsspielraum zu den eigenen Zielen vergrößern
Zugeständnis			Teile eines Zugeständnisses / Frequenz von Zugeständnissen
Deadlock			Was bei Nichterreichung des Limits
Unterbrechung			Umstände für eine Unterbrechung
Autorität			Wann soll man sagen: „Ich kann nicht entscheiden". Wie geht man bei der anderen Partei zu höherer Autorität?

VERHANDLUNGSPLAN für _____ - Seite 4 - _____
*** Geheim, wenn ausgefüllt ***   (Name des Beschaffungsprojektes)   (Datum)

7b. (Optional) Verhandlungsteamrollen (ist nötig für Teamverhandlungen)

	Name	Rollenbeschreibung	Anweisungen
Leiter			Teamleiter, Chefsprecher
Senior Manager(s)			Personen, die herausragende Geschäfts- ziele rechtfertigen
Technische Experten			Personen, die Spezifikationen erstellen und auf technische Bedürfnisse achten
Regionale Vertreter			Regionale bzw. globale Vertreter, um potentielle weitere Möglichkeiten zu sehen
Schriftführer			Person, die Zusagen und Schritte notiert
Beobachter			Person, die die andere Partei beobachtet
Übersetzer			Übersetzer falls nötig

7c. Planung der Verhandlungstaktiken

Pri	Eigene Taktiken	Wann zu benutzen	Anweisungen
			1. Brainstorm/Auflistung der Taktiken
			2. Auflisten, wann diese Taktiken an- gewendet werden sollen
			3. Bewerten/Sortieren nach Prioritäten

Pri	Taktiken der anderen Partei	Verteidigungstaktiken	Anweisungen
			1. Brainstorm/Auflistung der Taktiken, die die andere Seite eventuell nutzt
			2. Auflisten von Taktiken, die diese Taktiken verteidigen
			3. Bewerten/Sortieren nach Prioritäten

8. Verhandlungsverzeichnis (für eine Verhandlung mit: _____)
1) Auflistung von Datum/Zeitpunkt und Inhalt des Vorschlages/Fragen, 2) Hervorheben von Zusagen und Antworten und 3) Falls nötig, die andere Partei an früher gemachte Zusagen bzw. Aussagen erinnern.

Datum	Eigene Partei	Datum	Andere Partei

Abbildung 51:   Detaillierter Verhandlungsplaner als Vordruck

2.17 Vergabeempfehlung nach erfolgreicher Verhandlung

Eine besondere Form einer Verhandlungsnachbereitung ist die Dokumentation, die zu einer Auftragsvergabe führt, wie in Abbildung 52 dargestellt.

VERGABEEMPFEHLUNG für	_____	- Seite 1 -	_____
*** Geheim, wenn ausgefüllt ***	(Name des Beschaffungsprojektes)		(Datum)

EMPFEHLUNG DER AUFTRAGSVERGABE

An:		Geschäftsleitung oder Einkaufsleitung, wie in der Unterschriftenregelung oder Geschäftsordnung definiert

	Grunddaten	Anweisungen
Was		Ware, Rohmaterial, Maschine, Dienst-Leistung etc.
Wert		Gesamtgeschäftsvolumen in EURO und EURO pro Jahr
Laufzeit		Vertragsgültigkeit von bis und Gesamt-dauer in Monaten, bzw. Jahren

1. Empfehlung das,

Einzelheiten	Anweisungen
• das Geschäft._____ mit einem gesamten Geschäftsvolumen von EURO _____ für einen Zeitraum von._____ Monaten vom _____ bis zum._____ vergeben.	Beschreibung, um welches Geschäft es sich handelt, mit dem Geschäftsvolumen und der Vertragslaufzeit (d. h. Wiederholung der Grunddaten als Fließtext)
• einen._____ Monate gültigen Vertrag mit _____ und einen _____ Monate gültigen Vertrag mit _____ abschließen.	Falls mehrere Verträge abgeschlossen werden sollen, werden hier die individuellen Laufzeiten und Lieferantennahmen eingetragen.
• Wir uns die Option vorbehalten, dass _____	Sollte es notwendig sein, bestimmte Optionen offen zu lassen (z. B. nicht die komplette Vergabe), so ist dies hier anzumerken.
• Wir beabsichtigen mit der Qualifikation von _____ zu beginnen oder diese fortzusetzen, um eine Kosteneinsparung von EURO _____. pro Jahr zu erreichen.	Falls der neue Lieferant noch nicht qualifiziert ist, ist dies hier zu vermerken, inkl. des wirtschaftlichen Vorteiles der Qualifikation.
• Diese Empfehlung hat die Zustimmung von _____	Zustimmung der Fachabteilungen, wie F&E, Werksleitung, Technik, QS etc.

2. Schlussfolgerung für das eigene Unternehmen und die Lieferanten

Einzelheiten	Anweisungen
Einfluss der Auftragsvergabe für die betroffenen Werke, Geschäftseinheiten oder das gesamte Unternehmen:	
• Diese Empfehlung mit einem Gesamtwert von EURO _____ oder EURO _____ pro Jahr, bedeutet eine Kostenerhöhung/ Kostenreduzierung von EURO _____ verglichen zum letzten Jahr, bzw. einer Erhöhung/Reduzierung um _____ %.	Eine klare Kommunikation über den Einfluss auf das Geschäft ist unerlässlich. An dieser Stelle geht es um eine Referenz zum letzten Geschäftsjahr.
• Der Verlust/Gewinn gegenüber der letzten Forecast vom _____ für das Geschäftsjahr _____ beträgt EURO _____ oder _____ %.	Einfluss des Abschlusses gemessen am Budget bzw. am Forecast.
• Diese bedeutet für die einzelnen Werke und Standorte Folgendes:	Einfluss des Abschlusses auf die einzelnen Werke und Standorte.

Werk	Jährliche Ausgaben	Kosten Veränderung		Gewinn/Verlust vs. Budget (Forecast)	
	EURO/a	EURO	%	EURO/a	%
A					
B					
GESAMT:					

VERGABEEMPFEHLUNG für _____   - Seite 2 -   _____
*** Geheim, wenn ausgefüllt ***   (Name des Beschaffungsprojektes)   (Datum)

• Diese bedeutet für die Lieferanten:					Einfluss des Abschlusses auf die Lieferantenbasis.	
Lieferant	**Gegenwärtige Geschäftsausgaben**		**Empfehlung**		**Änderung**	
	EURO	Volumen	EURO	Volumen	% (EURO)	%
A						
B						
C						
GESAMT:						

3. Geschäftsergebnisse

Vorherige Kosten (alter Lieferant und alte Kosten)	Anweisungen
• Beim aktuellen Lieferanten _____, d. h. vor der Interaktion durch den Einkauf, würden sich die Kosten projiziert auf die neue Vertragsdauer auf EURO _____ bzw. EURO _____ pro Jahr belaufen.	**Zur Beurteilung sind die Kosten des alten Lieferanten, d. h. alter Preis, mit dem neuen Volumen zu multiplizieren.**
Neue Kosten (neuer Lieferant und neue Kosten)	**Anweisungen**
• Beim neuen Lieferanten _____, d. h. nach der Interaktion durch den Einkauf, würden sich die Kosten projiziert auf die neue Vertragsdauer auf EURO _____ bzw. EURO _____ pro Jahr belaufen.	Verliert ein aktueller Lieferant ein Geschäft, so ist es wichtig zu hinterfragen, wie sich sein alter bzw. neuer Preis mit dem Preis, der dieser Empfehlung zu Grunde liegt, vergleicht.
Geringste Kosten (d.h. bestes Angebot)	**Anweisungen**
• Welches sind die theoretischen geringsten Kosten in EURO _____ und die praktischen geringsten Kosten in EURO _____ pro Jahr. Welches Potenzial in EURO _____ pro Jahr bleibt ungenutzt.	Theoretische Kosten entsprechen dem reinem Angebot bzw. dem verhandelten Preis. Die praktischen Kosten sind abzüglich der Qualifizierungskosten.
• Begründung: _____	Erfolgt die Geschäftsvergabe nicht an den günstigsten Anbieter, weil der Qualifikationsaufwand zu hoch ist oder die technische Vorbeurteilung keine zufrieden stellenden Ergebnisse geliefert hat, so ist hier auszuführen warum.
Letzte Empfehlung	**Anweisungen**
• Bei der letzten Geschäftsvergabe im Jahr _____ wurden für EURO _____ pro Jahr ein Volumen von _____ unter Vertrag genommen.	Planung für die letzte Geschäftsvergabe in Wert und Menge.
• Im Vertragszeitraum wurde ein Umsatz von EURO _____ bei einem Volumen von _____ gemacht.	Umsatz und Mengenvolumen, das während der Geschäftslaufzeit gemacht wurde.
• Die Abweichung ergibt sich aus _____	Falls sich ein Unterschied aus der Planung und dem wirklichen Umsatz ergibt, ist die Begründung hier darzustellen.

4. Diskussion

Marktkräfte	Anweisungen
• Zukünftige Anforderungen der Werke bzw. der Geschäftsbereiche: _____	Planung für die kommende Vertragsperiode bezüglich Volumenentwicklung, neuer Produkte, Alternativen etc.
• Angebot und Nachfrage: _____	Beschreibung der Marktkräfte nach dem Porter Modell.
• Entwicklung der Feedstocks und Kostentreiber: _____	Entwicklung der Feedstocks (z. B. Papier, Kunststoff, Öl etc.) und weiterer Einflussfaktoren (z.B. Inflation, US-Dollar-Kurs etc.)

Wie gut trifft die Vergabe den eigenen Geschäftsbedarf?	**Anweisungen**
• War die Beschaffungsstrategie richtig? _____	Vergleich der zuvor definierten Beschaffungsstrategie vs. der Vergabe.
• Wurden die richtigen Annahmen getroffen? _____	
• Stimmt diese Auftragsvergabe mit der langfristigen Geschäfts- und Beschaffungsstrategie überein? _____	
• Wie wird der Beschaffungsmarkt voraussichtlich bei der kommenden Vergabe reagieren? _____	Der Leser muss nach dem Lesen davon überzeugt sein, dass dies die beste Geschäftsvergabe ist und alle Eventualitäten bedacht wurden.
Lieferantentaktiken	**Anweisungen**
• Was wurde angeboten? _____	Vergleich der zuvor definierten Taktiken und Verhandlungsstrategien vs. der Vergabe.
• Entsprachen die Angebote den Erwartungen? _____	
• Haben die Verhandlungsstrategien mit den Lieferanten gewirkt? _____	
• Sind weitere Gespräche notwendig? _____	Der Leser muss nach dem Lesen davon überzeugt sein, dass jeder Lieferant die Geschäftsbedürfnisse richtig verstanden hat.
Werke	**Anweisungen**
• Welchen Einfluss hat diese Geschäftsvergabe auf die Werke? _____	Einzelheiten je Standort.
• Warum wird das Geschäft/Auftrag genau an den/die Lieferanten _____ vergeben?	Erklärung für die Geschäftsvorgabe.
• Wie sind die lokalen Erfordernisse (Standort/Werk) bedacht worden? _____	Auswirkungen, z. B. auf existierende Maschinen, Anfahrtswege, Lagerkapazitäten etc.

Darf ich bitte Ihre Zustimmung haben.

Mit freundlichem Gruß

Ort, Datum	Name, Unterschrift

Abbildung 52:   Detaillierte Nachbereitung einer Verhandlung als Vergabeempfehlung

Der Vordruck zur Vergabeempfehlung kann verwendet werden, um zu dokumentieren, was genau mit den Lieferanten vereinbart wurde und welchen Einfluss diese Vereinbarung auf das Geschäft (also das eigene Unternehmen) und die Lieferanten hat. Weiterhin werden die Hintergründe dazu dargelegt.

Wie bereits bei dem Vordruck zur Verhandlungsplanung, so gilt auch hier, nicht immer sind alle Informationen wichtig und nötig. Eine weitere Form der Dokumentation kann es auch sein, die Inhalte ganz oder teilweise als Fließtext in Word oder als Präsentation in Power Point zu dokumentieren.

2.18 Umsetzungshilfe

- Schreiben Sie alle wichtigen Punkte auf, die Sie umsetzen und ausprobieren möchten.
- Formulieren Sie die Punkte so, dass sie möglichst konkret sind.
- Gewichten Sie, welche Punkte Sie als Erstes und in welcher Reihenfolge in Angriff nehmen wollen.
- Notieren Sie sich eine Frist zu jedem Punkt, denn nur so erlangen Sie Verbindlichkeit.
- Kontrollieren Sie später, ob Sie den Punkt fristgerecht umgesetzt haben oder warum Sie den Punkt nicht fristgerecht umsetzen konnten.
- Seien Sie ehrlich zu sich!

Priorität	Merkposten	Termin	Kontrolle
………	…………………………………………	………	☐
………	…………………………………………	………	☐
………	…………………………………………	………	☐
………	…………………………………………	………	☐
………	…………………………………………	………	☐
………	…………………………………………	………	☐
………	…………………………………………	………	☐
………	…………………………………………	………	☐
………	…………………………………………	………	☐
………	…………………………………………	………	☐
………	…………………………………………	………	☐

3   Gruppenübungen

In diesem Kapitel werden verschiedene Gruppenübungen und Rollenspiele beschrieben. Jede Gruppenübung oder Rollenspiel startet mit einem kurzen Hinweis, welche mögliche Optionen es zur Durchführung gibt. Damit Sie zu einem guten Verhandlungtrainer für Ihr Unternehmen werden, ist die Auswahl und Umsetzung von passenden Gruppenübungen ein entsprechender Schritt.

3.1   Vermarktung von Schokoriegeln

Dies ist eine sehr gute Übung, um grundsätzlich in die Thematik der Geschäftswelt und der Verhandlung einzuführen.

Ziel der Übung

Den Teilnehmern soll noch einmal bewusst gemacht werden, dass der Preis eines Produkts nicht gleichbedeutend mit den tatsächlichen Kosten sein muss (Preis ≠ Kosten), sondern dass dieser von vielen verschiedenen Faktoren abhängen kann.

Aufgabe

Teilnehmer auf 6 Gruppen aufteilen. Die Teilnehmer sollen in Gruppenarbeit den Verkaufspreis und den dabei zu erwirtschaftenden Gewinn eines Schokoriegels für ihr Unternehmen bestimmen. Die Gruppen haben jeweils verschiedene Markt- bzw. Geschäftssituationen als Ausgangspunkt.

Dauer der Übung

- Bestimmung des Verkaufspreises und Gewinns: 15 min
- Abfrage der Ergebnisse (Verkaufspreis und Gewinn): 5 min
- Kurze Erklärung jeder Gruppe, warum sie zu dieser Einschätzung gekommen sind: jeweils etwa 2 min., insgesamt 12 min
- Ergebnisdiskussion: 18 min
- Insgesamt: 50 min

© Der/die Autor(en), exklusiv lizenziert an
Springer Fachmedien Wiesbaden GmbH, ein Teil von Springer Nature 2023
M. Büsch, *Verhandlungstraining im Einkauf*,
https://doi.org/10.1007/978-3-658-42934-8_3

Ablauf der Übung

- Die Trainingsgruppe wird in 6 Untergruppen unterteilt. Jede Untergruppe wird mit einem Großbuchstaben von A bis F bezeichnet.

- Jede Gruppe erhält jeweils eine eigene Aufgabenstellung. Die Aufgabenstellung enthält die Kostenaufstellung sowie eine Beschreibung der Marktanalyse und der Geschäftssituation des Unternehmens.

- Jede Gruppe bearbeitet individuell ihre Aufgabenstellung.

- Die Gruppen stellen ihre Ergebnisse vor und tragen sie in eine vorbereitete Tabelle ein, die für alle Teilnehmer sichtbar ist.

- Die Gruppen erklären, warum sie zu ihrer Einschätzung gekommen sind.

- Zu Beginn der Übung ist die Frage zu stellen, welche Faktoren für die Festlegung eines Verkaufspreises einer Ware bestimmend sind. Die Ideen sind festzuhalten.

- Die Teilnehmer sollen diskutieren, welche Faktoren für die Festlegung eines Verkaufspreises einer Ware bestimmend sind und die Ergebnisse ihrer Gruppenarbeit besprechen.

Hinweise zur Auswertung

- Im Abschnitt 4.2.1 sind sowohl ein Muster zur Auswertung (Abbildung 58) wie auch einige weiterführende Hinweise dargestellt.

Unternehmen A: Wie hoch sind Verkaufspreis und Gewinn?

Marktanalyse:

- Es herrscht ein extrem hoher Wettbewerb im Lebensmittel-Snack-Bereich.
- Entweder nehmen die Käufer den neuen Schokoladenriegel an oder kaufen stattdessen lieber einen anderen Schokoriegel, Obst oder einen anderen Snack.
- Sowohl Obst als auch andere Snacks und Schokoladenriegel sind für einen Preis von etwa 0,40 € bis 0,60 € zu haben.

Geschäftssituation des Unternehmens:

Ihr Vorgesetzter sagt Ihnen, das Wichtigste sei, den neuen Schokoladenriegel im Markt zu etablieren, um eine langfristige Kundentreue zu erreichen. Auf langfristiges Wachstum wird mehr Wert gelegt als auf kurzfristigen Umsatz oder Gewinn – es darf aber auch nicht mit Verlust gearbeitet werden. Ihr Vorgesetzter macht Sie darauf aufmerksam, dass Sie die kommenden 5 Jahre mit dieser Arbeit beschäftigt sein werden und dass Ihr zukünftiges Gehalt und Ihr zukünftiger Job von der Kundenzufriedenheit und -treue bezüglich des Schokoladenriegels abhängen.

Kostenbestandteil	Euro/Riegel
Zutaten: • Schokolade, • Zucker • Andere	0,17
Verpackungsmaterial	0,05
Herstellungskosten	0,10
Werbekosten	0,06
Gemeinkosten • Bürokosten • Personalkosten	0,04
Verkaufskosten	0,02
Steuern	0,01
Totalkosten	0,45
Gewinn	
Verkaufspreis	

Unternehmen B: Wie hoch sind Verkaufspreis und Gewinn?

Marktanalyse:

- Der Markt ist riesig und die Nachfrage nach Schokoladenriegeln überwältigend.
- Es herrscht Mangel an Schokoladenriegeln und die Höhe des Marktanteiles liegt in Ihrer Hand.
- Der Verkaufspreis für Schokoladenriegel ist von jeher immer im Bereich von 0,40 € bis 0,60 € angesiedelt.

Geschäftssituation des Unternehmens:

Ihr Vorgesetzter sagt Ihnen, dass Gewinne für die Firma extrem wichtig sind. Andere Produkte laufen zurzeit nicht gut und das Unternehmen braucht schnell Geld. Es ist wichtiger, mit den Schokoladenriegel schnellen Gewinn zu machen, als den Verkaufspreis konservativ zu gestalten. Ihnen wird deutlich gesagt, dass sowohl Sie als auch Ihre Kollegen gekündigt würden, falls Sie nicht schnell und ausreichend Geld mit dem neuen Riegel machen, da man sich solch teure Mitarbeiter dann nicht mehr leisten könnte. Falls der Gewinn aber den Erwartungen entspricht, können Sie sicher sein, eine dementsprechende Prämie zu erhalten.

Kostenbestandteil	Euro/Riegel
Zutaten: • Schokolade, • Zucker • Andere	0,17
Verpackungsmaterial	0,05
Herstellungskosten	0,10
Werbekosten	0,06
Gemeinkosten • Bürokosten • Personalkosten	0,04
Verkaufskosten	0,02
Steuern	0,01
Totalkosten	0,45
Gewinn	
Verkaufspreis	

Unternehmen C: Wie hoch sind Verkaufspreis und Gewinn?

Marktanalyse:

- Es herrscht ein extrem hoher Wettbewerb im Lebensmittel-Snack-Bereich.
- Entweder nehmen die Käufer den neuen Schokoladenriegel an oder kaufen stattdessen lieber einen anderen Schokoriegel, Obst oder einen anderen Snack.
- Sowohl Obst als auch andere Snacks und Schokoladenriegel sind für einen Preis von etwa 0,40 € bis 0,60 € zu haben.

Geschäftssituation des Unternehmens:

Für Sie ist es schwer, von Ihren Vorgesetzten zu erfahren, was die größte Rolle bei der Einführung des neuen Schokoladenriegels spielen soll. Sie haben versucht herauszufinden, ob die Firma mehr Wert auf langfristige Etablierung im Markt legt oder ob schnelle Gewinne wichtiger sind. Ihr Vorgesetzter ist gerade erst eingestellt worden und ist sehr zurückhaltend mit dem Treffen von Entscheidungen. Er möchte nicht, dass er genau wie sein Vorgänger gekündigt wird. Das Unternehmen ist etwas angeschlagen und hat die letzten Jahre wenig Gewinn gemacht. Bezogen auf den Gewinn sind die anderen Produkte auch nicht allzu effizient. Der Eigentümer (das Unternehmen ist in Privatbesitz) hat seine Bedenken bezüglich des Gewinns geäußert. Ein Arbeitskollege von Ihnen hat erst kürzlich eine Beförderung und Prämie erhalten (mit der Prämie hat er sich einen Swimming-Pool und ein neues Auto gekauft), da er für die Firma in seinem letzten Projekt eine Menge Geld gespart hat. Sie hoffen, dass Sie durch schnellen Gewinn positiv auffallen werden und ebenfalls eine Prämie erhalten könnten. Jedoch glauben Sie auch, dass eine gründliche Markteinführung des Schokoladenriegels sowie Kundentreue und -zufriedenheit ebenfalls wichtig ist.

Kostenbestandteil	Euro/Riegel
Zutaten: • Schokolade, • Zucker • Andere	0,17
Verpackungsmaterial	0,05
Herstellungskosten	0,10
Werbekosten	0,06
Gemeinkosten • Bürokosten • Personalkosten	0,04
Verkaufskosten	0,02
Steuern	0,01
Totalkosten	0,45
Gewinn	
Verkaufspreis	

Unternehmen D: Wie hoch sind Verkaufspreis und Gewinn?

Marktanalyse:

- Der Markt ist riesig und die Nachfrage nach Schokoladenriegeln überwältigend.
- Es herrscht Mangel an Schokoladenriegeln und die Höhe des Marktanteiles liegt in Ihrer Hand.
- Der Verkaufspreis für Schokoladenriegel ist von jeher immer im Bereich von 0,40 € bis 0,60 € angesiedelt.

Geschäftssituation des Unternehmens:

Ihr Vorgesetzter sagt Ihnen, das Wichtigste sei, den neuen Schokoladenriegel im Markt zu etablieren, um eine langfristige Kundentreue zu erreichen. Auf langfristiges Wachstum wird mehr Wert gelegt als auf kurzfristigen Umsatz oder Gewinn – es darf aber auch nicht mit Verlust gearbeitet werden. Ihr Vorgesetzter macht Sie darauf aufmerksam, dass Sie die kommenden 5 Jahre mit dieser Arbeit beschäftigt sein werden und dass Ihr zukünftiges Gehalt und Ihr zukünftiger Job von der Kundenzufriedenheit und -treue bezüglich des Schokoladenriegels abhängt.

Kostenbestandteil	Euro/Riegel
Zutaten: • Schokolade, • Zucker • Andere	0,17
Verpackungsmaterial	0,05
Herstellungskosten	0,10
Werbekosten	0,06
Gemeinkosten • Bürokosten • Personalkosten	0,04
Verkaufskosten	0,02
Steuern	0,01
Totalkosten	0,45
Gewinn	
Verkaufspreis	

Unternehmen E: Wie hoch sind Verkaufspreis und Gewinn?

Marktanalyse:

- Es herrscht ein extrem hoher Wettbewerb im Lebensmittel-Snack-Bereich.
- Entweder nehmen die Käufer den neuen Schokoladen-riegel an oder kaufen stattdessen lieber einen anderen Schokoriegel, Obst oder einen anderen Snack.
- Sowohl Obst als auch andere Snacks und Schokoladen-riegel sind für einen Preis von etwa 0,40 € bis 0,60 € zu haben.

Geschäftssituation des Unternehmens:

Ihr Vorgesetzter sagt Ihnen, dass Gewinne für die Firma extrem wichtig sind. Andere Produkte laufen zurzeit nicht gut, und das Unternehmen braucht schnell Geld. Es ist wichtiger, mit den Schokoladenriegel schnellen Gewinn zu machen, als den Verkaufspreis konservativ zu gestalten. Ihnen wird deutlich gesagt, dass sowohl Sie als auch Ihre Kollegen gekündigt würden, falls Sie nicht schnell und ausreichend Geld mit dem neuen Riegel machen, da man sich solch teure Mitarbeiter dann nicht mehr leisten könnte. Falls der Gewinn aber den Erwartungen entspricht, können Sie sicher sein, eine dementsprechende Prämie zu erhalten.

Kostenbestandteil	Euro/Riegel
Zutaten: • Schokolade, • Zucker • Andere	0,17
Verpackungsmaterial	0,05
Herstellungskosten	0,10
Werbekosten	0,06
Gemeinkosten • Bürokosten • Personalkosten	0,04
Verkaufskosten	0,02
Steuern	0,01
Totalkosten	0,45
Gewinn	
Verkaufspreis	

Unternehmen F: Wie hoch sind Verkaufspreis und Gewinn?

Marktanalyse:

- Es herrscht ein extrem hoher Wettbewerb im Lebensmittel-Snack-Bereich.
- Entweder nehmen die Käufer den neuen Schokoladenriegel an oder kaufen stattdessen lieber einen anderen Schokoriegel, Obst oder einen anderen Snack.
- Sowohl Obst als auch andere Snacks und Schokoladenriegel sind für einen Preis von etwa 0,40 € bis 0,60 € zu haben.

Geschäftssituation des Unternehmens:

Für Sie ist es schwer, von Ihren Vorgesetzten zu erfahren, was die größte Rolle bei der Einführung des neuen Schokoladenriegels spielen soll. Sie haben versucht herauszufinden, ob die Firma mehr Wert auf langfristige Etablierung im Markt legt oder ob schnelle Gewinne wichtiger sind. Ihr Vorgesetzter ist gerade erst eingestellt worden und ist sehr zurückhaltend mit dem Treffen von Entscheidungen. Er möchte nicht, dass er genau wie sein Vorgänger gekündigt wird. Das Unternehmen ist etwas angeschlagen und hat die letzten Jahre wenig Gewinn gemacht. Bezogen auf den Gewinn sind die anderen Produkte auch nicht allzu effizient. Der Eigentümer (das Unternehmen ist in Privatbesitz) hat seine Bedenken bezüglich des Gewinns geäußert. Ein Arbeitskollege von Ihnen hat erst kürzlich eine Beförderung und Prämie erhalten (mit der Prämie hat er sich einen Swimming-Pool und ein neues Auto gekauft), da er für die Firma in seinem letzten Projekt eine Menge Geld gespart hat. Sie hoffen, dass Sie durch schnellen Gewinn positiv auffallen werden und ebenfalls eine Prämie erhalten könnten. Jedoch glauben Sie auch, dass eine gründliche Markteinführung des Schokoladenriegels sowie Kundentreue und -zufriedenheit ebenfalls wichtig sind.

Kostenbestandteil	Euro/Riegel
Zutaten: • Schokolade, • Zucker • Andere	0,17
Verpackungsmaterial	0,05
Herstellungskosten	0,10
Werbekosten	0,06
Gemeinkosten • Bürokosten • Personalkosten	0,04
Verkaufskosten	0,02
Steuern	0,01
Totalkosten	0,45
Gewinn	
Verkaufspreis	

3.2   Auf dem Bazar – Rollenspiel

Mit dieser Übung werden die Teilnehmer an eine einfache Verhandlungssituation herangeführt und können sich ausprobieren, ohne dass ein besonderes Konfliktpotential gegeben ist.

Ziel der Übung

Erste Einführung in die Verhandlungsplanung und erfahren, welche Bedeutung eine Vorbereitung und das Setzen von eigenen Verhandlungszielen hat. Zusätzlich werden die nicht an der Verhandlung beteiligten Schulungsteilnehmer darauf vorbereitet, ein qualifiziertes Feedback analog zu Abbildung 17 zu geben.

Aufgabe

- Es sind zwei Gruppen zu bilden, die sich separat auf die Verhandlung und ihre Verhandlungsziele vorbereiten. Jede Gruppe bestimmt einen Verhandlungsführer.

- Nur die beiden Verhandlungsführer verhandeln (sollte es zu keiner Einigung gekommen sein, wird nach 10 Minuten abgebrochen)

- Die Beobachter geben den beiden Verhandlern nacheinander ein Feedback zu ihrer Leistung.

Dauer der Übung

- Vorbereitung der Verhandlung in der Gruppe: 10 Minuten

- Durchführung der Verhandlung: 10 Minuten

- Feedback zur Verhandlung: je 5 Minuten

- Insgesamt: 30 Minuten

Hinweise zur Übung

- In Abschnitt 4.2.2 werden noch einige Hinweise zur Lösung gegeben

Der Tourist

Sie versuchen, eine Lederjacke von einem Straßenhändler in einem fremden Land zu kaufen, dessen Landeswährung 50.000 zu 1 zu Ihrer Währung ist. Die Jacke gefällt Ihnen sehr gut, da sie gut sitzt, gut verarbeitet ist und einen guten Stil hat. Aber Sie glauben, dass der Händler zu viel verlangt. Können Sie einen für Sie beide akzeptablen Preis aushandeln? Bereiten Sie die Verhandlung entsprechend Abbildung 53 vor.

Bereiten Sie aber nicht nur Ihre eigene Position vor, sondern versuchen Sie sich zusätzlich in die Lage des Händlers zu versetzen und sich Gedanken über seine Situation zu machen.

Sie haben maximal 750.000 Einheiten der Landeswährung und 100 Einheiten Ihrer eigenen Währung bei sich. Sie haben aber auch Ihre Kreditkarten dabei. Entscheiden Sie, was Sie zahlen und wie Sie Zugeständnisse machen wollen. Eine ähnliche Jacke kostet in Ihrem Land etwa 130 Einheiten Ihrer eigenen Währung.

Elemente	Tourist als Einkäufer	Annahmen über den Händler als Verkäufer
Verhandlungsziel (Min/Max/Ziel) und Zeitplan		
Markt- und Marktkräfte (Porter)		
BATNA (Verhandlungs- alternative)		
Taktiken und Techniken		
Kompromiss und Zugeständnisse		
Startpunkt		
Benötigte Informationen		

Abbildung 53:   Verhandlungsvorbereitung für Einkauf auf dem Bazar (Tourist)

Der Händler

Sie sind Straßenhändler und versuchen Lederjacken zu verkaufen. Ihre Landeswährung ist 50.000 zu 1 im Vergleich zu der Währung der Touristen. Sie haben in den letzten Tagen sieben dieser Jacken an Ausländer verkauft. Der niedrigste Preis, den Sie erhalten haben, lag bei 300.000 je Jacke, der beste Preis bei 800.000 für eine Jacke. Die meisten Ausländer haben nicht einmal mit Ihnen gefeilscht. Die Jacke hat Sie 200.000 je Stück gekostet. Sie wissen, dass Sie sie mit ausländischer Währung billiger kaufen können als mit Ihrer eigenen, die auf dem Devisenmarkt wackelt. Mit 3 Einheiten der Währung des Käufers könnten Sie bereits eine andere Jacke kaufen. Sie sind jedoch fest entschlossen, bei diesem Geschäft einen sehr guten Gewinn zu erzielen. Bereiten Sie die Verhandlung entsprechend Abbildung 54 vor.

Bereiten Sie aber nicht nur Ihre eigene Position vor, sondern versuchen Sie sich zusätzlich in die Lage des Touristen zu versetzen und sich Gedanken über seine Situation zu machen.

Elemente	Annahmen über den Tourist als Einkäufer	Händler als Verkäufer
Verhandlungsziel (Min/Max/Ziel) und Zeitplan		
Markt- und Marktkräfte (Porter)		
BATNA (Verhandlungs- alternative)		
Taktiken und Techniken		
Kompromiss und Zugeständnisse		
Startpunkt		
Benötigte Informationen		

Abbildung 54:   Verhandlungsvorbereitung für Verkauf auf dem Bazar (Händler)

3.3   Sattelschlepper – Rollenspiel

In dieser Übung können die Teilnehmer erfahren, wie es sich anfühlt, wenn eine Verhandlung scheitert, oder was es bedeutet, wenn man von seiner eigenen Zielplanung doch abweicht, weil man den Druck als so groß empfindet.

Ziel der Übung

Die Übung ist so angelegt, dass sie sehr wahrscheinlich scheitern und zu keinem Ergebnis führen wird. Daraus sollen die Teilnehmer lernen, dass es einen Abmachungsspielraum (min/max) jeweils auf der Seite des Einkäufers und des Verkäufers gibt. Nur wenn beide sich „überlappen" kommt es zu einem Abschluss. Überlappen sich die Spielräume zuerst nicht, aber später, so hat einer oder haben beide Verhandlungsteilnehmer seine bzw. ihre Erwartungen revidiert.

Aufgabe

Es soll eine Verhandlung simuliert werden, in der ein Sattelschlepper verkauft werden soll. Der Verkäufer braucht das Geld sofort, und zwar in bar. Seine Preisvorstellungen liegen aber über dem üblichen Marktpreis. Der Käufer ist nicht bereit dies zu bezahlen, da es noch weitere ähnlich Sattelschlepper auf dem Markt gibt und er auch von den finanziellen Problemen des Verkäufers gehört hat.

Dauer der Übung

- Vorbereitung: 10 min

- Zeit für Verhandlung: 15 min

- Ergebnisdiskussion: 15 min

- Insgesamt: 40 min

Alternative Durchführung

- Jede Gruppe wählt eine Person aus, die die Verhandlung entsprechend ihrer Vorbereitung führt. Die anderen beobachten die Verhandlung.

- Die Gruppe wird in 2er-Teams aufgeteilt. Je ein Käufer und ein Verkäufer ziehen sich in einen Raum oder an eine ruhige Stelle zurück und verhandeln.

Der Verkäufer des Sattelschleppers

Allgemeine Informationen für beide Parteien:

- Der Käufer hat eine Testfahrt mit dem Sattelschlepper des Verkäufers gemacht. Er hat einen Kilometerstand von 35.000 km und ist in tadellosem Zustand; ein neuer Sattelschlepper würde etwa 75.000 € kosten.

- Gebrauchte Sattelschlepper verkaufen sich schnell, wenn der Preis richtig gesetzt ist. Drei Jahre alte kosten zwischen 20.000 und 55.000 €, abhängig von Zustand und Kilometerstand.

- Der Verkäufer möchte 56.000 € für seinen Sattelschlepper, obwohl die Wirtschaft allgemein schleppend und das Transportgeschäft zäh ist.

- Der Verkäufer möchte sich auszahlen lassen, um sich in Südfrankreich zur Ruhe setzen; der Käufer verspricht in bar zu zahlen, wenn ihm der Preis zusagt

Informationen nur für den Verkäufer:

- Der Verkäufer, ein selbständiger Lastwagenfahrer, muss seinen in einwandfreiem Zustand befindlichen Kühl-Sattelschlepper samt Auflieger verkaufen. Er hat vor drei Monaten seinen Führerschein aufgrund illegal durchgeführter Transporte verloren und befindet sich nun in einer verzweifelten Lage. Der Verkäufer möchte 56.000 € für den Sattelzug bekommen.

- Wenn der Verkäufer den Sattelzug nicht heute verkauft, gehört er ab morgen der Bank – der Verkäufer ist seit drei Monaten mit der Rückzahlung seines 40.000 €-Kredits im Rückstand.

- Der Verkäufer würde in der Versteigerung wahrscheinlich nicht den tatsächlichen Marktwert des Sattelzuges erzielen. Er hat vor drei Jahren neu 65.000 € gekostet.

- Wenn der Verkäufer für mehr als 40.000 € in bar verkaufen würde, könnte er die Differenz behalten.

- Der Verkäufer hat sich sehr um einen Verkauf bemüht. Innerhalb der drei Monate hat er mehrere Angebote erhalten, alle im Bereich zwischen 35.000 und 45.000 €. Allerdings wollten alle einen Ratenkauf. Ein Anbieter bot zwar den geforderten Preis von

56.000 €, aber nach einem Monat fand der Verkäufer schließlich heraus, dass der Anbieter über keine freien Mittel verfügte.

- Da der Verkäufer die Kleinanzeigen studiert hat, weiß er, dass im Moment drei weitere drei Jahre alte Sattelzüge zu Preisen zwischen 41.000 und 45.000 € erhältlich sind. Alle sollen in exzellentem Zustand sein.

- Der Käufer hat eine gute Reputation im LKW-Transport-Geschäft und verfügt wahrscheinlich über Bargeld.

- Der Verkäufer ist verzweifelt. Er besitzt nichts außer diesem gut gepflegten, noch neuwertigen Sattelschlepper. Wenn er nicht wenigstens den Marktwert erzielen kann, würde dies sein Leben sehr erschweren.

- Der Verkäufer hat nur 15 min Zeit für die Verhandlungen und muss den Sattelschlepper innerhalb dieser Zeit verkaufen. Ansonsten muss er dem Verlust ins Auge sehen, der durch die morgige Versteigerung der Bank entstehen würde.

Bereiten Sie die Verhandlung entsprechend vor. Machen Sie sich Gedanken zur Position der Gegenpartei. Zusätzlich notieren Sie das niedrigste Angebot, das Sie unter Druck bereit sind zu akzeptieren.

Der Käufer des Sattelschleppers

Allgemeine Informationen für beide Parteien:

- Der Käufer hat eine Testfahrt mit dem Sattelschlepper des Verkäufers gemacht. Er hat einen Kilometerstand von 35.000 km und ist in tadellosem Zustand; ein neuer Sattelschlepper würde etwa 75.000 € kosten.

- Gebrauchte Sattelschlepper verkaufen sich schnell, wenn der Preis richtig gesetzt ist. Drei Jahre alte kosten zwischen 20.000 und 55.000 €, abhängig von Zustand und Kilometerstand.

- Der Verkäufer möchte 56.000 € für seinen Sattelschlepper, obwohl die Wirtschaft allgemein schleppend und das Transportgeschäft zäh ist.

- Der Verkäufer möchte sich auszahlen lassen um sich in Südfrankreich zur Ruhe setzen; der Käufer verspricht in bar zu zahlen, wenn ihm der Preis zusagt.

Informationen nur für den Käufer:

- Der Käufer ist ein „alter Hase" im LKW-Transportgeschäft. Er ist Eigentümer einer kleinen Spedition und möchte den Fuhrpark um einen weiteren, gebrauchten Sattelschlepper aufstocken.

- Der Käufer ist bereit, bis zu 38.000 € für einen gebrauchten Sattelschlepper zu bezahlen, auch in bar, wenn vom Verkäufer gewünscht. Falls man sich jedoch auf Ratenzahlung einigen würde, könnte er auch 45.000 € bezahlen.

- In den Kleinanzeigen der Zeitung stehen derzeit vier drei Jahre alte, gebrauchte Sattelschlepper zum Verkauf. Drei der vier kosten zwischen 35.000 und 45.000 €, der vierte ist mit 56.000 € deutlich teurer. Dieser hat allerdings auch den niedrigsten Kilometerstand und ist in tadellosem Zustand. Aber auch die anderen drei sind in exzellentem Zustand.

- Der Käufer hat mit dem Verkäufer des teuersten Sattelschleppers einen Testfahrt-Termin vereinbart, nachdem er sich die anderen bereits angesehen hatte. Mit dem niedrigen Kilometerstand ist er für den Käufer trotz des höheren Preises sehr attraktiv.

- Er geht angesichts der Marktlage davon aus, dass er sich mit ihm auf einen niedrigeren Preis einigen kann. Außerdem hat er gehört, der Verkäufer stehe sehr unter Druck, seinen Sattelschlepper so schnell wie nur möglich zu verkaufen.

- Kommt der Verkäufer dem Käufer allerdings nicht entgegen, wird sich dieser für einen anderen, günstigeren LKW entscheiden.

- Der Käufer möchte den Kauf eines Sattelschleppers schnell abschließen und nicht lange mit dem Verkäufer verhandeln. Entweder können sie sich innerhalb von 15 min einigen oder nicht.

Bereiten Sie die Verhandlung entsprechend vor. Machen Sie sich Gedanken zur Position der Gegenpartei. Zusätzlich notieren Sie das niedrigste Angebot, das Sie unter Druck bereit sind zu akzeptieren.

3.4 Autobahnbau – Rollenspiel

Die Übung basiert auf unterschiedlichen Interessen der beiden Parteien mit dem Ziel einen Interessenausgleich zu verhandeln. Erschwerend kommt hinzu, dass beide Verhandlungsparteien durchaus eine gemeinsame, schwierige Vergangenheit und unterschiedliche Persönlichkeitsmerkmale haben.

Ziel der Übung

Die Teilnehmer sollen lernen, wie ein Ausgleich zwischen verschiedenen Interessen herzustellen ist. Dabei sollen sie verstehen, dass dies nicht gelingen kann, wenn eine Partei eine Lösung festlegt und die andere sich dieser Vorgabe fügen muss, sondern Konflikte nur gelöst werden können, wenn beide Parteien Teile ihres eigenen Selbstverständnisses in Frage stellen.

Aufgabe

- Die Teilnehmer werden in zwei Gruppen eingeteilt, die zwei verschiedene Regionen in einer Gegend repräsentieren. Es handelt sich um die Grafschaft Dreiborn und die Grafschaft Kesselborn, die beide direkt nebeneinander liegen.

- Beide Gruppen erhalten ihre jeweiligen Aufgabenstellungen und bereiten die Verhandlung getrennt voneinander vor.

- Sie wählen zudem aus ihrer Mitte 2 Vertreter, die anschließend die Verhandlung führen.

- Die Vertreter der Grafschaft Dreiborn verhandeln mit den Vertretern von Kesselborn über den Bau einer Autobahn durch Kesselborn in das Nachbargebiet von Goldtal.

Dauer der Übung

- Vorbereitung auf Verhandlung: 20 min

- Zeit für Verhandlung: 20 min

- Ergebnisdiskussion: 20 min

- Insgesamt: 60 min

Alternative Durchführung

- Wenn Sie die Aufgabenstellung noch etwas komplexer anlegen möchten, dann können die Verhandlungsführer jeder Gruppe durch zwei Berater aus der Gruppe unterstützt werden. Die Berater dürfen jedoch nur intern die beiden Verhandlungsführer unterstützen und nicht aktiv mit der anderen Partei kommunizieren.

- Die Gruppe wird in 2er-Teams aufgeteilt. Je ein Vertreter von Dreiborn und Kesselborn ziehen sich in einen Raum oder an eine ruhige Stelle zurück und verhandeln.

Bewohner der Grafschaft Dreiborn

Es soll eine Verhandlung zwischen zwei Grafschaften, Dreiborn und Kesselborn, simuliert und ein bilaterales Abkommen abgeschlossen werden.

Die Grafschaft Kesselborn möchte eine Schnellstraße durch die Grafschaft Dreiborn bauen. Dreiborn war vor einigen Jahren noch ihr Hoheitsgebiet, ist mittlerweile aber unabhängig. Durch die Schnellstraße möchten die Grafschaft Kesselborn ihren Handel mit einem neben der Dreiborn liegenden Gebiet von Goldborn ankurbeln. Auch die Bewohner der Grafschaft Dreiborn können von der Autobahn profitieren. Während die Grafschaft Kesselborn nicht mit einer Ablehnung ihres Anliegens rechnen und mit dem entsprechenden Selbstbewusstsein in die Verhandlungen gehen, sind die Bewohner der Grafschaft Dreiborn trotz ihres Interesses von der Autobahn zu profitieren, nur unter bestimmten Bedingungen zu einem Abkommen bereit.

Sie sind eine Gruppe von Bewohnern der Grafschaft Dreiborn, die ermächtigt wurden, diese wichtigen Verhandlungen für Ihre Grafschaft zu führen. Ihre Grafschaft Dreiborn war früher von den Bewohnern der Grafschaft Kesselborn besetzt, die Ihre Grafschaft benutzten und ausbeuteten. Seit 10 Jahren aber ist Grafschaft Dreiborn unabhängig und durch einen Pakt in seinen Rechten auf ewig geschützt.

In den 10 Jahren haben Sie als Bewohner der Grafschaft Dreiborn viel Selbstbewusstsein entwickelt. Sie sind stolz auf Ihre Grafschaft und ihre unberührte Natur und haben gelernt, Ihre eigenen Bedürfnisse zu verteidigen. Aber die negativen Erfahrungen der Abhängigkeit haben Sie noch nicht vergessen, deshalb sind Sie sehr vorsichtig und misstrauisch im Umgang mit Fremden, insbesondere mit den Bewohnern der Grafschaft Kesselborn.

Kesselborn hat nun über einen Vertreter um eine Verhandlung mit Ihnen gebeten, um ein Anliegen vortragen zu lassen. Sie wissen bisher, dass die Bewohner der Grafschaft Kesselborn eine Straße zu einem befreundeten Gebiet von Goldborn bauen wollen, um ihren Handel anzukurbeln. Diese Schnellstraße müsste aber durch die Grafschaft Dreiborn führen, ansonsten würden zu lange Wege dieses Vorhaben erheblich beeinträchtigen.

Sie erwarten die Gäste aus der Grafschaft Kesselborn in Ihrem schönsten Hotel, wo die Verhandlungen stattfinden werden. Dem Bau einer Schnellstraße stehen Sie mit gespaltenen Gefühlen gegenüber, denn zum einen wollen Sie Ihre wunderschöne Natur nicht zerstören. Andererseits sind Sie aber auch auf Hilfe und Unterstützung der größeren Grafschaft Kesselborn angewiesen. Sie wären deshalb unter der Bedingung bereit einzuwilligen, dass sie von der

Grafschaft Kesselborn eine angemessene materielle Entschädigung bekommen und sie auf jeden Fall Ihrer Grafschaft noch mindestens 1 Jahr oder länger Zeit geben, sich zu erholen, bevor
mit dem Bau der Schnellstraße begonnen wird.

Ihre Aufgabe ist es, einen Kompromiss mit der Grafschaft Kesselborn auszuhandeln und diesen
anschließend schriftlich festzuhalten.

Typische Verhaltensmuster der Einwohner der Grafschaft Dreiborn

- Sie sind in Verhandlungen zurückhaltend, aber bestimmt, und sie stellen keine Forderungen, erwarten aber faire Angebote.

- Sie reden eher leise und auf eine förmliche Art und Weise. Beim Sprechen vermeiden
  sie jede Form von Gestik (Arme und Hände), diese empfinden sie als bedrohlich.

- Sie nicken in Gesprächen häufig mit dem Kopf – das signalisiert ihre Bereitschaft zur
  Kameradschaft, jedoch keine Unterwürfigkeit.

- Verträge sollten auf jeden Fall in schriftlicher, beidseitig signierter Form festgehalten
  werden. Dies dient der Sicherheit aller. Dabei sollte genau festgelegt werden, welche
  Rechte und Pflichten jeder Vertragspartner hat bzw. welche Leistung und Gegenleistung
  erbracht werden soll.

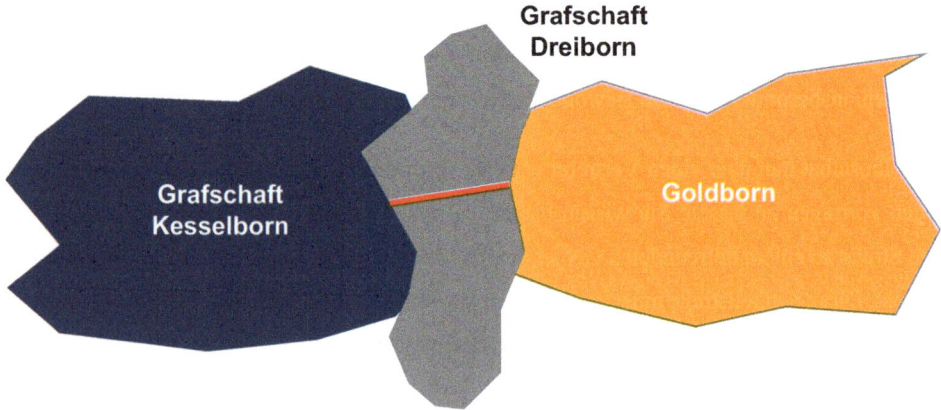

Abbildung 55:   Schnellstraße durch die Grafschaft Dreiborn

Bewohner der Grafschaft Kesselborn

Es soll eine Verhandlung zwischen zwei Grafschaften, Dreiborn und Kesselborn, simuliert und ein bilaterales Abkommen abgeschlossen werden.

Die Grafschaft Kesselborn möchte eine Schnellstraße durch die Grafschaft Dreiborn bauen. Dreiborn war vor einigen Jahren noch ihr Hoheitsgebiet, ist mittlerweile aber unabhängig. Durch die Schnellstraße möchte die Grafschaft Kesselborn ihren Handel mit einem neben der Grafschaft Dreiborn liegenden Gebiet von Goldborn ankurbeln. Auch die Bewohner der Grafschaft Dreiborn können von der Autobahn profitieren. Während die Grafschaft Kesselborn nicht mit einer Ablehnung ihres Anliegens rechnet und mit dem entsprechenden Selbstbewusstsein in die Verhandlungen geht, sind die Bewohner der Grafschaft Dreiborn trotz ihres Interesses, von der Autobahn zu profitieren, nur unter bestimmten Bedingungen zu einem Abkommen bereit.

Als Mitglieder einer Verhandlungsgruppe der Grafschaft Kesselborn kommen Sie aus einer Grafschaft, die früher sehr mächtig war und sich mehrere andere Grafschaften und Gebiete unterworfen hatte. Allerdings musste die Grafschaft Kesselborn vor 10 Jahren aufgrund eines Vertrages, der in Kesselborn als der „Drossel-Pakt" bekannt ist, diese Gebiete wieder abtreten.

Seitdem schwindet der Wohlstand Ihrer Grafschaft von Jahr zu Jahr. Nun haben Sie die Chance, mit einem seit kurzem befreundeten Gebiet von Goldborn ein Handelsabkommen zu schließen, was allerdings den Bau einer Schnellstraße nötig macht. Diese Schnellstraße müsste aus wirtschaftlichen Gründen durch die Grafschaft Dreiborn führen, eines der Gebiete, das früher zu ihrem Herrschaftsbereich gehörte.

Sie glauben, dass es keine großen Schwierigkeiten geben wird, die Erlaubnis für das Vorhaben von der Grafschaft Dreiborn zu erhalten. Sie haben sich deshalb auch keine Gedanken über mögliche Gegenleistungen gemacht, weil Sie es gewohnt sind, dass die Einwohner der Grafschaft Dreiborn keinen Widerstand leisten.

Sie kommen mit Ihrer Gruppe in einem Hotel in der Grafschaft Dreiborn an, wo die Verhandlungen mit den Gastgebern stattfinden sollen. Ihnen ist es wichtig, die Verhandlungen schnell abzuwickeln, weil Sie die Schnellstraße so schnell wie möglich beginnen wollen, damit der wirtschaftliche Verfall Ihrer Grafschaft bald beendet ist und es Ihnen und Ihrer Grafschaft wieder so gut geht wie früher.

Ihre Aufgabe ist es, die Verhandlungen so schnell wie möglich zum Abschluss zu bringen, wobei Sie so wenig Geld wie möglich ausgeben wollen.

Typische Verhaltensmuster der Einwohner der Grafschaft Kesselborn

- Sie geben sich in Verhandlungen sehr selbstbewusst.

- Bei ihnen ist es üblich, Dinge sehr direkt anzusprechen und beim Namen zu nennen.

- Bei Gesprächen sprechen sie meist sehr laut und gestikulieren viel mit den Händen, um ihre Überlegenheit deutlich zu machen.

- Verträge in schriftlicher Form erachten sie nicht für notwendig, ihnen genügt der bloße Handschlag der Vertragspartner als Geschäftsabschluss.

- Ihr Interesse an den Bewohnern der Grafschaft Dreiborn ist rein wirtschaftlich, sie legen keinen Wert auf Kameradschaft mit ihren Verhandlungspartnern.

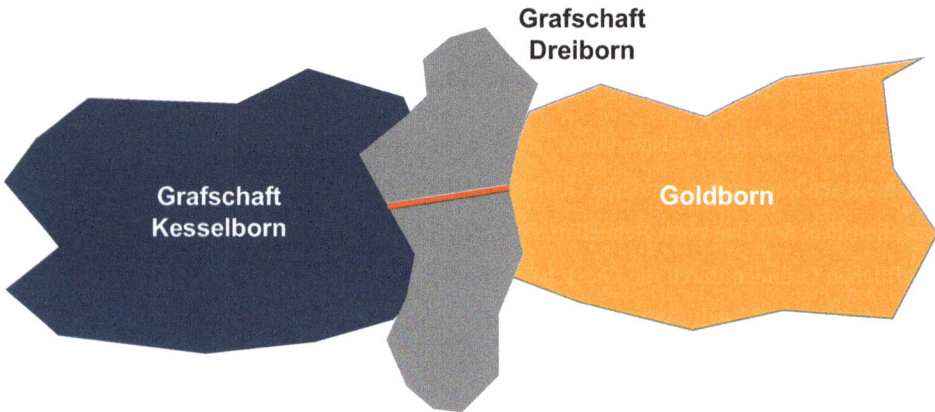

Abbildung 56:   Schnellstraße von der Grafschaft Kesselborn nach Goldborn

3.6   IT-Dienstleistungsvertrag – Rollenspiel

Die Übung basiert auf einer herausfordernden Startsituation, die fast aussichtslos scheint. In dieser Situation erfolgt die Vorbereitung in unterschiedlichen Gruppen, die sich dann auf einen Weg einigen müssen, ehe es an die Verhandlung geht. Anschließend sollte ein Interessenausgleich geschaffen werden, mit dem BATNA des Verhandlungsabbruchs.

Ziel der Übung

Die Teilnehmer sollen lernen, welche große Rolle Verhandlungsspielräume für ein gutes Ergebnis bzw. einen Vertragsabschluss spielen. Außerdem sollen sie üben, eine Verhandlung anhand eines Verhandlungsplans vorzubereiten, um zu erkennen, wie viel einer Verhandlung vorbereitet werden kann und wie wichtig Flexibilität in Hinsicht auf Vorschläge und Lösungsmöglichkeiten ist.

Aufgabe

Es soll eine Vertragsverhandlung zwischen einer IT-Beratungsfirma, repräsentiert durch zwei Berater, und der Schule in Schüsseldorf, vertreten durch zwei Schulbeamte, simuliert werden. Die beiden Parteien befinden sich aufgrund unterschiedlicher Honorar-Vorstellungen in einer Sackgasse. In der Verhandlung sollen beide herausfinden, ob eine Möglichkeit besteht, doch noch zu einem Vertragsabschluss zu gelangen. Es ist angesichts der Ausgangslage nicht unwahrscheinlich, dass die Verhandlung fehlschlägt.

Dauer der Übung

- Vorbereitung der Verhandlung: 2 x 15 min

- Verhandlungszeit: 15 min

- Ergebnisdiskussion: 15 min

- Insgesamt: 60 min

Übungsablauf

- Die Trainingsgruppe wird in vier Gruppen unterteilt. Je zwei Gruppen stellen die Beraterfirma dar, die anderen beiden die Schulverantwortlichen.

- Jede Gruppe erhält jeweils eine andere Aufgabenstellung. In der Aufgabenstellung wird der Hintergrund der Verhandlungssituation dargelegt und Anweisungen für zu vertretene Positionen gegeben.

- Je zwei der Gruppen bearbeiten die gleiche Aufgabe und bereiten die Verhandlung anhand eines Verhandlungsplans vor.

- Die Gruppen mit den gleichen Aufgaben stimmen sich anschließend miteinander ab und einigen sich auf einen gemeinsamen Plan.

- Sie müssen zudem jeweils zwei Personen auswählen, der in der Verhandlung die Rolle der Berater bzw. der Schulbeamten übernehmen.

- Die Gruppenvertreter sollen in einer simulierten Verhandlung versuchen, zu einem Vertragsabschluss zu gelangen.

- Die Teilnehmer sollen die Verhandlung und deren Ergebnis diskutieren. Außerdem sollen sie überlegen, welche Voraussetzungen erfüllt sein müssen, damit es zu einem Vertragsabschluss kommen kann.

Beraterinformationen

Sie sind Berater der August Gruppe, einer sehr angesehenen IT-Beratungsfirma. Bisher hat sie hauptsächlich für Kunden im privaten Sektor gearbeitet. Vor kurzem hat aber die Firmenleitung beschlossen, auch staatliche und kommunale Behörden zu beraten, da sie sich in diesem Bereich wachsende Möglichkeiten erhofft.

In Zusammenhang mit dieser Initiative stehen die Vertragsverhandlungen mit der Schule der Stadt Schüsseldorf, für die Sie beide eingeteilt worden sind. Die Schule verfügt zwar über eine exzellente Hardware-Ausstattung, aber die Software erfüllt die Anforderungen nur sehr ungenügend.

Nachdem Sie die Situation sorgfältig überprüft haben, sind Sie zuversichtlich, dass Ihre Firma Spezialsoftware zur Beseitigung der Probleme entwickeln kann. Ihre Firma möchte den Vertrag für diese Arbeit gern erhalten, zum einen um seiner selbst willen, vor allem aber, um einen Fuß in den öffentlichen Sektor zu bekommen und weitere Aufträge zu ergattern. Allerdings stecken Sie momentan bezüglich des Honorars in einer Sackgasse.

Vor einigen Jahren hat die Stadt Schüsseldorf ein Computer-Netzwerk installiert, an das alle Abteilungen, einschließlich der Schule, angeschlossen wurden. Man versprach sich von dem einheitlichen System, wichtige Informationen effizient teilen zu können und es als effektive Basis für weitere Planungen zu nutzen. Unglücklicherweise hat sich das System aber als fast unmöglich in der Implementierung herausgestellt.

Die verschiedenen Abteilungen und Behörden haben allesamt unterschiedliche Bedürfnisse, die von der vorhandenen, unspezifischen Software nur ungenügend befriedigt werden können. Die Stadt hat deshalb widerstrebend zugestimmt, dass jede Abteilung entsprechend ihren Bedürfnissen selbst Programmierungen vornehmen darf.

Aufgrund dieser neuen Genehmigung hat Sie die Schulleiterin gebeten, IT-Berater zu suchen, die die Schulsoftware so umstellen sollen, dass sie die Stundenpläne der einzelnen Klassen erstellen, die Registrierung und die Dokumentation erledigen kann. Die Schulleiterin möchte außerdem die existierende Hardware für Lernzwecke nutzen.

Eine erfolgreiche Aufstellung des Schul-EDV-Systems wäre ein höchst vorzeigbarer Erfolg, der Ihnen dabei helfen könnte, weitere öffentliche Aufträge zu bekommen.

Vor drei Wochen wandten sich zwei Vertreter der Schüsseldorfer Schule an Ihre Firma. Sie beschrieben deren Probleme und Bedürfnisse, im Gegenzug zeigten Sie ihnen ein Beispiel einer erfolgreichen, von Ihnen entwickelten Lösung einer vergleichbaren Situation.

Offensichtlich sprechen die Schulvertreter zwar auch mit einigen Ihrer Konkurrenten. Dennoch hat es den Anschein, als ob sie Ihre Firma als am besten für diese Arbeit qualifiziert ansehen. Die Schule scheint nicht nur von Ihren Programmierungsfähigkeiten beeindruckt zu sein, sondern auch von Ihren benutzerfreundlichen Bedienungsanleitungen und Personalschulungen.

Ihre Gespräche mit den Schulvertretern sind größtenteils freundlich und produktiv verlaufen. Sie verfügen über ein angemessenes Computerwissen und waren bei der Beschreibung der technischen Bedürfnisse und der bürokratischen Einschränkungen, innerhalb derer zu arbeiten ist, der Schüsseldorfer Schule sehr hilfreich. Gemeinsam haben Sie einen Plan aufgestellt, nach dem die Neuprogrammierung, die Vorbereitung der Bedienungsanleitungen und die Nutzerschulungen innerhalb der nächsten drei bis vier Monate ausgeführt sein würden.

Nun ist aber ein fundamentales Problem aufgetreten, das das ganze Geschäft zu gefährden droht: Sie haben der Schule ein Angebot von 85.000 € unterbreitet – ein Betrag, der weit niedriger ist, als Ihr normaler Preis im privaten Sektor gewesen wäre. Er gründet sich aber in dem Firmenwunsch, einen Fuß in die Tür des öffentlichen Sektors zu bekommen. Alles unter diesem Betrag würde einen Verlust für Ihre Firma bedeuten und birgt außerdem das Risiko, einen Präzedenzfall für zukünftige Aufträge zu schaffen.

Den Schulbeamten blieb vor Überraschung der Mund offenstehen, als Sie den Betrag nannten. Sie versicherten, dass sich die Schule in dieser Zeit der finanziellen Einschnitte nichts in dieser Größenordnung leisten könne. Da das Projekt vielmehr nicht speziell budgetiert wurde, müsse die Schule die Kosten mittels kreativer (aber trotzdem absolut legaler) Buchführung decken. Die Schulvertreter geben den Höchstbetrag, den sich die Schule leisten könne, mit 50.000 € an. Sie machen aber auch deutlich, dass sie hoffen, Ihre Arbeit für bedeutend weniger zu bekommen.

Sie sind angesichts des erst zu diesem späten Verhandlungszeitpunkt auftretenden Hindernisses frustriert. Außerdem haben Sie das Gefühl, dass die Lage auch frustrierend für die Schule ist. Im Nachhinein erkennen Sie, dass Sie die finanzielle Frage früher hätten ansprechen sollen.

Sie können nicht sicher sein, ob das 50.000 €-Angebot der Schule wirklich die Höchstgrenze ihrer Möglichkeiten darstellt. Vielleicht können Sie die Schulvertreter dazu bringen, das

Angebot noch ein wenig zu erhöhen; allerdings scheint es nicht wahrscheinlich, dass sie Ihnen bis zu den 85.000 € entgegenkommen werden, die Sie benötigen. Auch ein Entgegenkommen um die Hälfte der Differenz zwischen den beiden Honorarvorstellungen ist keine gute Idee: 67.500 € ist weniger, als Sie zu akzeptieren bereit sind, und könnte mehr sein, als die Schule zahlen kann. Es kann gut sein, dass es nicht möglich ist, aus dieser Sackgasse herauszukommen, aber Sie haben sich bereit erklärt, sich noch einmal mit den Schulvertretern zu treffen, um letzte Anstrengungen zur Rettung des Geschäfts zu versuchen.

Aufgabenstellung

- Erstellen Sie einen Verhandlungsplan und eine Liste mit möglichen Wegen aus der Sackgasse. Vergessen Sie nicht, dass Sie versuchen, das bestmögliche Geschäft für Ihre Firma herauszuschlagen. Sie sollten sich also nur Optionen überlegen, die für Sie auch wirklich durchführbar sind.

- Wenn Sie das Gefühl haben, dass die andere Seite übertriebene Forderungen stellt oder dass das Geschäft einfach nicht möglich ist, sollten Sie die Verhandlungen abbrechen und nicht noch mehr Zeit darauf verschwenden.

- Diskutieren Sie den Verhandlungsplan in der Gruppe. Einigen Sie sich auf Optionen und Vorgehensweisen. Nutzen Sie den Trainer, der Sie mit herausfordernden Fragen oder direkten Provokationen konfrontiert, um Ihren Verhandlungsplan zu verbessern.

- Wählen Sie aus Ihrer Gruppe zwei Personen aus, die als „Berater" in die Verhandlung gehen.

Schulvertreter

Ihre Aufgabe ist es, das teure, aber auch völlig ineffektive Computersystem der Schule in Gang zu bringen. Es wird nicht von Ihnen erwartet, dass Sie diese Arbeit selbst machen, Sie sollen einen Experten für diese Arbeit finden und einen Vertrag aushandeln. Sie haben einen ausgezeichneten Berater gefunden. Allerdings stecken die Verhandlungen in einer Sackgasse, da das geforderte Honorar deutlich höher ist, als es sich die Schule leisten kann.

Vor einigen Jahren hat die Stadt Schüsseldorf ein IT-Netzwerk installiert, an das alle Abteilungen, einschließlich der Schule, angeschlossen wurden. Man versprach sich von dem einheitlichen System, wichtige Informationen effizient teilen zu können und es als Basis für weitere Planungen nutzen zu können.

Unglücklicherweise hat sich die Implementierung als unmöglich herausgestellt. Die verschiedenen Abteilungen und Behörden haben allesamt unterschiedliche Bedürfnisse, die von der unspezifischen Software nur ungenügend befriedigt werden können. Die Stadt hat deshalb widerstrebend zugestimmt, dass jede Abteilung entsprechend ihren Bedürfnissen Programmierungen beauftragen darf. Aufgrund dieser neuen Genehmigung hat Sie die Schulleiterin gebeten, IT-Berater zu suchen, die die Schulsoftware so umstellen, dass sie die Stundenpläne der einzelnen Klassen erstellen, die Registrierung und die Dokumentation erledigen kann. Die Schulleiterin möchte außerdem die existierende Hardware für Lernzwecke nutzen.

Sie haben einige mögliche Berater ermittelt, aber der überzeugendste ist die August Gruppe. August hat sich im privaten Sektor eine hervorragende Reputation erworben. Sie haben außerdem Beispiele ihrer Bedienungsanleitungen und Personaltrainings durchgesehen – ihre Arbeit ist erstklassig. Ihre Gespräche mit den Beratern sind größtenteils freundlich und produktiv gewesen. Sie sind, was IT betrifft, sehr kompetent und haben das richtige Gespür und Verständnis für die speziellen Bedürfnisse der Schule. Gemeinsam haben Sie einen Plan aufgestellt, nach dem die Neuprogrammierung, die Vorbereitung der Bedienungsanleitungen und die Nutzerschulungen innerhalb der nächsten drei bis vier Monate ausgeführt sein würden.

Nun ist aber ein Problem aufgetreten, das das ganze Geschäft zu gefährden droht: Sie waren angesichts des Angebots der Berater über 85.000 € geschockt. Vielleicht gestattet der private Markt solche Preise, aber es sind schwere Zeiten für die Stadt. In dem ursprünglichen Budget ist kein Cent für dieses Projekt vorgesehen. Es gibt Gerüchte, dass das Schulkomitee das Budget im nächsten Jahr einfrieren oder sogar reduzieren wird. Die Schulleiterin hat Ihnen erklärt, dass die Investitionshöchstgrenze bei 50.000 € liegt und dass sie es vorziehen würde, wenn die

Arbeit für deutlich weniger erledigt wird. (Die 50.000 € würden aus verschiedenen, nicht ausgeschöpften Töpfen stammen, die zu diesem Zweck umgewidmet werden könnten.)

Sie konnten den Berater nicht von dem Betrag von 85.000 € abbringen. Noch schlimmer, Sie haben erfahren, dass dieser Betrag um einiges geringer ist, als Kunden aus der Industrie bezahlen würden. Sie sind von der Arbeit der anderen Berater nicht annähernd so beeindruckt. Obwohl Sie nicht speziell mit ihnen gesprochen haben, haben Sie Grund zur Annahme, dass diese größenordnungsmäßig etwas Vergleichbares verlangen würden.

Schließlich haben Sie nun mit dem Berater der August Gruppe ein letztes Treffen vereinbart, um herauszufinden, ob ein gemeinsames Geschäft nicht doch möglich ist. Es kann sich letzten Endes als nicht möglich herausstellen, aber Sie wollen Ihr Bestes geben, um eine für beiden Seiten akzeptable Einigung zu finden. Sie wollen weiterhin probieren, den Angebotsbetrag von 85.000 € herunterzuhandeln, aber er kann auch eine echte Grenze der Berater darstellen, ähnlich wie Ihre eigene Höchstgrenze von 50.000 €. Auch ein Entgegenkommen um die Hälfte der Differenz zwischen den beiden Honorarvorstellungen ist keine gute Idee: 67.500 € sind mehr, als Sie sich leisten können, und offensichtlich weniger, als der Berater zu akzeptieren bereit ist.

Aufgabenstellung

- Erstellen Sie einen Verhandlungsplan und eine Liste mit möglichen Wegen aus der Sackgasse. Vergessen Sie nicht, dass Sie versuchen, das bestmögliche Geschäft für die Schule herauszuschlagen. Sie sollten sich also nur Optionen überlegen, die für Sie auch wirklich durchführbar sind.

- Wenn Sie das Gefühl haben, dass die andere Seite übertriebene Forderungen stellt oder dass das Geschäft einfach nicht möglich ist, sollten Sie die Verhandlungen abbrechen und nicht noch mehr Zeit darauf verschwenden.

- Diskutieren Sie den Verhandlungsplan in der Gruppe. Einigen Sie sich auf Optionen und Vorgehensweisen. Nutzen Sie den Trainer, der Sie mit herausfordernden Fragen oder direkten Provokationen konfrontiert, um Ihren Verhandlungsplan zu verbessern.

- Wählen Sie aus Ihrer Gruppe zwei Personen aus, die als „Schulvertreter" in die Verhandlung gehen.

4 Lösungsmuster

Wie die Überschrift bereits andeutet, sind dies Lösungsmuster. Das bedeutet, dass es auch andere richtige Lösungen geben kann. Weiterhin erhebt das Lösungsmuster keinen Anspruch auf Vollständigkeit.

Zu den Übungen bzw. Rollenspielen werden Hinweise geben, wie ein Ergebnis zu interpretieren ist bzw. was alles passieren kann. Auch hier gilt wieder, dass dies nicht genau eintreten muss, sondern nur eine von vielen Möglichkeiten ist.

4.1 Lösungshinweise zu den Übungen im Selbststudium

Im Folgenden finden sich mögliche Lösungen oder Interpretationshilfen zu den Übungen im Selbststudium.

4.1.1 Interpretationshilfe Verhandlungsgeschick

Als eine grobe Einschätzung, also eine Interpretationshilfe für das eigene Verhandlungsgeschick (siehe Übung in Abbildung 21 und Abbildung 22), dienen die folgenden Punkte, wobei es sich auch lohnen kann, einzelne Fragen noch einmal im Detail anzusehen.

- 70-100   Sie sind ein guter Verhandlungsführer. Sie haben ein gründliches Verständnis der Fähigkeiten und des Prozesses der Verhandlung.

- 40-69   Ihr Verhandlungsgeschick könnte noch verbessert werden. Schauen Sie sich die Fragen an, bei denen Sie eine niedrige Punktzahl erreicht haben, um die Bereiche zu ermitteln, an denen Sie arbeiten sollten.

- 20-39   Sie müssen ein besseres Verständnis für den Verhandlungsprozess und Ihre individuellen Fähigkeiten entwickeln.

4.1.2 Interpretationshilfe zu den eigenen Grundannahmen zur Verhandlung

Die Matrix bewertet die Übereinstimmung zwischen den Bedingungen der Beteiligten und dem effektivsten Ansatz. Es gibt zwei allgemeine Präferenzen:

- Ergebnisorientierung, oder

- Beziehungsorientierung.

© Der/die Autor(en), exklusiv lizenziert an
Springer Fachmedien Wiesbaden GmbH, ein Teil von Springer Nature 2023
M. Büsch, *Verhandlungstraining im Einkauf*,
https://doi.org/10.1007/978-3-658-42934-8_4

Diese beiden grundlegenden Verhaltensdimensionen der Ergebnis- oder Beziehungsorientierung definieren fünf verschiedene Arten, wie Sie tendenziell auf Konfliktsituationen reagieren. Abbildung 57 verdeutlicht diesen Zusammenhang noch einmal grafisch.

Abbildung 57:   Unterschiedliche Grundannahmen zu einer Verhandlung

Im Detail bedeuten die folgenden fünf Strategien noch einmal verdeutlicht:

- **Strategie der Konkurrenz** ist durchsetzungsfähig und unkooperativ – eine Person verfolgt ihre eigenen Anliegen auf Kosten der anderen Person. Dies ist ein machtorientierter Modus, in dem man jede Macht einsetzt, die einem angemessen erscheint. Konkurrieren bedeutet, „für seine Rechte einzustehen", eine Position zu verteidigen, die man für richtig hält, oder einfach zu versuchen, zu gewinnen.

- **Strategie der Anpassung** ist nicht durchsetzungsfähig und kooperativ – das genaue Gegenteil von konkurrierend. Beim Anpassen vernachlässigt der Einzelne seine eigenen Belange, um die Belange der anderen Person zu befriedigen; es gibt ein Element der Selbstaufopferung in diesem Modus. Anpassung kann sich in selbstloser Großzügigkeit oder Nächstenliebe äußern, in der Befolgung der Anweisungen einer anderen Person, auch wenn man es lieber nicht tun würde, oder im Nachgeben gegenüber dem Standpunkt einer anderen Person.

- **Strategie der Vermeidung** ist unbeherrscht und unkooperativ – die Person verfolgt weder ihre eigenen Anliegen noch die der anderen Person. Sie geht also nicht auf den Konflikt ein. Vermeiden kann die Form annehmen, dass man einem Problem diplomatisch ausweicht, ein Problem auf einen besseren Zeitpunkt verschiebt oder sich einfach aus einer bedrohlichen Situation zurückzieht.

- **Strategie der Kollaboration** ist sowohl durchsetzungsfähig als auch kooperativ – das komplette Gegenteil von Vermeiden. Kollaboration bedeutet, dass man versucht, mit anderen zusammenzuarbeiten, um eine Lösung zu finden, die deren Anliegen vollständig befriedigt. Es bedeutet, dass man sich mit einem Problem auseinandersetzt, um die zugrunde liegenden Bedürfnisse und Wünsche der beiden Personen zu ermitteln. Die Zusammenarbeit zwischen zwei Personen kann in der Form erfolgen, dass sie eine Meinungsverschiedenheit erkunden, um von den Erkenntnissen des anderen zu lernen, oder versuchen, eine kreative Lösung für ein zwischenmenschliches Problem zu finden.

- **Strategie des Kompromisses** ist sowohl bei der Durchsetzungsfähigkeit als auch bei der Kooperationsbereitschaft moderat. Das Ziel ist, eine zweckmäßige, für beide Seiten akzeptable Lösung zu finden, die beide Parteien teilweise zufriedenstellt. Sie liegt zwischen dem Konkurrieren und dem Anpassen. Der Kompromiss gibt mehr auf als das Konkurrieren, aber weniger als das Anpassen. Ebenso wird ein Problem direkter angegangen als beim Vermeiden, aber nicht so gründlich wie bei der Kollaboration. In manchen Situationen kann ein Kompromiss bedeuten, dass die Differenz zwischen den beiden Positionen aufgeteilt wird, dass Zugeständnisse ausgetauscht werden oder dass eine schnelle Zwischenlösung gefunden wird.

4.1.3 Musterlösung Verhandlungsplanung

Die folgende Tabelle 2 zeigt beispielhaft, wie Elisabeth eine mögliche Verhandlung mit Josef vorbereiten könnte. Diese Vorbereitung ist jedoch nur als eine mögliche Option zu sehen, da sie immer in einem gewissen Maße subjektiv ist.

Tabelle 2:   Beispielhafte Verhandlungsvorbereitung

Elemente	Elisabeth (Einkäuferin)	Josef (Verkäufer)
Ziele	– Aufbau des Rufs, Quelle von Qualitätsprodukten zu sein und dadurch Gewinnsteigerung. – Hohe Rentabilität durch gute Lieferbedingungen hinsichtlich des Preises, der Mengen, Liefertermine, Art der Verpackung etc. – Höhere Abnahmemengen von Josef zu guten Preisen, festen Lieferterminen und ordentlich verpackt.	– Sicherstellung des Betriebsertrages zur Aufrechterhaltung des Betriebes und Möglichkeit der Schuldenrückzahlung während der Erntezeit. – Minimierung der Risiken durch Beibehaltung der traditionellen Produkte und Anbausorten. – Erhöhung der Abgabemenge zum gleichen Preis wie im Vorjahr
Machtanalyse/Porter-Analyse/SWOT-Analyse	**Machtanalyse:** – E. hat sehr hohe Verhandlungsmacht, da Regionalleiterin in ganz Bayern. – E. könnte Anbieter wechseln, wenn kein Ergebnis erzielt werden kann. **Porter-Analyse:** – Macht der Wettbewerber: k. A., aber vermutlich „mittel", da wenige Mitbewerber in vergleichbarer Größe – Neue Marktteilnehmer: k. A. – Gefahr von Substitutionsprodukten: Mittel, da in geringem Maße problemlos auf andere Obstsorten ausgewichen werden kann – Macht von Vorlieferanten: gering, da Bezug direkt vom Produzenten – Macht der Käufer: hoch, weil sie durch ihre Nachfrage Einfluss auf die Preise nehmen **SWOT-Analyse:** – Stärken: großer Abnehmer, ohne Zahlungsschwierigkeiten – Schwächen: abhängig von guten Lieferbedingungen – Chancen: Gewinnsteigerung durch gute Ergebnisse und Ruf, Anbieter guter Qualität zu sein	**Machtanalyse:** – J. hat sehr hohe Verhandlungsmacht, da Eigentümer der Plantage. – Für J. wäre Verlust des großen Abnehmers von tiefgreifender Bedeutung. **Porter-Analyse:** – Macht der Wettbewerber: Gering, da viele vergleichbare Anbieter – Neue Marktteilnehmer: k. A. – Gefahr von Substitutionsprodukten: mittel, da in geringem Maße problemlos auf andere Obstsorten ausgewichen werden kann – Macht Vorlieferanten: k. A. – Macht der Käufer: hoch, weil sie durch ihre Nachfrage Einfluss auf die Preise nehmen **SWOT-Analyse:** – Stärken: Anbieter guter Qualität – Schwächen: abhängig von Erträgen der Erntezeit, keine Puffer zur Abfederung von Ertragseinbußen – Chancen: Ausbau des Ertrags – Gefahren: wirtschaftliches Ende durch Ernteausfälle; Schwierigkeiten bei Schuldenrückzahlung durch Ertragsausfälle

Elemente	Elisabeth (Einkäuferin)	Josef (Verkäufer)
	– Gefahren: Rentabilitätseinbußen durch Lieferausfälle und Fehler des eigenen Liefersystems	
BATNA	– wenn keine Verbesserung möglich ist, lieber Beibehaltung des Ist-Zustands als Wechsel weg von J., da die Qualität seiner Produkte sehr gut ist (= Minimum-Ziel) – falls dies nicht zu erreichen ist, Wechsel des Anbieters	– Suchen eines anderen Abnehmers, wenn mit E. kein zufriedenstellender Abschluss zu erreichen ist
Sachverhalt/Interessen (inklusive Personalfragen)	– Preis und Menge: niedrigerer Preis, da höhere Abnahmemenge – Liefertermine: Einhaltung – Verpackung: in Leistung enthalten – Personal: Abbau des zusätzlichen Personals, das für Ausgleich von Fehlern im Liefersystem eingesetzt ist	– Preis und Menge: so hoch wie möglich – Liefertermine: k. A. – Verpackung: k. A. – Personal: Sind seine saisonalen Hilfskräfte ausreichend für Auslieferung erhöhter Abnahmemenge?
Mögliche Optionen	– Abholung der Ware durch eigene Lkw-Flotte, falls Lieferwagen von J. wegen erhöhter Abnahmemenge nicht ausreichend für Lieferung sein sollte	
Strategie	– Drohung, den Anbieter zu wechseln, falls sich J. nicht kooperativ zeigt	– Wenn E. zu forsche Forderungen stellt, Drohung, die Produkte einem anderen Abnehmer zu verkaufen
Taktiken/Technik	– Anfangstaktik: Eröffnung der Verhandlung mit der Angabe, E. wolle von nun an höhere Mengen abnehmen, und der Aufforderung des J., er solle dahingehende Angebote unterbreiten – Verhandlungsprozess: 2er-Verhandlung zwischen E. und J., auf der Obstplantage von J. – Überzeugen durch: E. ist einer der wichtigsten Abnehmer von J.; Garantie bestimmter Abnahmemenge; Vorteile, die beide dadurch erzielen können.	– Anfangstaktik: Warten auf Angebot der E. – Überzeugen durch: Qualität der Produkte und langjährige, gute Zusammenarbeit
Kompromisse/Zugeständnisse – Mindestanforderungen	– Mindestanforderungen: sehr gute Qualität, Verpackung der Ware durch J., Liefertermine – verhandelbare Schlüsselbereiche: Art der Lieferung (Abholung	– Mindestanforderungen: guter Preis, Abnahme der traditionell angebauten Produkte, keine neuen Produkte – verhandelbare Schlüsselbereiche:

Elemente	Elisabeth (Einkäuferin)	Josef (Verkäufer)
– verhandelbare Schlüsselbereiche – Elemente für mögliche Zugeständnisse	durch eigene Lkw-Flotte oder Lieferung durch J.) – Elemente für mögliche Zugeständnisse: auch Abnahme andere Produkte als bisher, wenn von guter Qualität. Bei guten Bedingungen ist auch Vertrag über eine längere Laufzeit möglich.	– Abnahmemenge – Elemente für mögliche Zugeständnisse: Bestimmung der Liefertermine durch E.
Ausgangslage	– Nennen der Rahmenbedingungen, unter denen J. ein Angebot abgeben soll	– Abwartende Haltung des J., um Möglichkeiten abzuschätzen, die in Verhandlung möglich sind
Benötigte Informationen	– Vor der Verhandlung: Wie ist die wirtschaftliche Lage von J.? Wie hoch ist der Anteil Produkten des J. am Obstgesamteinkauf? War die Qualität von Produkten des J. immer gleichbleibend gut oder unterlag sie Schwankungen? – Während der Verhandlung: Ist J. dazu in der Lage, dauerhaft eine gute Qualität zu garantieren?	– Vor der Verhandlung: Wie hoch ist der Anteil, den Produkte des J. an Ein- bzw. Verkäufen der E. hat? Wie zufrieden war E. bisher mit der Qualität?

4.2 Lösungshinweise zu den Gruppenübungen

Die folgenden Informationen sind nicht als einzig richtige Lösung zu verstehen, sondern vielmehr als Hinweise, wie eine Nachbereitung der Übung gestaltet werden kann.

4.2.1 Vermarktung von Schokoriegeln

Für alle Gruppen sind die gleichen Kosten gegeben. So würde die erste Vermutung naheliegen, dass auch alle Gruppen mit einem vergleichbaren Preis und Gewinn beabsichtigen, das Produkt im Markt einzuführen. Dies wird jedoch nicht der Fall sein, da jede der 6 Gruppen eine andere Beschreibung für den Markt oder die interne Unternehmenssituation hat. Eine Auswertung der Gruppenübung erfolgt analog zu Abbildung 58.

Übertragen auf eine Verhandlungssituation bedeutet dies, dass nicht nur die Kosten eines Lieferanten von zentraler Bedeutung für die Verhandlungsstrategie sind, sondern auch gute Kenntnisse des Beschaffungsmarktes (Marktsituation des Lieferanten) und die Situation beim Lieferanten selbst. Somit muss es eine klare Aufgabe für einen Einkäufer sein, sich zu den drei Bereichen Gedanken zu machen und diese mit Fakten zu untermauern.

Unter-nehmen	Verkaufs-preis	Gewinn	Begründung
A			1. 2. 3.
B			1. 2. 3.
C			1. 2. 3.
D			1. 2. 3.
E			1. 2. 3.
F			1. 2. 3.

Abbildung 58:   Auswertung zur Vermarktung von Schokoriegeln

4.2.2 Auf dem Bazar

Der Abmachungsspielraum des Käufers und des Verkäufers haben einen so großen Überschneidungsbereich, dass nicht vorhersehbar ist, zu welchem Preis eine Einigung erzielt wird. Es ist häufig zu beobachten, dass eher unerfahrene Verhandler ein nicht so gutes Ergebnis erzielen, da sie zu sehr auf sich und ihre Situation fixiert sind.

Wenn Sie dieses Rollenspiel am Beginn eines Trainings einsetzen, dann kann auch beobachtet werden, dass die Teilnehmer sich nicht wirklich viel Mühe geben, die Verhandlung gründlich und schriftlich vorzubereiten. Dieses Verhalten sollte mit den folgenden Übungen schwinden.

Eine weitere Beobachtung kann in Bezug auf die Beobachter gemacht werden. Diese sind es vielfach nicht gewöhnt, ihren Kollegen und vielleicht sogar Vorgesetzen ein detailliertes und qualifiziertes Feedback zu geben. Auch hier sollte eine Feedbackkultur etabliert und eingeübt werden, denn dies ist der Schlüssel zu einer stetigen Weiterentwicklung einer Einkaufsorganisation.

4.2.3 Der Sattelschlepper

Da der Abmachungsspielraum des Käufers und des Verkäufers keine Überschneidung haben, sollte diese Aufgabenstellung zu einer abgebrochenen Verhandlung führen. Es kann sein, dass dies für manche Verhandlungsführer eine persönliche Drucksituation ist, und so kommt es dazu, dass Einzelne ihre Ziele im Zuge der Verhandlung modifizieren. Die Verhandlungsergebnisse der einzelnen Gruppen sind in Abbildung 59 darzustellen.

Preis, den der Verkäufer erzielen möchte:	**€ 56.000**		
Preis, den der Käufer bezahlen möchte:	**€ 38.000 bzw. € 45.000 (in Raten)**		
Teilnehmer	Minimaler Preis, den der Verkäufer akzeptiert	Maximaler Preis, den der Käufer akzeptiert	Preis, auf den sich geeinigt wurde

Abbildung 59:   Auswertung Sattelschlepper

Literaturverzeichnis

Büsch, M. (2013). *Praxishandbuch Strategischer Einkauf: Methoden, Verfahren, Arbeitsblätter für professionelles Beschaffungsmanagement.* Wiesbaden: Springer Gabler.

Büsch, M. (2019). *Fahrplan zur Transformation des Einkaufs: So erreichen Sie Spitzenleistung in der Beschaffung.* Wiesbaden: Springer Gabler.

Fisher, R., Ury, W., & Patton, B. (2015). *Das Harvard-Konzept: Die unschlagbare Methode für beste Verhandlungsergebnisse.* Frankfurt/Main: Campus Verlag GmbH.

Glasl, F. (2020). *Konfliktmanagement: Ein Handbuch für Führung, Beratung und Mediation.* Stuttgart: Freies Geistesleben.

Karrass, C. L. (1993). *The Negotiating Game: How to Get What You Want.* New York: Harper Business.

Karrass, C. L. (2016). *Give and Take: The Complete Guide to Negotiating Strategies and Tactics.* New York: HarperBusiness.

Lewis, R. D. (2008). *Cross-Cultural Communication: A Visual Approach.* Warnfold: Transcreen Publications.

Lewis, R. D. (2018). *When Cultures Collide: Leading Across Cultures.* London: Nicholas Brealey Publishing.

Rauner, F. (2007). Practical knowledge and occupational competence. *European Journal of Vocational Training, 40*(1), 52-66.

Scarbath, H., & von Beyer-Steipani, T. (2012). *Handbuch Trainingskompetenz.* Bielefeld: W. Bertelsmann Verlag GmbH & Co. KG.

Shell, G. R. (2001). Bargaining styles and negotiation: The Thomas-Kilmann conflict mode instrument in negotiation training. *Negotiation Journal, 17*(2), 155-174.

The manufacturer's authorised representative in the EU is Springer
Nature Customer Service Centre GmbH, Europaplatz 3, 69115 Heidelberg,
Germany. If you have any concerns regarding our products, please
contact ProductSafety@springernature.com

Printed and bound by CPI Group (UK) Ltd, Croydon, CR0 4YY
24/04/2026
02096366-0006